一冊でわかる

神道と日本神話

「わが国の起こり」
「日本人の心の原点」を
読み解く——

武光誠

河出書房新社

「神道」と「日本神話」を知らずして日本と日本人は見えてこない◉はじめに

ビルディングや家が立ち並び、広い道路にクルマが列をなして走る都会の風景。ひどく落ち着かないこんな景色のなかにも、ほっと心安らぐ空間を見つけることができる。青々とした木々に囲まれた社《やしろ》だ。現在、全国にある神社の数は約一二万ともいわれる。

子供のころ、神社の境内《けいだい》で遊んだ人も多いだろう。夏祭りや初詣《はつもう》での晴れやかで厳《おごそ》かな雰囲気のなかで、ふと神妙な気持ちになるという人もあろう。

神社はいうまでもなく、神がまつられた場所である。では、神とは何か。この問いに明確に答えられる人は少ない。しかし、私たちは、事あるごとに神に祈る。天神《てんじん》、八幡《はちまん》、稲荷《いなり》……「八百《やお》万《よろず》の神の国」といわれるだけあって、日本には確かにさまざまな神社があり、さまざまな神がいることを私たちは知っているが、何がどう違うかについては、正確に語れない。

いっぽう、節分、ひな祭り、端午《たんご》の節句などの年中行事や、冠婚葬祭。これらも神の存在、すなわち「神道」と密接に関係することはわかっているが、では「神道とは、どのような宗教か」と問われれば、やはり私たちの多くは十分には答えられない。そして、私たちの日常の行動や思考が、神道と広く結びついていることも、多くの人は気づいていない。

同じことは「日本神話」についてもいえる。

『古事記《こじき》』や『日本書紀《にほんしよき》』（まとめて「記紀」ともよぶ）に記された日本神話は、日本人が古くから語りついできた神々の物語をもとに記されたものである。これらの話のなかには、縄文時代の祭りのいわれを伝える伝承までふくまれていると考えられる。

読者のなかには「天照大神《あまてらすおおみかみ》が天岩戸《あまのいわと》に隠れたが、外の笑い声を聞いて出てきた話」や「素戔嗚尊《すさのをのみこと》が八岐大蛇《やまたのをろち》を退治した話」のように、断片的にそのストーリーを知っていても、ひとつながりの物語として、日本神話がどのように構成され、そこにはどのような意味が込められているかまでは知らない人も多いだろう。

しかし、このような日本神話は、かつて日本人の心の拠《よ》りどころであった。

古代の貴族たちは、日本神話をただの物語とはみておらず、皇室や自家の祖先の神々のはたらきを記した、まちがいのない記録だと考えてきた。

この点を見落としてはならない。古代人が、日本神話が描くような神々の存在を信じていたおかげで、争いごとを好まぬ日本人の気質がつくられた。そのため、日本は長期にわたって他民族との争いのない歴史をもつことになった。

いま、もう一度「神道」と「日本神話」を見直してみたい。それらが形づくられた歴史やそこに込められた意味を紐解けば、日本人とは何か、われわれはどう生きていくべきかという問いのヒントまでも得ることができるだろう。

武光　誠

一冊でわかる神道と日本神話　もくじ

神道1

神道とは何か——

“神の国”はどう誕生し、形づくられてきたか

神道2

神道と歴史の関わり——

神道はいかに広がり、時代とともに変化したか

神道3 建物、神職、穢れと祓い…神が降りる地の神秘

さまざまある神社の約束──

神道4 祭祀と参拝に込められた知られざる意味とは

神の正しいまつり方、拝み方——

神道5 私たちの暮らしに息づく神道信仰とその慣わし

冠婚葬祭と行事のなかの神道——

日本神話3

亡き妻を追って黄泉の国へ。伊奘諾尊を待っていたのは…

自然神の誕生と夫婦神の決別——

日本神話 4

清らかな姉神・天照大神と穢れた弟神・素戔嗚尊の誕生

伊奘諾尊の禊から生まれた神々——

日本神話 5

天照大神の岩戸隠れは何をあらわしているのか

戦う姉弟神と高天原の神の活躍——

日本神話6

素戔嗚尊の追放と八岐大蛇退治が意味するもの

素戔嗚尊、出雲へ降り立つ――

日本神話7

幾度となく死に直面する大国主命の受難の秘密

素戔嗚尊の子孫・大国主命の死と再生――

日本神話 8

平穏をもたらした地上の神が「国譲り」を強いられた謎

国づくりと天の神々の来訪——

カバーデザイン◉スタジオ・ファム
カバー写真◉Bonjour/PIXTA
図版作成◉AKIBA
本文イラスト◉青木宣人
◉瀬川尚志
写真提供◉photo2465/PIXTA（ピクスタ）
◉フォトライブラリー、daj

神道 1

神道とは何か――

〝神の国〟はどう誕生し、形づくられてきたか

神道と他宗教とは、どこが違うのか

◎「道」という字が象徴する自由な性格の宗教

神道に「法」や「戒律」がないわけ

日本の歴史は神道《しんとう》の存在をぬきには語れない。日本民族が形成されてから現代まで、私たち日本人は「八百万《やおよろず》の神」とよばれる多くの神々をまつってきた。

時々の権力者は、さまざまなかたちで神道と深くかかわってきた。二章以降で述べるように、一時代の神道のあり方は、そのときの政治や文化の特徴をそのまま映し出す鏡のようなものになっている。

これは、神道が、ほかの宗教（キリスト教、イスラム教、ユダヤ教など）のような聖典の記す固定された戒律《かいりつ》で、人間を縛《しば》りつけるものでないことからくる。

神道はもともと、人間のもつ良心に対する全面的な信頼のうえにつくられた宗教である。そして、人びとの善悪に対する判断は、時代とともに変化する。ゆえに、神道もそれに合わせて、かたちを変えてきたのだ。

なぜ、神道は「神の道」と書くのか

「神道」という言葉に「道《とう》」の語が含まれることは、神の教えがきわめて自由な性格をもつことを示している。

それは「神教」でも「神法」でもない。日本の神様は、人間の上に立って教えを述べたり、法でもって人間を縛ったりはしない。

辞典をひくと「道《どう》」という言葉の意味の一つに「人の守るべき条理。宇宙の原理。教え」というものがある（『岩波国語辞典』）。「道《どう》」のこの用法が、神道の「道《とう》」にあたる。

神の道（教え）は、宇宙ができると同時に存在したものであり、その道は各自がそれぞれの言葉で自由に表現すべきものなのだ。神道の「道」は、江戸時代にもてはやされた儒教《じゅきょう》の教えをさす「天の道」「人の道」などの「道」の語

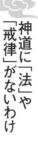

とは別のものである。

　日本人になじみ深い「茶道」「華道」「剣道」「柔道」といった言葉がある。それらは、奥深い精神世界をもつもののようでもあるが、自己流に抹茶《まっちゃ》をたてて楽しむのも「茶道」とされる。

　神道の性格もそれに似ていて、信仰を受け入れる側のありようでいかようにも変わりうる性格をもっている。

　「神道」という語は、『日本書紀《にほんしょき》』（七二〇年に成立した奈良時代前期の歴史書）に出てくる。そこには七世紀なかばに活躍した孝徳《こうとく》天皇が仏法《ぶっぽう》を重んじ、神道を軽んじたとある。つまり、仏の教えは「法」で、神信仰は「道」とされたのだ。日本の神への信仰が「道」という語にあらわされる自由な性格をもつことは重要である。

異なる神の概念図

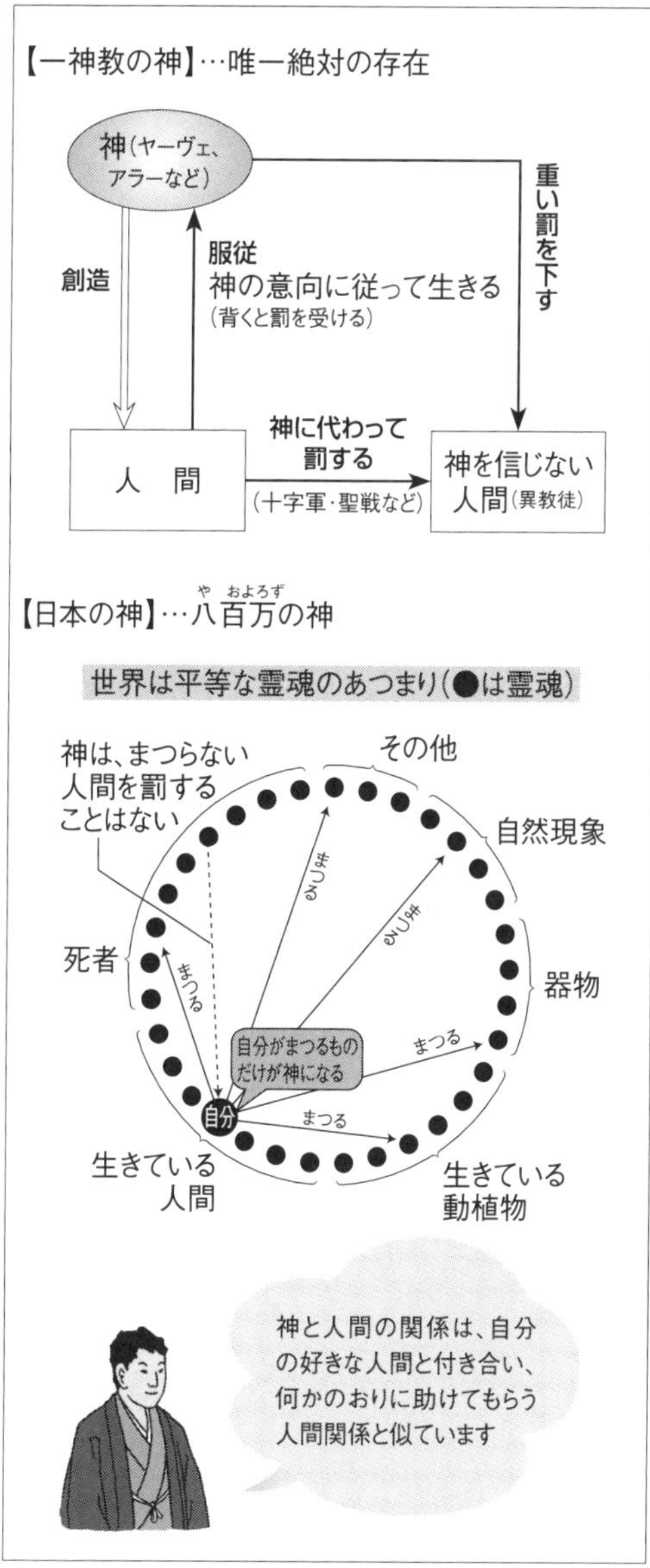
【一神教の神】…唯一絶対の存在
神（ヤーヴェ、アラーなど）
創造
服従
神の意向に従って生きる
（背くと罰を受ける）
重い罰を下す
人間
神に代わって罰する
（十字軍・聖戦など）
神を信じない人間（異教徒）
【日本の神】…八百万《やおよろず》の神
世界は平等な霊魂のあつまり（●は霊魂）
神は、まつらない人間を罰することはない
その他
自然現象
死者
器物
まつる
自分がまつるものだけが神になる
自分
生きている人間
生きている動植物
神と人間の関係は、自分の好きな人間と付き合い、何かのおりに助けてもらう人間関係と似ています

日本人にとって「神」とは何か

◎自然、人間、動物…あらゆるものをまつるわけ

偉いものが「上」になり、「神」になった

「神」という言葉は、もともと「上《かみ》」と同じ意味の「大和《やまと》言葉」だとされている。「大和言葉」とよばれる古代日本語の単語の数は、今日の日本語よりはるかに少なかった。そこで、古代人は多くの似た概念をひとつの言葉であらわした。

空も海も青くて広大だから、古代人はそれらを「あま」とよんだ。それが、七世紀に漢字で「天《あま》」「海《あま》」と書き分けられるようになった（現在ではふつうは「天《てん》」「海《うみ》」とよばれる）。

同様に、人間の能力を超えるもの、つまり人間より上位にくる偉いものがすべて「かみ（上・神）」と考えられたのだ。それゆえ、ある地方では速く駆ける狼《おおかみ》が犬神とされ、ある地方では空を飛ぶ烏《からす》が神の使者とされた。

なぜ、日本には八百万の神がいるのか

日本人は、神は人間以上の力をもつが、人びとを威圧して支配することはないと考えていた。人間も神々も平等な価値をもつ霊魂《れいこん》とされたからだ。

こうした日本の神々は、自然神と人格神に分けられる。自然物である太陽の神、月の神、海の神などが前者で、祖先の霊などの亡くなった人間が神とされたものが後者である。

三世紀から六世紀ごろにかけて、大王《おおきみ》をつとめた人間は、没後に有力な神になると考えられていたために、先王をまつる巨大な前方後《ぜんぽうこう》円墳《えんふん》がつくられた。亡くなったのちに雷の神としてまつられて天神《てんじん》様となった学問の神・菅原道真《すがわらのみちざね》のように、自然神と人格神をかねる例も多い。

あらゆるものが、まつられることによって神になるのが神道の世界なのである。

「八百万《やおよろず》」の神々はどのように誕生したか

◎多くの神の出現を喜んだ古代日本人の心

アシの芽に神を感じた古代人

私たちは、『古事記』や『日本書紀』の記事のなかから、天皇支配を正当化する古代の国家主義的発想や外来の思想を取り除くことによって、神道の本質を知ることができる。

日本神話のなかの、皇室の祖先神である天照大神《あまてらすおおみかみ》（以下、神名は『日本書紀』の表記による）があらわれるより前の部分に、そのような神道の原型がみられる。それは、きわめて古い時代の原始的な段階の日本人の望みをそのままあらわすものである。

そこには、天地の区別も明暗の区別もわからない混沌《こんとん》のなかからアシの芽（葦芽《あしかび》〔葦牙《あしかび》〕）のように勢いよく萌《も》え出た（種子から芽が出るように出現した）ものが最初の神、可美葦牙彦舅尊《うましあしかびひこじのみこと》になったとする記事がある。

また「造化三神《ぞうかさんしん》」とよばれる最初にあらわれた神は、天御中主尊《あめのみなかぬしのみこと》（天の中心となる神）と、高皇産霊《たかみむすひの》尊《みこと》、神皇産霊尊《かみむすひのみこと》の三柱《みはしら》（柱とは、神を数える単位）であったとも記されている（19ページ参照）。

「産霊《むすひ》」とは、今日の「縁結び」の概念に連なる、新たな生命を生むことをさす言葉である。生命のないところから萌えでたものが神であり、生き物を生みだすことをつかさどるものが神であった。

もっとも古いかたちの神道では、生命力を神格化したものが尊《とうと》い神とされていたありさまがわかってくる。

われわれの先祖は神に何を期待したか

19ページの図に示したように、日本神話は❶造化三神からはじまるものと、❷可美葦牙彦舅尊からはじまるものと、❸国常立尊《くにのとこたちのみこと》以下の神世七代《かみよななよ》（「神代七代」では「代」が続くので、慣例でこう書く）からはじまるものとの三系統の創世神話をあわせ記していた。

そして、皇室に連なる伊奘諾尊《いざなぎのみこと》と伊奘冉尊《いざなみのみこと》の夫婦の神は、神世七代《かみよななよ》の終わりにおかれた。

この二柱《ふたはしら》の神は、相手を生殖《せいしょく》にさそう（いざなう）ことを意味する名前をもつ神である。そして、彼らが生殖によって日本列島を構成する島々や山の神、海の神などの多くの神、さらに人間たちを生みだしたとされる。

こうしたことは、古代人が神のもっとも主要な役割は、生命あるものを生みだすこと（産霊《むすひ》）にあると考えていたことを示している。

それゆえ、今日の私たちも、子孫の繁栄、健康、豊作、商売繁盛など、生命の増進や生活の向上につながる現実的な願いを神々に祈るのである。

今に受け継がれる日本人の「善」と「悪」

古代人は生成のはたらきにかなうものがすべて善であり、生命の繁栄を阻害するものが悪であると考えていた。

古代日本語の「よし」『あし」は、道徳的善悪もしくは哲学的善悪をあらわすものではない。生命力に満ちた楽しい生活をもたらすものが「よし」とされたのだ。

その根底には、先に述べたように「生命あるものを生み出し、つくりだす」ことをあらわす「産霊」を最大の善行とした思想がある。

この「生命あるもの」とは、人間や動物だけでなく、人間がつくり出したさまざまな品物をも含む概念である。私たちが、職人が精魂こめてつくった家具などを大切に扱うことも道理である。

また、近年までの日本のあり方は「タテ社会」などといわれた。地域（村落）、企業（会社）、家庭（家）の構成員が指導者（村長、社長、家長）を批判せず、上の者の教えに従って行動するのが善だとされてきたからだ。

これは「指導者は（まわりの者の生命力を高め）、みんなが楽しく生きる世界を実現するために働いている」という、上の者への絶対的な信頼のうえに立つ考えだ。

つまり、神道の理想は、すべての人間が明るくすごし、生きとし生ける物すべてが繁栄することにあり、その方向に人びとを導く者が、日本では尊敬されてきたのである。

【三系統の創生神話】

❶ 天御中主尊《あめのみなかぬしのみこと》　高皇産霊尊《たかみむすひのみこと》
- 思金神《おもいかねのかみ》
- 天忍日命《あめのおしひのみこと》
  - 大伴氏《おおとも》
  - 佐伯氏《さえき》
- 太玉命《ふとたまのみこと》
  - 斎部氏《いんべ》

神皇産霊尊《かみむすひのみこと》
- 少彦名命《すくなひこなのみこと》
- 月神《つきのかみ》
- 大伯国造《おおくのくにのみやつこ》
- 吉備中県国造《きびのなかあがたのくにのみやつこ》

❷ 可美葦牙彦舅尊《うましあしかびひこじのみこと》

❸ 神世七代《かみよななよ》
- 国常立尊《くにのとこたちのみこと》
- 国狭槌尊《くにのさつちのみこと》
- 豊斟渟尊《とよくむぬのみこと》
- 埿土煑尊《ういじにのみこと》・沙土煑尊《すいじにのみこと》＊
- 大戸之道尊《おおとのじのみこと》・大苫辺尊《おおとまべのみこと》
- 面足尊《おもだるのみこと》・惶根尊《かしこねのみこと》
- 伊奘諾尊《いざなぎのみこと》・伊奘冉尊《いざなみのみこと》
  - 大山祇神《おおやまつみのかみ》（山の神）
  - 大綿津見神《おおわたつみのかみ》（海の神）
  - 軻遇突智《かぐつち》（火の神）
  - その他の神々

天照大神以前の神の
名前に、生命の増進など
古代日本人の望みが
あらわれています

＊『古事記』は国狭槌尊のかわりに埿土煑尊、沙土煑尊の次に角樴尊、活樴尊をおく

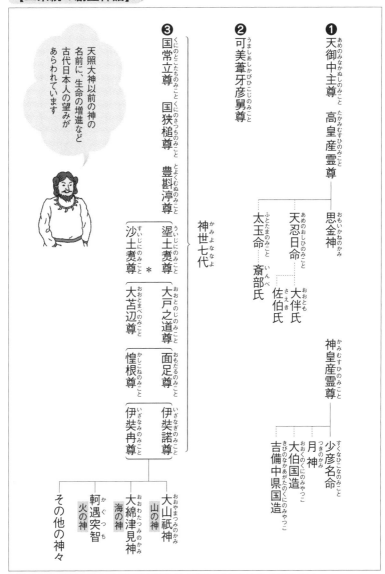

神社はどのように誕生したか

◎もとは、自然の驚異を感じる場所だった

神が好む四つの場所とは

神社だけを神と人との交流の場だと考えるのは、正しくない。

神道では、神々はつねに人間の身近におり、ふだんから神の心にかなう生活をすることが重要だとされる。この発想をよんだものに、菅原道真の作とされる（おそらく、後世の人物が彼に仮託《かたく》したものだろうが）このような和歌がある。

「心だに誠の道にかないなば　祈らずとても神や守らん」

（正直な人間は、あれこれ祈らなくても神々の守りを受ける）

とはいえ、信仰のために人びとが集まる特別の場は必要である。現在、そのような場は神社という広い庭（神苑《しんえん》）つきの建物のかたちをとっている。

古くは、大きな木の周辺や巨石、あるいは集落の近くの丘や山に神々が集まると考えられ、そうした場所は、祭りのとき以外は立ち入れない特別の場所とされた。

巨木・巨石から神籬《ひもろぎ》、そして神社へ

こうした祭場が発展して神社になったが、その間に、神籬《ひもろぎ》がつくられる段階があったという。現在の神籬は野外で神を招くときの依《よ》り代《しろ》になるが、もとは、祭場の中心にある常緑樹の周囲に玉垣《たまがき》（柵《さく》）をめぐらせて目印としたものだ。

こうしたいきさつから、神社とは本来、人びとが神の祭りを通じて交流を行なう場であったことがわかる。近代以前の人びとは、家で神をまつり、あちこち出かけたおりには、神の力、つまり自然の驚異を感じるたびに、その場で神をまつった。巨木や巨石をみるたびに、彼らは頭を下げたのだ。

そして、七世紀はじめ（飛鳥《あすか》時代）に大がかりな寺院がつくられるようになると、神籬がおかれた地に、巨大な神殿がつくられるようになった。

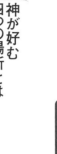

神が集まる場所

大きな木

巨石

集落の近くの丘

山

神籬（ひもろぎ）

※現在の神籬は野外で
祭りを行なうさい、臨時に
神を迎えるための依《よ》り代《しろ》となる

祭りはいつ、どのように始まったのか

◎集落全体が「同じ願い」のもと、神をもてなした

祭りが古代日本人を一つにした

　前項で、神社が祭りの場から発展したものであると述べた。神道の基本は、一人ひとりが思い思いに神をまつることにある。そして、そのうえに社会の最小の単位である家の祭りがつくられた。

　さらに、個人の信仰、家の祭りのうえにひとつの集落の構成員すべてがかかわる神社の祭りがつくられた。これは、集落の祭り、もしくは地域の祭りといってもよい。

　縄文《じょうもん》時代から弥生《やよい》時代はじめにかけて、人びとは、一〇〇人から二〇〇人程度の血縁者の集団を単位に生活していたとみられる。彼らは、竪穴《たてあな》住居を集めた集落で生活し、春や秋の祭りの日に、全員がそろって神をもてなす行事を行なった。

　弥生時代なかば（紀元前一世紀末）以降、非血縁者をも取りこんで発展した集団がつくられ、やがて小国（一〇〇〇人から二〇〇〇人程度のまとまり）が誕生した。そして大和朝廷《やまとちょうてい》が国内を統一したが、それ以降も、もともと農業を営むために集まった集団（村落）の構成員たちは、強いつながりをもちつづけ、共に神をまつった。

人と神が共に楽しみ、多産を願う

　朝廷の全国支配が完成した八世紀（『大宝律令《たいほうりつりょう》』の完成後）には、この上に国家の祭りがおかれた（左図参照）。しかし、国家の祭りは、支配層の政治的意図によってつくられたものにすぎない。

　つまり、神道の祭りは本来、個人の祭り、家の祭り、集落の祭りの三層からなるものなのである。集落の祭りは、すべての人間を善良なものとみて、みんなが同じ願いをもっているとする前提のもとにつくられた。その願いは、生産力の向上（産霊《むすひ》）である。

　日本の祭りの原型は、人びとが

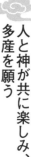

神と共に飲み食いし、音楽や芸能を楽しむものであった。これは、神と人間とが共に楽しみ、明日から生きる活力をつけようとする発想でなされたものだ。

これは、神頼みだけでは何もよくならないとする考えにもとづく。人が力を合わせて仕事に取りくむとき、はじめて神の助けが得られる。つまり、神と人とが力を合わせて稲を育てることで国の安泰《あんたい》がもたらされると考えられたのだ。

『大宝律令』後の祭り

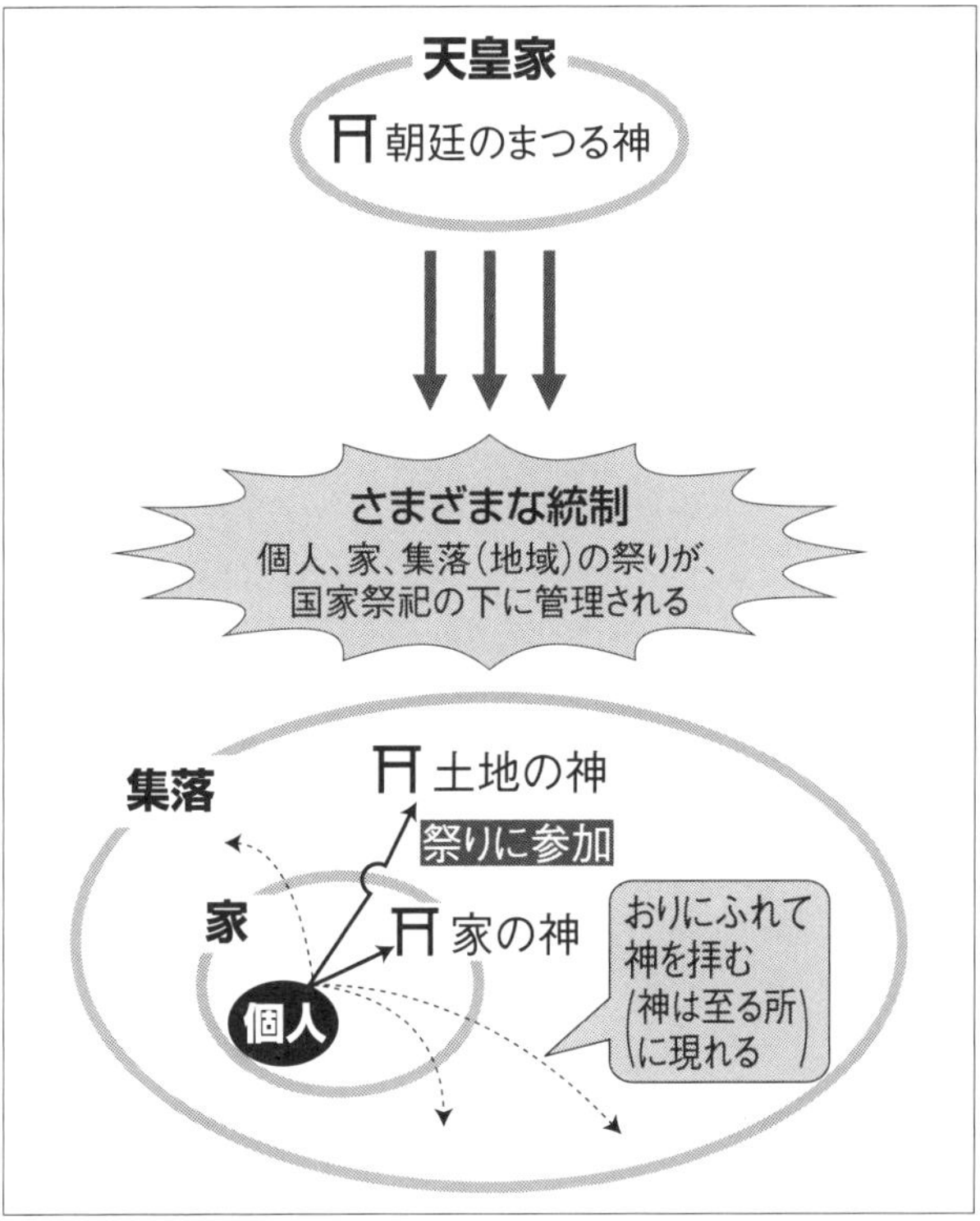

先祖の祭りを重視するわけ

先祖の祭りは、この家の祭りを重んじる発想からつくられた。

これは、多くの祖先の霊が家を守るという考えにもとづく行為である。今日でも、神道を信仰する家は、先祖の位牌《いはい》を家のなかにおいた御霊舎《みたまや》（御霊屋《みたまや》、霊床《たまどこ》、霊棚《たまだな》ともよばれる）をまつっている。

亡くなった人間を神としてまつる祖霊信仰《それいしんこう》は、すべてのものを神としてとらえる発想から弥生時代に生まれたが、くわしくは二章で説明する。

「穢《けが》れ」「祓《はら》い」とは何か

◎罪人も〝祓えば清められる〟という発想

穢れとは「生命力が枯れる」こと

神道には、「穢《けが》れ」とそれと対になる「祓《はら》い」という独自の概念がある。

「『穢れ』『祓い』の意味を理解してはじめて神道がわかる」といわれるが、そのことに深入りするときりがない。ごく簡単に「穢れ」の意味を説明すると、「穢れ」とは「気（霊《け》）枯れ（生命力が枯れた状態）」をさすものである。

前に「産霊《むすひ》」の説明で述べたように、神道では清らかで若々しい生命力をもっとも重んじる。それゆえ、生命力が枯渇《こかつ》する「穢れ」は、死につながるものとして忌《い》み嫌われるのだ。

穢れがもとで罪が生まれる

古代人は、死穢《しえ》、血穢《けつえ》（女性が生理で体調をくずすこと）などを、生命力の枯渇を思わせるものとして忌む（避ける）べきものと考えた。そのため、身内から死者を出した者や生理中の女性は、自分の穢れを他人に及ぼさないように引きこもらなければならない（忌みごもり）とされた。

さらに古代人は、人間は気が枯れた（穢れた）ときに、さまざまな間違いを犯すと考えた。その間違いの程度が大きくなると、罪になる。

間違いが、たんなる穢れ（自分が忌むことによってすまされるもの）であるか、罪（社会から罰せられるもの）になるかは、まわりの人間によって決められる。

たとえば、山中でひとりで生活する者が罪を犯すことはありえない。彼が動物を殺して食べてしまったとしても、その行為はたんなる穢れとされる。誰かに謝ればすむ程度の間違いは、罪にはならないのだ。

いっぽう、多数の人間に「あいつのせいで被害をこうむった」と

穢れと罪

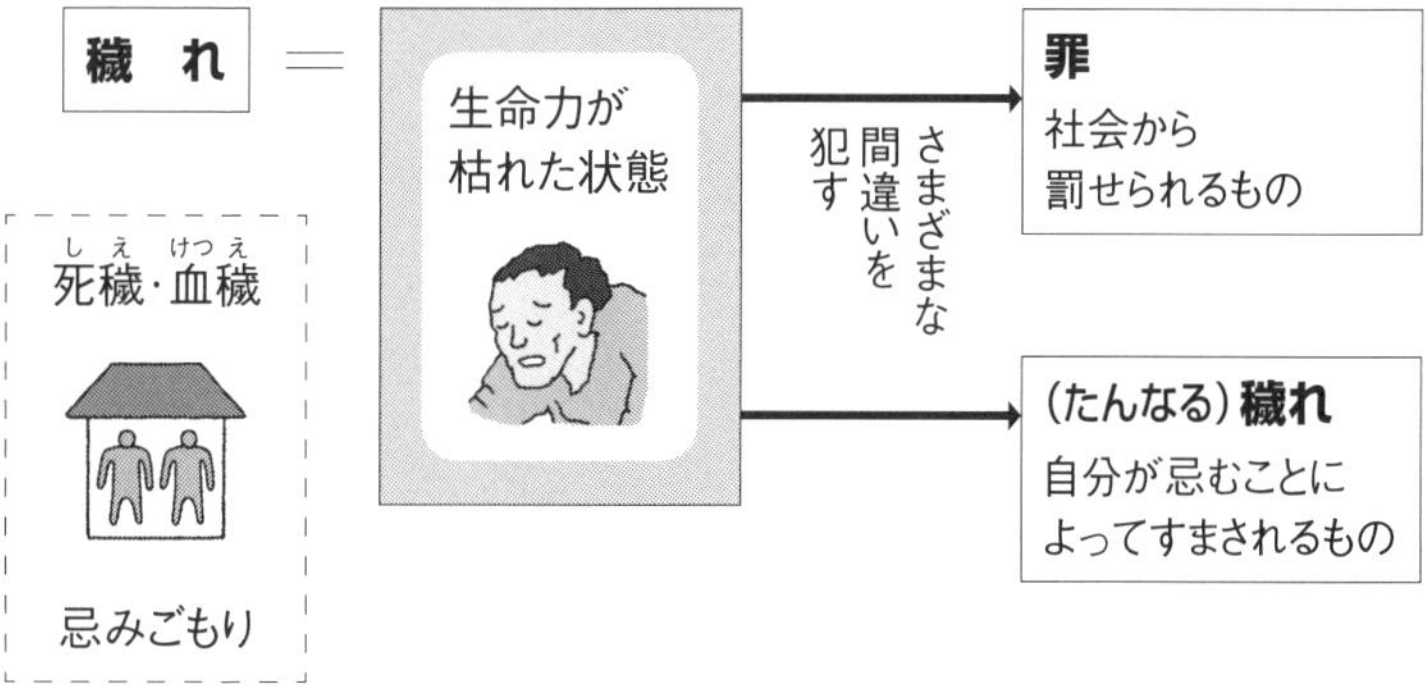

禊祓《みそぎはらえ》（川の流れや海で身をすすぎ洗い清めること）

『日本書記』などにある伊奘《いざな》諾尊《ぎのみこと》が黄泉国《よみのくに》にいき、死の穢《けが》れに触れたために、筑紫の日《ひ》向《むか》の橘《たちばな》の小門《おど》の阿波岐原《あわぎはら》の河原（宮崎県のどこかの小さな川の川口とされるが、架空の地名であるらしい）で身を清めた故事による。

神社の手水舎《ちょうずや》で手と口をすすぐのも簡略化された禊祓。ほかにも、水行、滝行、水垢《みずご》離《り》、寒垢離《かんごり》、斎戒沐浴《さいかいもくよく》などさまざまなものがある。

言われるような人物は、罪人《つみびと》とされる。神道では、罪を犯すことを好む人間はいないとする考えに立ち、罪人は「気が枯れた」気の毒な人とされた。そのため、神を信仰する人びとは、日頃から穢れを近づけないように清く明るくすごすようにつとめた。

日本人が“清らかさ”を重んじるわけ

穢れを清めることを「祓い」という。神道では、良心に恥じる行為が罪につながる穢れであるとする考えがとられてきた。神の心、自分の心に照らして、悪いことをしてはならないというのだ。

いまでも、悪い人間を「きたないやつ」と言い、悪事を「きたないこと」とよぶ言い回しがのこっているが、これは、罪を犯す者は穢れたきたない人間とされたことから生まれた用法である。

最近までの日本人は、法律的には罪にならなくても「きたないこと」をする「きたないやつ」を大そう嫌ってきた。日本人のもつ「恥を知る心」は、まわりからきたない人間とみられること（恥をかくこと）を避けようとする生き方からつくられたといえる。

なぜ、祓いをすれば許されるのか

祓《はら》いは自分の心を清める行為である。たとえば罪を犯してしまった者が、水で体を清めること（禊《みそぎ》祓《はらえ》）などによって、人びとに「これからは清らかにふるまい、二度と罪を犯しません」と誓うのだ。

近年まで日本人は、誰もが罪を犯すことを嫌う清らかな心をもっていると考えていた。それゆえ、間違いで誰かを死なせてしまった者でも、生まれ変わったつもりで出直せば、また受け入れてやろうという考えがとられてきた。

したがって、現在でも「刑務所で罪をつぐなった者を、社会に温かく迎えよう」という人が少なくない。心から反省を示した者をさらに責めるのは不人情である。ゆえに、神も人も、すすんで祓いを行なった人間を許すべきだとされたのだ。

「人間の良心に全幅の信頼をおく人間中心の宗教」が神道である。空虚な宗教論（神学）を弄《もてあそ》ぶのではなく、人間のありのままの姿をふまえた信仰が神道なのである。

神道 2

神道と歴史の関わり――

神道はいかに広がり、時代とともに変化したか

古代日本の神道のめばえ

◎はじまりは、縄文時代にまでさかのぼる

平等を好んだ縄文人、区分を選んだ弥生人

神道は、きわめて古い時代の日本列島で発生したと考えられる。だが、その詳細は明らかではない。それでも縄文《じょうもん》時代（紀元前一万四〇〇〇〜紀元前二〇〇年ごろ）になると、ようやく考古資料が豊富になり、縄文人の信仰のあり方を推測できるようになる。

彼らは「円の発想」という、すべてのものを平等に扱う考えをもとに生きていた。縄文人は円形を好んだが、これは、円形が偏《かたよ》りのない世界をあらわすと考えたからであろう。この発想から、縄文人は円形の広場を中心に生活した。

縄文人が住む竪穴《たてあな》住居のつくりには、身分の上下、貧富の差はみられない。彼らの住居は、誰もが対等の関係で生活を営もうとする考えから、まるい広場のまわりにつくられた。

ところが弥生時代になると、人びとは自分の家の領域を囲いこみ、家の広さで身分をあらわすようになった。そして、ひとつの集団の指導者や祭司となった人間は、集落のなかのもっともよい位置に住居をかまえるようになる。

精霊崇拝から生まれた縄文人の「円の発想」

このような「円の発想」は、古代社会に広くみられる精霊崇拝《せいれいすうはい》（アニミズム）から生じたものである。これは、世界にはきわめて多くの精霊が存在するとする考え方だ。人間も、動物や植物も精霊をもつが、あらゆる精霊が平等な存在とされた。

縄文時代の集落のそばにつくられた貝塚からは、動物の骨、貝殻、植物の種子、壊れた道具などとともに、死者の人骨が出土する。

このことは、縄文人が貝塚はごみ捨て場ではなく、役割を終えた精霊をまつる場所だと考えていたことを示している。

縄文時代から弥生時代へ

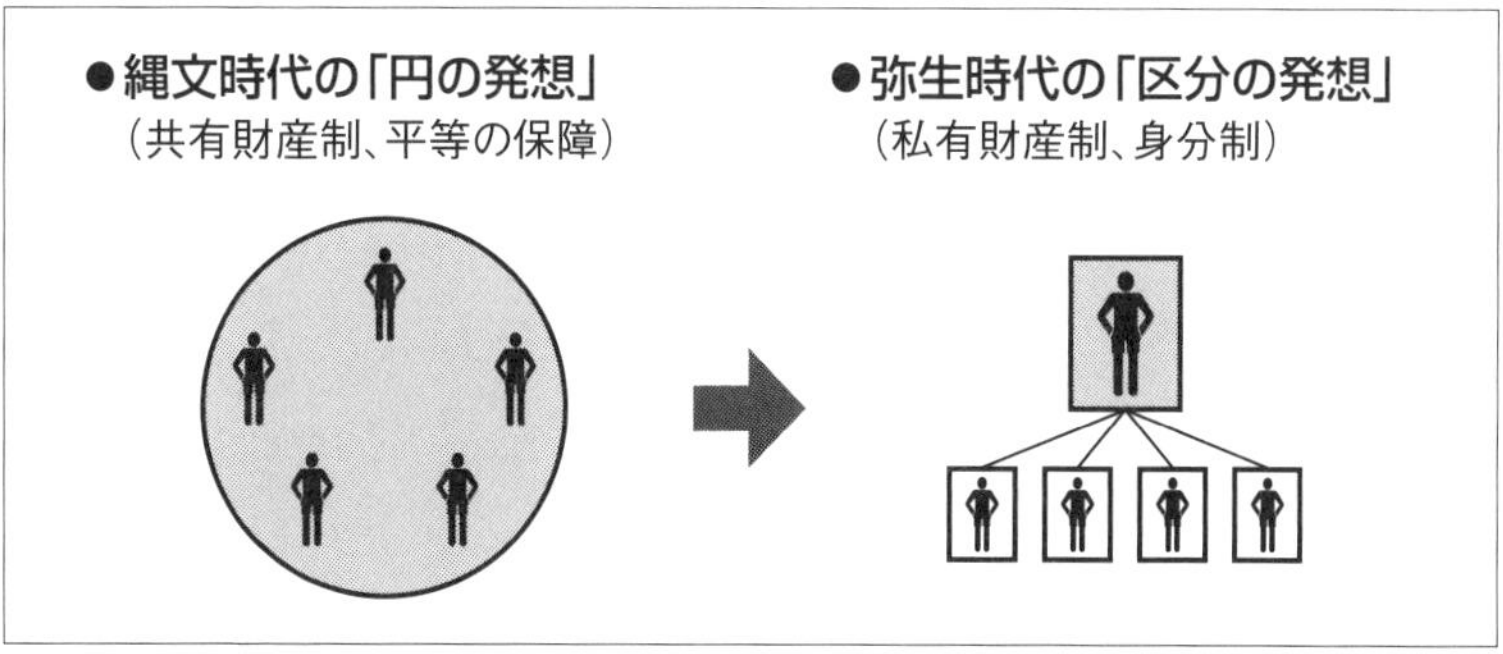

先祖の祭りが弥生時代に始まったわけ

紀元前二〇〇年ごろ弥生時代がはじまり、日本人は農地を開発して水稲《すいとう》耕作によって食糧を得る生活をはじめた。このことで、神道の性格も変わらざるをえなくなる。

縄文人は火への信仰が強かったが、弥生人は、火よりも稲を育てる太陽と水の恵みを重んじるようになった。弥生時代の水田が川のそばにつくられたので、彼らは、河川の水源となる山に水の神、つまり農耕神がいると考えた。

同時に、弥生時代に農耕地をつくってくれた祖先の霊への信仰が高まり、祖霊が山にあつまって子孫を見守る農耕神となるとする祖《そ》霊信仰《れいしんこう》が生まれた。

弥生人の願いが描かれた青銅の祭器

弥生時代には銅鏡《どうきょう》、銅剣《どうけん》、銅矛《どうほこ》、銅鐸《どうたく》など青銅の祭器《さいき》が広まった。このなかの銅鏡は太陽神をまつったもので、銅鐸は水の神に供えたものだと考えられている。

太陽の光を反射する銅鏡は、太陽神の分身として祭壇にまつられ、銅鐸は水源地に埋められた。銅鐸の表面に水をあらわす波模様や渦巻模様が描かれることも多い。銅剣や銅矛は悪い霊を追いはらう力をもつものとされた。

しかし、太陽の神と水の神とが重んじられた弥生時代でも、あらゆるものに霊の存在を感じる日本人は、縄文時代の精霊崇拝の要素を強く受け継いでいた。

大和朝廷の起こりと古墳の出現

◎大王は死後、山の神と一体化するという信仰

最古の古墳が、三輪山のそばにつくられたわけ

今日の神道は天皇制と深く結びつくかたちをとっている。それは、皇室の祖先とされる伊《い》勢《せ》神宮《じんぐう》の天《あま》照大神《てらすおおみかみ》が、「八《や》百万《およろず》の神」とよばれるあらゆる神々の指導者であるとする考えのうえにつくられた。

このような主張は、六世紀はじめの大和《やまと》朝廷の急成長のなかで芽生え、七世紀末ごろの律令《りつりょう》制支配の発展のなかで完成された。

最新の考古学の成果によれば、大和朝廷は紀元二二〇年ごろにつくられたのではないかといわれている。それは、最古の古墳とされる奈良県桜井市の纏向《まきむく》石塚古墳がその時期につくられたことによるものである。

纏向石塚古墳のまわりには、面積約一平方キロメートルにおよぶ有力な纏向遺跡がある。その遺跡は奈良盆地東南部にあり、そのそばに神聖な山としてまつられた三《み》輪山《わやま》がある。

大和朝廷による首長霊信仰とは

纏向遺跡を起こした人びとは、自分たちを治める首長《しゅちょう》（大王《だいおう》）を、三輪山の神（山に集まる精霊の集団）をまつる最高位の祭司《さいし》と位置づけたとされる。

三輪山の神は、つねに大王のそばにいて、大和朝廷の人びとを守る。そして、大王が亡くなると、その霊は三輪山の精霊のなかのひとつとなる。こうした考えから、三輪山の神の祭りの場のひとつとして、人工の山である古墳が築かれるようになった。

当時、神は自由にあちこちを行き来するものだと考えられていた。いつもは、大和朝廷の守り神はおもに三輪山にいるが、必要に応じてあちこちの大王の古墳にもあらわれるとされた。そのため、人びとは三輪山でも大王や王族の古墳でも、三輪山の神をまつるように

なった。集団の指導者である首長の霊をとくに重んじる、このような信仰を「首長霊信仰《しゅちょうれいしんこう》」という。

大和朝廷下の庶民の祖霊は三輪山に集まり、大王の首長霊の指導のもとですごすとされた。しかし、この段階の首長霊信仰は、大王の直接支配を受けた奈良盆地東南部の一部（纒向遺跡）の人びとの霊だけが、神々（精霊）の世界において天皇家の霊に従うとするものにすぎなかった。

纒向遺跡と三輪山

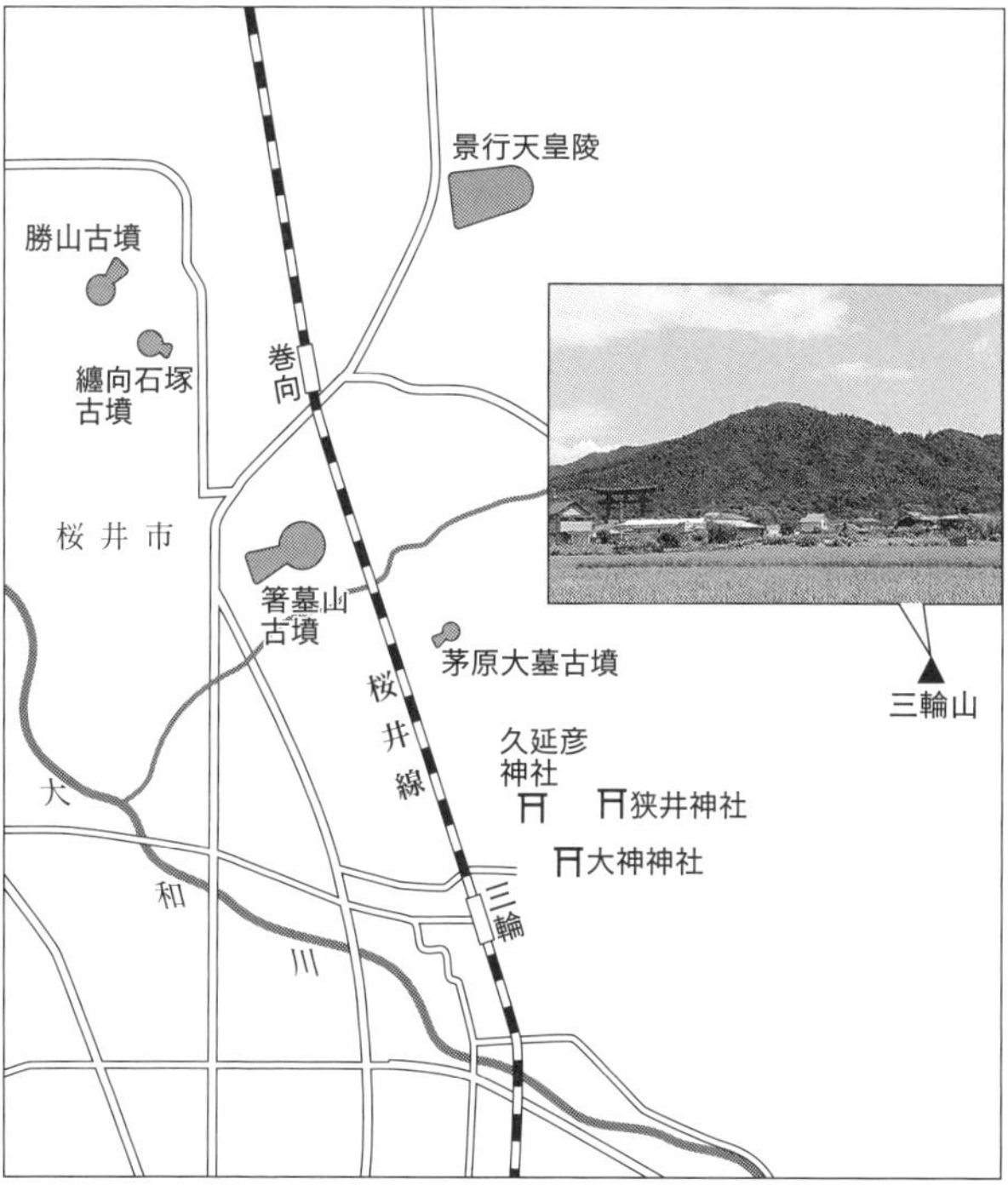

三輪山の「首長霊信仰」

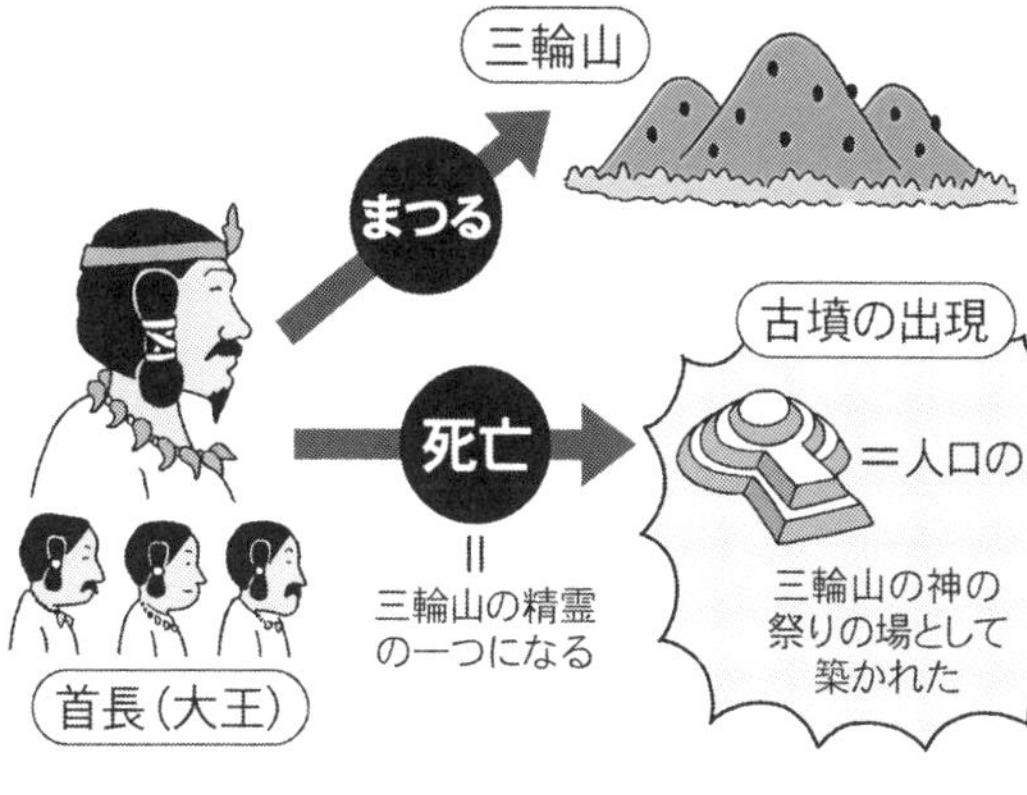

儒教思想が生んだ「天《あま》つ神」と「国《くに》つ神」

◎神々は、なぜ〝格付け〟されたのか

儒教思想が、日本の神々を「区別」した

日本の神々は、天の神である天《あま》つ神《かみ》(天神《てんじん》)と地の神である国《くに》つ神《かみ》(地祇《ちぎ》)とに分けられ、天照大神《あまてらすおおみかみ》などの天つ神は大国主命《おおくにぬしのみこと》などの国つ神より尊《とうと》いものとされている。

この区別は、五世紀末に渡来人《とらいじん》(朝鮮半島南部からの移住者)が伝えた儒教《じゅきょう》思想によってつくられた。中国には「天神地祇《てんじんちぎ》」という言葉があり、天の神である天神を地の神である地祇よりはるかに上位のものとする。これは、すべての出来事を天の意思として、人びとは天意に従って生きるべきだとする原始的段階の儒教思想によってつくられたものである。

王家の祖先神の交代と「高天原《たかまがはら》」の出現

六世紀のごく初期の段階で、王家は三輪山の神(大物主神《おおものぬしのかみ》)に代わって、より格の高い太陽神である天照大神を自家の祖神《おやがみ》とした。そして、国内のすべての神を天照大神の親族、もしくはその配下であるとする神話づくりをはじめた。

中央の有力豪族の祖先神など王家のお気に入りの神々は天つ神とされ、それ以外の神である国つ神の上位におかれた。このとき、大物主神も国つ神となる。こうした天照大神信仰の成立とともに神々の世界である高天原《たかまがはら》が構想された。

それまでは、神は人びとの集落のそばの山にいると考えられていた。しかし、高天原神話が整備されたのちには、格の高い天つ神は人びとが行けない空の上の高天原におり、格の低い国つ神は山にいて集落を見下ろすとされるようになった。

仮に天照大神信仰成立以前の神信仰のあり方を「出雲《いずも》的神観念」、天照大神を中心におく信仰を「大《やま》和《と》的神観念」とよんでおこう。神道を扱うさいには、この両者を区別して考える必要がある。

大和的神観念と出雲的神観念の違い

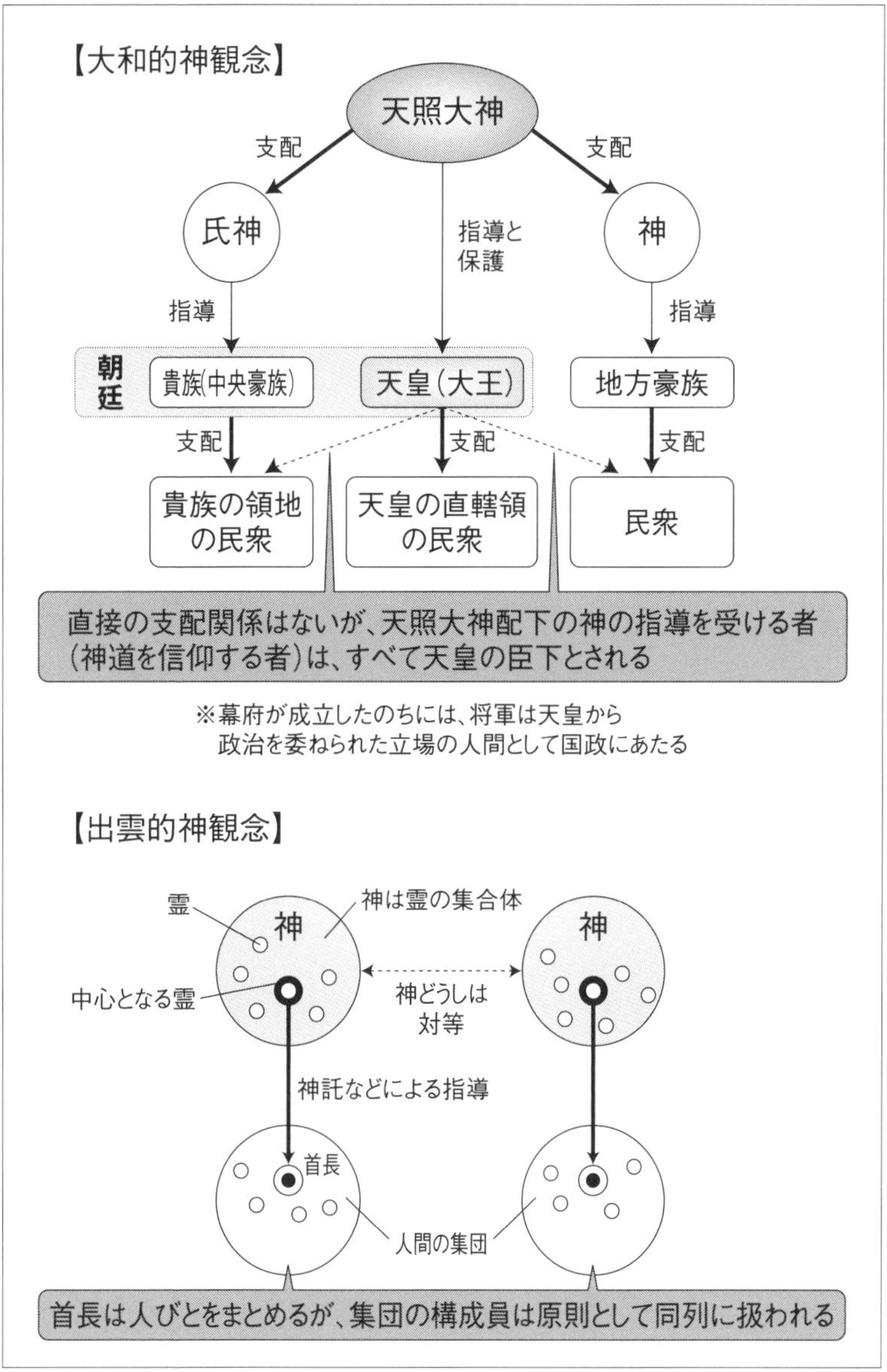
【大和的神観念】
天照大神
支配
支配
氏神
指導と保護
神
指導
指導
朝廷
貴族(中央豪族)
天皇(大王)
地方豪族
支配
支配
支配
貴族の領地の民衆
天皇の直轄領の民衆
民衆
直接の支配関係はないが、天照大神配下の神の指導を受ける者(神道を信仰する者)は、すべて天皇の臣下とされる
※幕府が成立したのちには、将軍は天皇から政治を委ねられた立場の人間として国政にあたる
【出雲的神観念】
霊
神は霊の集合体
神
神
中心となる霊
神どうしは対等
神託などによる指導
首長
人間の集団
首長は人びとをまとめるが、集団の構成員は原則として同列に扱われる

朝廷の国内支配と儒教化する神道

◎何が、神道のかたちを大きく変えたのか

なぜ、中国の「律令」が必要とされたのか

神道は、個人の信仰をもっとも重視する宗教である。一人ひとりが自ら考えて、神の意にかなう行動をとる世界がもっとも望ましいとするのだ。それゆえ、神の法のかたちで人びとの行動を規制する支配は、日本人には合わない。

いっぽう、キリスト教やイスラム教やユダヤ教は、神の教えがそのまま神聖な掟《おきて》とされて法律となっていった。

古代に中央集権国家づくりをめざした七世紀の朝廷は、天皇（大王）の支配を強化するのに、神道を用いようとした。しかし、神道の教えを、人びとを統制する法に転用することはできない。

そこで、朝廷は中国から「律令」という法をかりてきて、国内支配の強化をはかった。そのため、中国の律令に記された儒教的祭祀《さいし》（天地の神の祭り）のあり方にならって、国内の神の祭りに対するさまざまな規定がつくられることになる。

これによって、神道は儒教的性格を強くもつようになっていった。

儒教の「礼」を祭祀統制に利用した朝廷

前項で述べたように、五世紀末に日本に移住してきた渡来人とよばれる朝鮮半島を故郷とする人びとの儒教知識によって、天つ神と国つ神との区別がつくられた。

これをきっかけに、大和朝廷の支配層は渡来人の知識を利用する。六世紀から七世紀なかばにかけて、日本古来の支配にかんするさまざまな習俗を、儒教的な用語を用いて説明づけるようになっていったのだ。

この動きのなかで、中国の「三《さん》礼《らい》」（『周礼《しゅらい》』『儀礼《ぎらい》』『礼記《らいき》』）とよばれる古典に記された「礼」とよばれる儒教思想がしだいに重んじられていった。「礼」とは、一定の

礼儀作法に従って人びとの行動を規制するもので、それによって、

「皇帝は国内で行なわれるすべての祭りを支配下において監督せねばならない」

「祭りには、整った方式の儀式次第が必要だ」

といった考えが日本に広まった。

そして「中国は『礼』が整った先進国であるから、日本もそれにならった『礼』をつくるべきだ」とする声を受けて、七世紀末に天《てん》武《む》天皇が大がかりな国内の祭祀制度の整備を行なった。

「神祇令《じんぎりょう》」の成立と日本神話の完成

これがもとになって『大宝律令《たいほうりつりょう》』（七〇一年制定）の、皇室の祭りのあり方を規定した詳細な「神祇《じんぎ》令《りょう》」がつくられた。そこには、豊

唐代のころの「礼」の概念

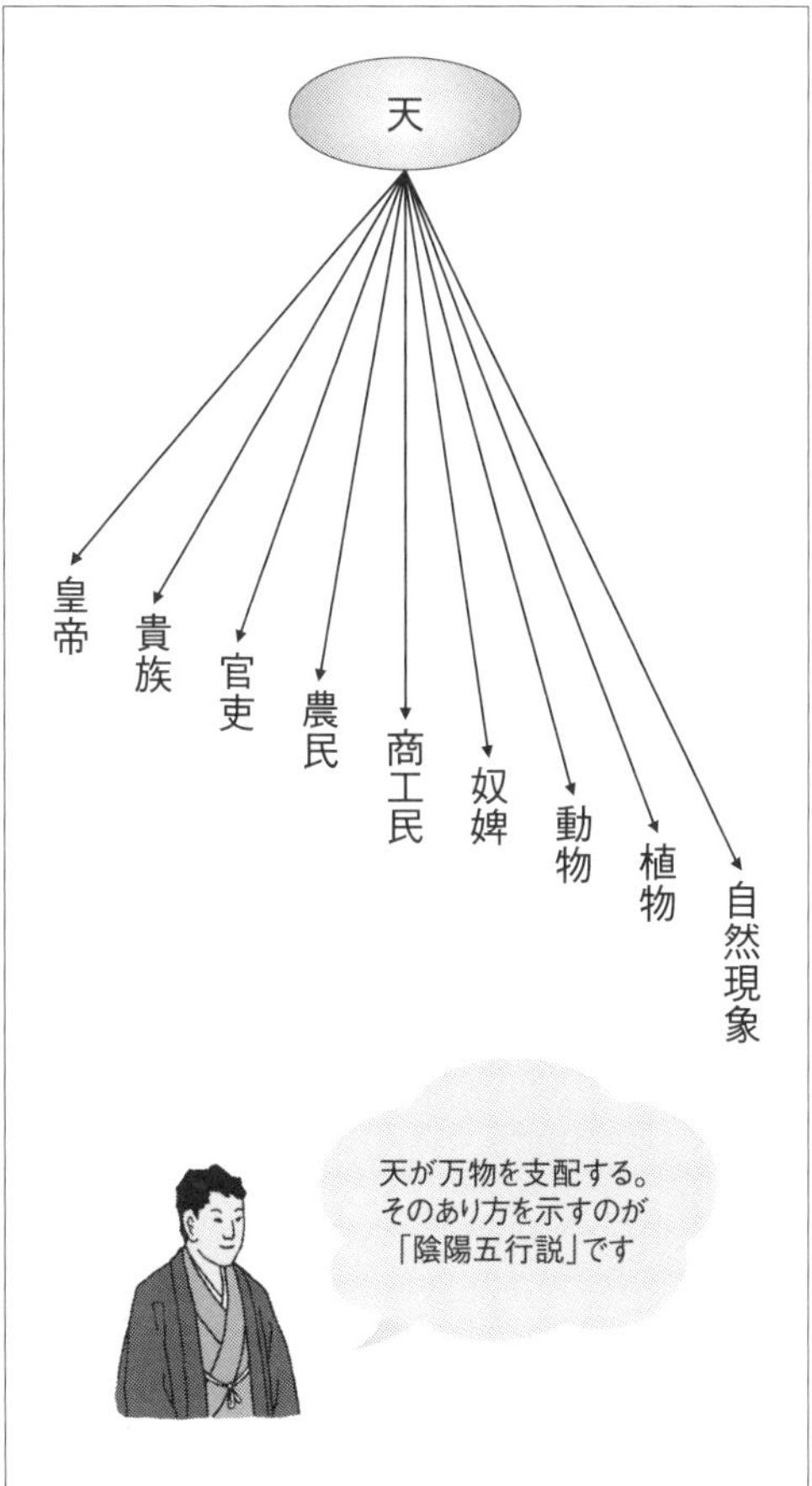

※人間が天の意にかなった振る舞いをすることが「礼」である。皇帝は皇帝にふさわしい立派な祭祀を行ない、貴族、官吏などは身分に応じて上位のものを敬う行動をとらなければならない。そうしないと天が怒り、災害が起きる。

※冬に日が短くなることや、熊などが冬眠することや、落葉樹が秋に葉を落とすことなど、すべての自然現象が天の定めた掟によってなされている。

作を祈る祈年祭《としごいのまつり》や収穫を感謝する新嘗祭《にいなめのまつり》(のちに「きねんさい」「にいなめさい」ともよばれるようになる)などの天皇家が関与する年間の祭りが書きならべられている。

　このなかのいくつかは、今日の皇室に受け継がれている。朝廷が扱う神事にはくわしい儀式次第が定められ、祭りにあたって神にささげる供え物の数についての細かい規定もつくられた。

　国内のおもだった神社は、官社《かんしゃ》とされた。そして、宮廷の祭祀を扱う神祇官《じんぎかん》という役所が官社の祭りを行なうことになった。

　つまり、各地の首長が思い思いに行なっていた土地の守り神の祭りが、朝廷の統制下におかれるようになったのである。

　こうした動きとともに、天武天皇の時代にはじまる歴史書づくりの成果により『古事記《こじき》』『日本書紀《にほんしょき》』の神話がつくられ、国内のおもだった神は、なんらかのかたちで天照大神を頂点とする神の同族系譜のなかに位置づけられることになった。

神祇令に規定された主な祭り

月	祭名	内容
2	祈年祭《としごいのまつり》	豊作を祈る
3	鎮花祭《はなしずめのまつり》	疫病をしずめる
4	神衣祭《かむみそのまつり》	伊勢神宮に神衣をささげる
	大忌祭《おおいみのまつり》	川の水が豊かであることを祈る
	三枝祭《さいぐさのまつり》	疫病をしずめる
	風神祭《かざかみのまつり》	風による災害を防ぐ
6	月次祭《つきなみのまつり》	本来は月末ごとに行なう農耕神の祭りを年2回にしたもの
	鎮火祭《ほしずめのまつり》	火災を防ぐ
	道饗祭《みちあえのまつり》	都に災厄が入ってくるのを防ぐ
7	大忌祭	川の水が豊かであることを祈る
	風神祭	風による災害を防ぐ
9	神衣祭	伊勢神宮に神衣をささげる
	神嘗祭《かむにえのまつり》	伊勢神宮における収穫感謝
11	相嘗祭《あいなめのまつり》	いくつかの有力な神社で行なう収穫感謝
	鎮魂祭《たましずめのまつり》	天皇の霊力を高める
	大嘗祭《おおなめのまつり》	朝廷の収穫感謝
12	月次祭	本来は月末ごとに行なう農耕神の祭りを年2回にしたもの
	鎮火祭	火災を防ぐ
	道饗祭	都に災厄が入ってくるのを防ぐ

仏教の伝来は神道をどう変えたか

◎祝詞は、読経をまねて今の形式になった

日本人は仏をどう見たか

神道と仏教との交流は、六世紀はじめごろから神道の底辺ともよぶべき民間の神事の部分で徐々になされた。そして、それよりすこし遅れるかたちで、六世紀なかばに神道は仏教と正面から向きあい、多くの仏教的要素を取り入れるようになった。

『日本書紀』などは、百済《くだら》（朝鮮半島にあった小国のひとつ）が日本に仏像を送ったのをきっかけに、日本に仏教が広まったと伝えている。この仏教公伝の年については、それを五三八年とする説と五五二年とする説とがある。

このとき、渡来《とらい》系豪族と親しかった蘇我《そが》氏は仏教受容に賛成したが、古くから大和朝廷の祭祀《さいし》の重要な部分である鎮魂祭《ちんこんさい》（古くは鎮魂祭《たましずめのまつり》といった）を受け持ってきた物部《もののべ》氏は仏教に反発した。『日本書紀』は、そのとき物部尾《お》輿《こし》がこう言ったと伝える。

「いま新たに異国の神を拝めば、わが国の神がお怒りになる」

この言葉は、当時の人びとが、すべてのものは仏のもとの世界で生きているとする仏教の教えを理解できずに、仏を日本に数多くいる神と同列のものとみていたありさまがわかる。

しかし、このような、釈迦《しやか》、弥《み》勒《ろく》などさまざまな仏を神に近いものとして扱う発想は、後世まで受け継がれた。

物部氏の滅亡で仏教化する神道

六世紀末に蘇我氏や聖徳太子が物部尾輿の子、守屋《もりや》を滅ぼした事件（蘇我・物部の争い。五八七年）をきっかけに、朝廷の手で大がかりな仏教興隆策がとられた。それによって、法隆寺《ほうりゆうじ》などの大寺院がつくられるが、当時の人びとの大部分は仏教学を学ばず、仏に現《げん》世利益《ぜりやく》をもとめた。

そしてこの時期から、神道の外形が仏教にならって整えられていった。

寺院をまねて神社がつくられ、やがて仏像、仏画のかたちをまねた神像や神の肖像画がつくられるようになったのである。仏事にならった神事の整備も進んだ。こうした動きのなかで、もとはその時々の思いを神に述べるものであった祝詞《のりと》が、仏事の読経《どきょう》をまねた形式の定まった祝詞を読み上げるかたちに変わっていった。

豪族たちは氏寺で何を祈ったか

飛鳥《あすか》時代に日本に取り入れられた仏教は、すみやかに日本化していった。人びとは、神に願うことができなかった私的な望みの実現を仏に祈った。仏教は、本来は個人の心の修養をもっとも重んじる宗教であるが、七世紀の豪族たちは、祖先の祭りのために寺院を建て、仏像をつくった。

『日本書紀』には、推古《すいこ》天皇が蘇《そ》我馬子《がのうまこ》と聖徳太子に「仏教を興隆せよ」という詔《みことのり》を出したとき、豪族たちが「君と親の恩にむくいるために」寺院《うじでら》をつくったと記されている。亡くなった親のためにこれをつくったという銘文をもつ飛鳥時代の仏像も、いくつかのこっている。

王家や豪族がおのおのの祖先神をまつっていたかたちにならって寺院を建て、そこで祖先供養の仏事を行なう習慣がつくられていったのである。ゆえに、当時の有力寺院は「氏寺」とよばれた。豪族が自家の氏神だけをまつっていた段階から、氏神と氏寺をまつる方式への転換がなされたのである。この場合、氏神は、ひとつの豪族と豪族の支配下の民衆との両者を守るものとされ、氏寺は、豪族の個々の祖先を供養する場と考えられた。

今日、奈良市にある藤原氏の氏神である春日《かすが》大社のすぐそばに、藤原氏の氏寺である興福寺《こうふくじ》があるが、これは、古代以来の氏神と氏寺との親密な関係が受け継がれた一例である。

仏教由来ではなかった盆と彼岸の習慣

今日、仏式で先祖の祭りを行なう人びとは、旧暦七月の盆《ぼん》と春と秋の彼岸《ひがん》に祖先の祭りを行なう。

しかし、この習俗はインド本来の仏教にはない。

　日本では古くから、正月と七月に祖先の霊をまつる行事が行なわれていた。これは収穫を終えて人びとの心が落ち着いた時期に、農耕神となった祖霊に感謝するものであった。正月には米の収穫のお礼を、七月には裏作としてつくった麦などがとれたお礼を述べるのである。

　このなかの正月行事は、日本人が米を神聖なものと考えていたことで重んじられ、現代まで重要な神事として受け継がれた。

　いっぽう、七月の行事は、仏教の盂蘭盆《うらぼん》（目連《もくれん》という仏弟子が、餓鬼道《がきどう》におちた母の死後の苦しみを救うため、釈迦《しゃか》の教えに従ってはじめた行事）と結びつき、収穫感謝の部分を失って祖先供養の行事となる。

　また、日本で古くから行なわれた昼夜の長さが同じである特別な日（春分、秋分）になされた御魂《みたま》祭りが、のちに春秋のお彼岸になった。

影響を与えあった神道と仏教

仏教から神道へ与えた影響

〈神社〉
寺院にならってつくられる
〈神像〉
仏像にならってつくられる
〈神画〉
仏画にならって描かれる
〈神事〉
仏事にならって整えられる

神道から仏教へ与えた影響

〈祖先崇拝〉
神道の祖霊崇拝の影響を受けた祖先供養の行事が行なわれる
〈氏寺〉
氏神をまつる神社の近くにつくられる
〈現世利益〉
神道の影響を受けて教えが変化する

藤原氏の氏寺・興福寺

七世紀の豪族たちは氏神に加えて、祖先をまつるための氏寺をまつった。興福寺（写真は東金堂）は、藤原氏の氏神である春日大社のすぐそばに建てられている

「他力本願」の発想は神仏習合から

◎神道は本来、神頼みを奨励するものでないが…

密教僧が説いた「本地垂迹説《ほんじすいじやくせつ》」とは

日本に仏教が伝来して以来、朝廷の支配層の意向によって、しだいに神道が仏教や儒教の知識を取り入れながら一定の形式にまとめられていった。平安時代に、この営みは、ひとまず神仏習合《しんぶつしゅうごう》のかたちをとって完成した。

神仏習合を進めたのが、天台宗《てんだい》と真言宗《しんごん》の密教《みっきょう》勢力である。密教は奥深い教義をもつが、ひと言でいえば、平安時代の密教は「密教を身につけた高僧は、仏と同等の強い呪力《じゅりょく》をもち、あらゆるものを思いのままに操れる」とするものであった。

当時の貴族は、密教僧に、雨乞《あまご》いや政敵の排除などさまざまなことを祈らせていた。そのため比叡《ひえい》山《ざん》、高野山《こうやさん》などの密教寺院が、密教修行の場として繁栄した。

やがて、平安時代なかばにあたる一〇世紀に、密教の学僧のあいだからつぎのような主張が広まっていく。

「仏は幾度も生まれ変わって人びとを助けるものであるから、日本の神は仏の生まれ変わった姿のひとつであると考えられる」

このような、仏を神の上におく考えを「本地垂迹説《ほんじすいじやくせつ》」（本地である仏・菩薩《ぼさつ》が衆生《しゅじょう》を救済するためにわが国の神祇《しんぎ》となってあらわれるとする神仏同体説）という。

神は仏の力を借りて人を救う？

たとえば、平安時代の文人、菅《すが》原道真《わらのみちざね》が天神としてまつられるようになったとき、北野天満宮に仕える僧侶たちは信者にこう説いた。

「十一面観音が菅原道真として生まれてきて、仏の世界で定められた彼の役割を終えたのちに亡くなった」

これによって人びとは、神が大きな力をもつ仏であるなら、神に祈れば、仏がもつ密教的呪力を使って願いをかなえてくれると考えるようになった。そのあと、江戸時代に仏教勢力がしだいに後退し、明治政府が強硬に神仏分離を行なった。

それによって、現在では誰も「神が仏のもつ力で人を救う」と考える者はいなくなったといってよい。しかし、いまでも神仏習合の影響で「神に頼むだけで願いがかなえられる」という発想は、広くのこっている。

しかし、本来の神道は他力本願《たりきほんがん》のものでなく、人びとに人間らしい生き方をすすめるものであった。

本地垂迹説

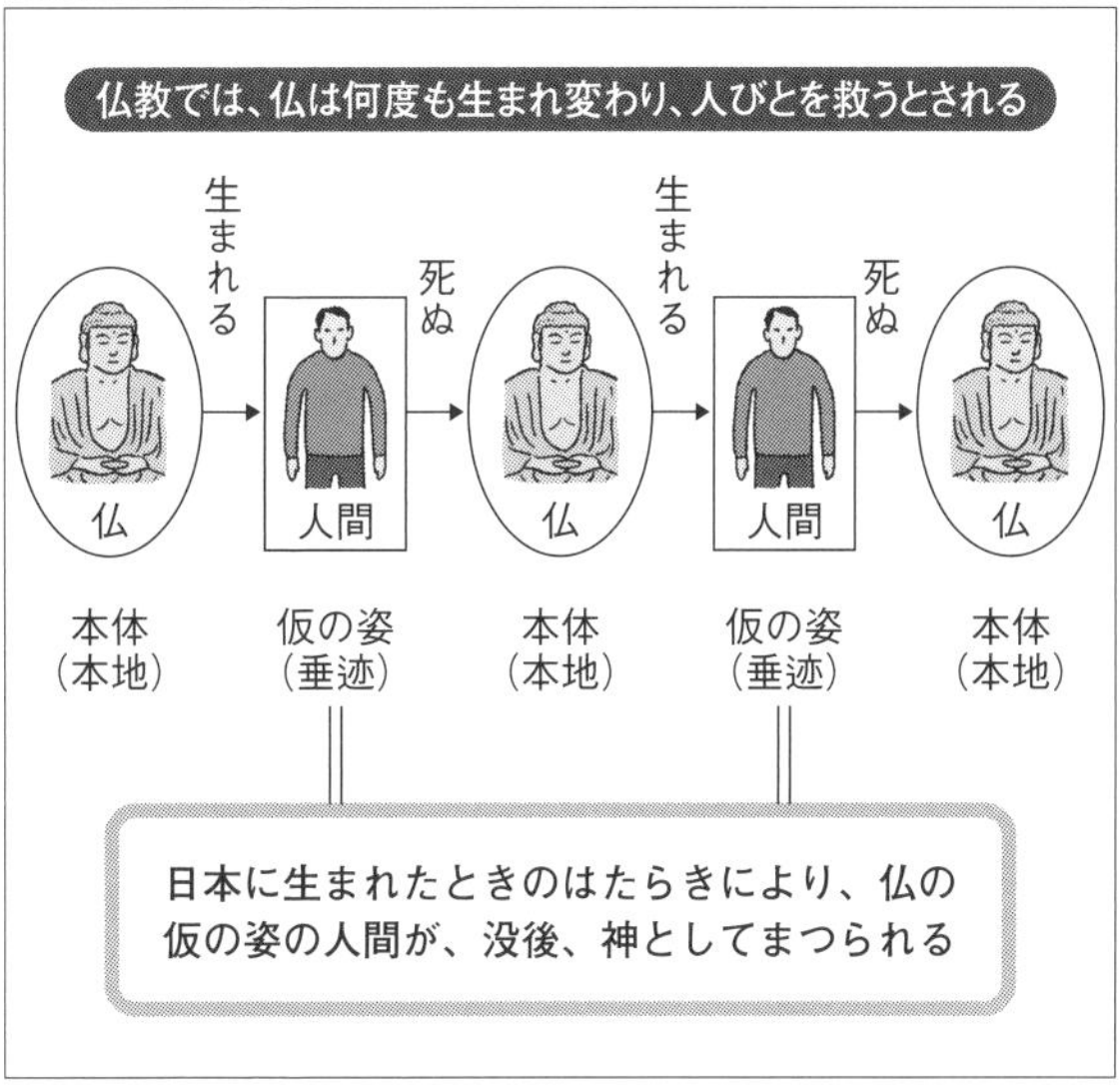

垂迹神と本地仏の一例

垂迹神	本地仏
天照大神《あまてらすおおみかみ》	大日如来《だいにちにょらい》、観音菩薩《かんのんぼさつ》
日吉神《ひえのかみ》	釈迦《しゃか》
天《てん》神《じん》	観音菩薩《かんのんぼさつ》
素戔嗚尊《すさのをのみこと》	牛頭天王《ごずてんのう》
大国主命《おおくにぬしのみこと》	大黒天《だいこくてん》
東照大権現《とうしょうだいごんげん》(徳川家康)	薬師如来《やくしにょらい》
市寸島比売命《いちきしまひめのみこと》	弁財天《べんざいてん》
八幡神	阿弥陀如来

武家政権はいかに神道と関わったか

◎朝廷と違い、祭祀に干渉しなかった幕府

武士による神社支配の始まり

平安時代なかばにあたる一〇世紀に、日本の社会に大きな転換がみられた。比較的広い領域を治めていた地方豪族の勢力が後退し、村落の小領主である武士が地方豪族の支配から自立したのである。

武士が治めた土地（荘園村落《しょうえんそんらく》）には荘園村落を守る神社がおかれ、独自の法（朝廷が定めた律令とは異なる、荘園部落を治める武士がその土地の農民たちと話し合って定めた、生活に則した法）がつくられた。

荘園村落が自立したときに、そこを支配する武士が新たに八幡宮《はちまんぐう》などを建てた例も多い。鎌倉幕府は神の祭りを重んじたが、個々の武士の自領の祭祀《さいし》のあり方には干《かん》渉《しょう》しなかったのだ。

鎌倉時代以後、しだいに全国の流通路が整備され、商工民が成長していった。この動きのなかで、商工民は地域ごとや業種ごとに団結して独自に神をまつりはじめた。中世には門前町のかたちで寺社の前に商業地がひらける例が多いが、それはその地域の商工民がひとつの信仰のもとに団結したことにより生じたものである。

荘園村落の解体と農民による自治の広まり

荘園村落を基本とする社会のあり方は、室町時代に変質しはじめた。それまでは荘園村落を治める武士がそこの神社をまつり、農民と共存共栄の関係をもっていた。ところが、室町時代に守護大名《しゅごだいみょう》が一国を支配するなど力が強まったため、守護大名の家臣となる武士が多くなった。

そういったところでは、領主である武士が農村を離れ、上層農民が宮座《みやざ》（氏子《うじこ》の一部によって組織され、氏神の神事を行なう集団）などの組織を構成して、村落の神社の祭りを行なうようになった。

武士と神道

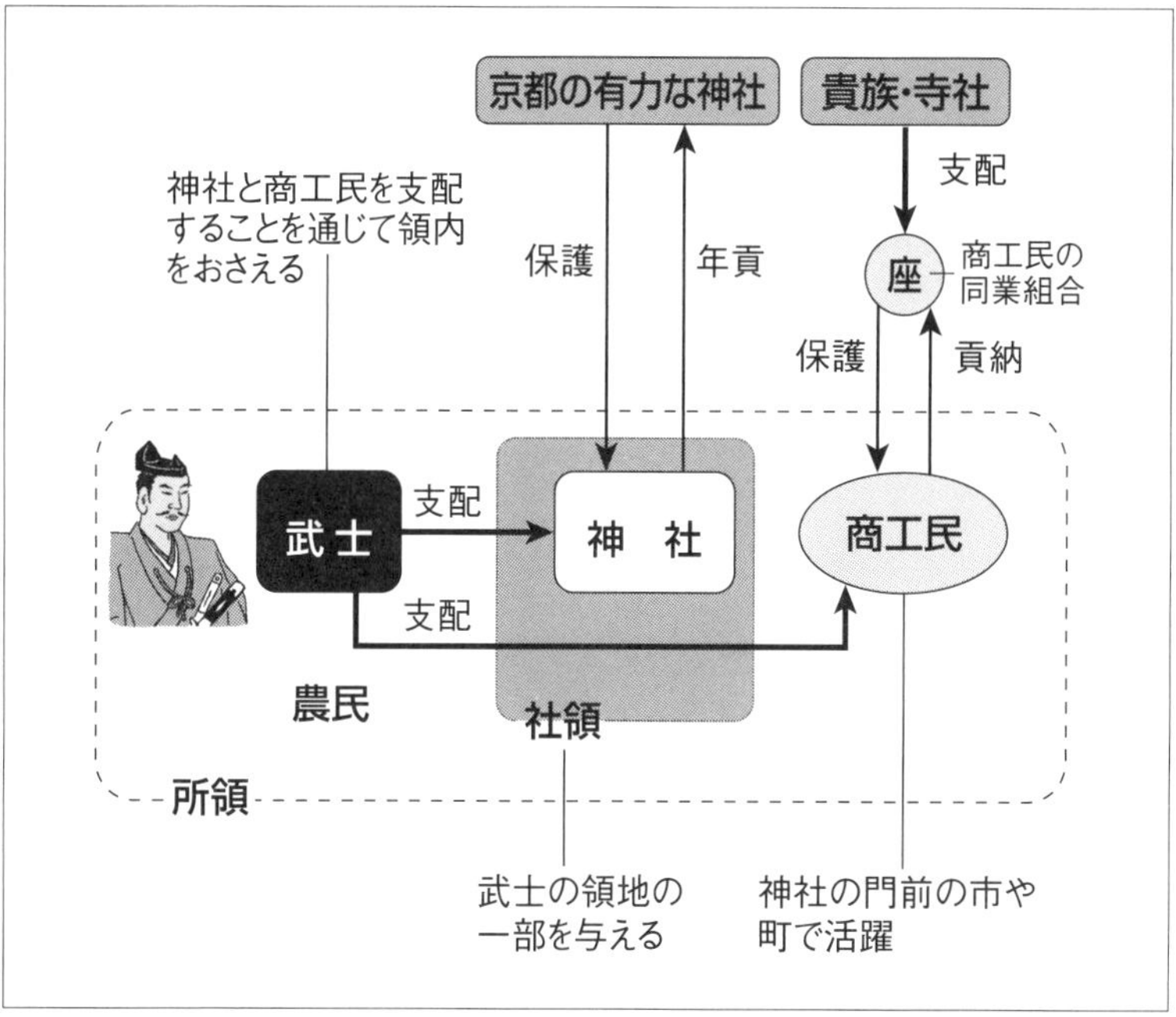

門前町の発展

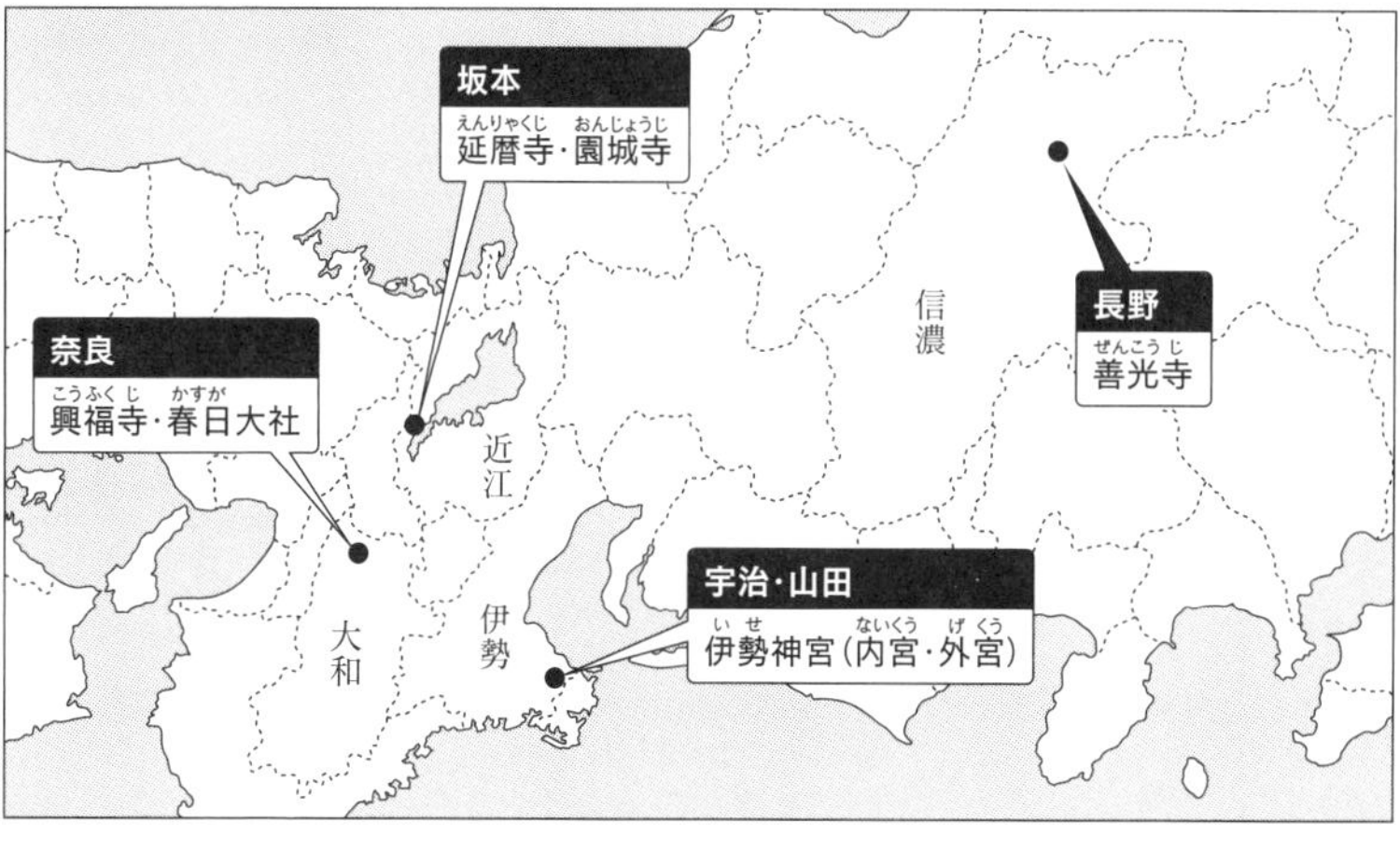

修《しゅ》験《げん》道《どう》の広まりと熊野神社の隆盛

◎混淆宗教・修験道が力をもったわけ

修験道に頼った皇族・貴族たち

中世から江戸時代にかけての神道の役割を考えるときに、修験道《しゅげんどう》の問題は避けて通れない。しかし、修験道の教説の発展についての研究は進んだが、地方の村落における修験道の役割は、十分には明らかになっていないのである。

平安時代の末期に熊野《くまの》、吉野《よしの》などにおける山林修行がさかんになり、そこから熊野三社（本宮《ほんぐう》の熊野本宮大社、新宮《しんぐう》の熊野速玉《はやたま》大社、那智《なち》の熊野那智大社）を中心とする修験道という、仏教と神道とさまざまな民間信仰を融合させた新たな信仰がつくられた。この修験道を身につけた修験者《しゅげんじゃ》は、さまざまな呪術を用いるとされた。

そのため、皇室も貴族も彼らの呪力に頼ろうとして、しきりに熊野詣《もう》でを行なった。そして、修験者たちは皇室との結びつきを強めつつ、各地の農村への布教に力を入れた。

修験者のことを「山伏《やまぶし》」ともいうが、平安時代末から全国を巡り歩く山伏の姿が広くみられるようになった。山伏は、農村で病気治しの呪術や、屋敷神《やしきがみ》（屋敷内にまつる神）の祭りを行なった。

情報網を誇った山伏はなぜ衰退したか

農民にとって定期的に巡ってくる山伏は、外部の情報をもたらす語り手であり、悩み事の相談相手であり、医術や読み書きを教える師匠でもあった。

中世の農村では伝統的な神社の祭りも行なわれていたが、山伏はそれとは別の役割をもち、農民の生活に欠かせないものになっていった。

中世に、山伏の手でひらかれた熊野神社も多い。朝廷と各地の熊野神社との親密な関係が保たれたため、熊野三社の修験者たちは、朝廷の意向を受けて各地の熊野神社を巡り、皇室と天皇寄りの地方の武士との連絡にも活躍した。

しかし、江戸時代になると、江戸幕府は、修験者が信仰を通じて各地の武士を組織するのを嫌い、山伏に定住をすすめるようになった。そのため、都市や農村に定住して「里修験《さとしゅげん》」とよばれる者が多くなっていく。

そのころになると、国内の交通がさかんになったため、山伏がもたらす情報が前ほど貴重ではなくなった。こうしたいきさつで、熊野三社の地方に対する影響力はしだいに後退していった。

修験者の主な役割

- 神社の別当
- 祈禱《きとう》・薬草による医療行為
- 参詣案内、講組織の指導（御師《おんし》）
- 子弟の教育（寺子屋）
- 祭りや年中行事の指導・助言
- 講社まわり、檀家へのお札配り

神道の発展にかかわった主な神社

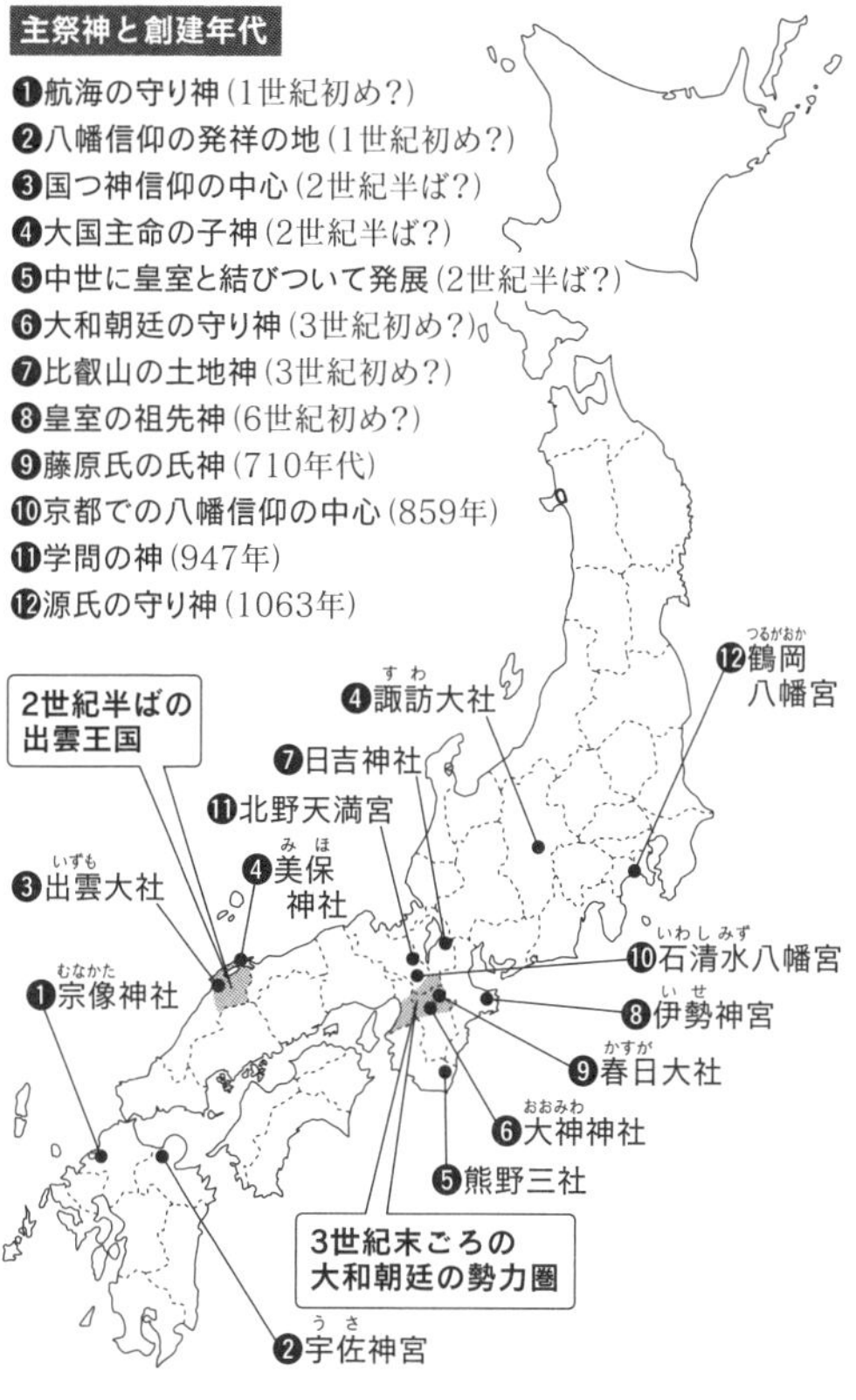

戦国時代に発生した専門の神職

◎動乱のなかで没落した武士が担った

神社の扱いに頭を悩ませた戦国大名

専門の神職《しんしょく》は、戦国時代から江戸時代の初期にかけて発生した。もともとの神道は、誰もが自分の仕事をもったうえで思い思いに神をまつる考えのうえにつくられていたからだ。

ゆえに、古代には一定の領域を治める豪族がその土地を守る神をまつり、中世では荘園村落の領主が神社を管理した。戦国時代までは、このかたちで問題はなかった。各地の有力な神社は、その地の有力な武士の保護のもとに栄えていたからである。

ところが、戦国の動乱で多くの武士が没落した。そうなったのちに、一国単位の支配を完成した戦国大名は、自分の領国の有力な神社の扱いに悩むことになった。

戦国大名に敗れた豪族が専門の神職へ

荘園村落の小さな神社なら、その領主がいなくなったあとの祭りを、村落の農民たちに委《ゆだ》ねることができる。しかし、古くから重んじられてきた有力な神社の祭りをおろそかにするわけにいかない。

そこで、戦国大名は領国支配を完成したのち「旧来の有力な武士に代わって、自家が領内のおもだった神社を支配する」と宣言し、おもだった神社を自分の保護下においた。

しかし、大名が自らの手ですべての神社をまつるわけにいかないので、浪人になっていた旧家の武士らを神職にして社領《しゃりょう》などの収入で生活させ、神社の祭りを請け負わせた。古くからの豪族で、この時期に戦国大名に敗れたことで専門の神職になった者も少なくない。

このようにして、専門の神職が有力な神社をまつり、農民の代表者が産土神《うぶすながみ》などの小規模な村落の神社をまつるかたちが江戸時代に確立した。

江戸幕府を支えた儒教系神道

◎朱子学者は神道をどう解釈したか

幕府が厚遇した「吉田神道」とは

室町時代後期に、京都の吉田《よしだ》神社（奈良の春日大社から分かれた神社）に仕える吉田兼倶《かねとも》が吉田神道（唯一神道）をおこす。

それは、仏教を神道の下位におく宗派であった。吉田家は、自家の神道は天照大神《あまてらすおおみかみ》のもとで祭りをつかさどった天児屋命《あめのこやねのみこと》（藤原氏の祖神《おやがみ》）から伝えられた由緒正しいものだと主張した。

そして、この吉田神道が、しだいに朝廷や大名のあいだに広まっていったことで、全国の神職のあいだに、吉田家を自分たちの指導者として立てる考えが広まっていった。

そのため、江戸幕府が寛文《かんぶん》五年（一六六五）に出した『諸社禰宜《しょしゃねぎ》神主法度《かんぬしはっと》』において、神職は、吉田家の許状なしに白張《しらは》り以外の装束《しょうぞく》をつけてはならないとする規定を出すことになった。

これは、実質的には全国の神職を吉田家の監督下におくものであったが、長い伝統をもつ有力な神社の神職で、吉田家の支配を嫌い、朝廷と直接つながりをもったものも少なくなかった。

朱子学者がつくりだした儒教系神道

江戸幕府や諸藩は社領や禄米《ろくまい》を与えて有力な神社を保護したが、神社や寺院を政治に介入させない方針をとった。

そして武家支配をささえる学問、道徳として、朱子学《しゅしがく》（南宋《なんそう》代の朱熹《しゅき》がひらいた儒教の一派）を保護した。これによって、朱子学が日本社会に浸透していく。

こうした動きのなかで、朱子学者たちは、日本に広く存在する神道にもとづく現象を、すべて儒教の体系にくみこんで解釈しようと企《くわだ》てるようになる。

これによって、儒教系神道の諸派がつくられていった。

朱子学者・林羅山は神道をどう解釈したか

徳川家康に仕えて幕府の朱子学者の元締《もとじめ》をつとめた林羅山《はやしらざん》は、日本中世の儒教の影響を強く受けた吉田神道を学んだ。それによって、羅山は日本の神は朱子学で説く「理」にあたると主張した。

その理とは、天地の根源にもとづく霊であり、すべてのものの内部に存在するものだと彼は言う。儒教の用語を使ってはいるが、羅山は精霊崇拝《せいれいすうはい》（すべてのものに霊が宿るとする考え）にもとづく神道の性格を正しくつかんでいたといえる。

以後、朱子学者のさまざまな神道論が出されるが、それらは神道の発展とは別の、朱子学派内部の研究の進展としてとらえるべきものである。

太平の世の訪れと福の神の出現

中世までの庶民の神の祭りは、村落単位か商工民の集団単位で行なわれていた。その時代の農業生産力が、ひとつの村落の農民がまとまって行動しなければ生存できない段階だったからだ。商工民も「座《ざ》」という同業者の組合に所属しなければ営業できなかった。

ところが、肥料の改良、鉄製農具の普及、新田開発など、江戸時代はじめの急速な農業の発展により、人の移動が比較的自由に行なわれるようになった。

農村を出て大坂などの都市に奉公に出かける人びとや、故郷の村から分かれて新田をひらいて新たな村落を起こす集団が日常的にみられるようになったのである。

そんななか、都市で商家を起こして富豪になる家や、荒地をひらいて、もとの村よりはるかに豊かな農村をつくり上げる集団があらわれた。

こうした背景のなかで、金儲《もう》けなどのさまざまな個人的な願いをかなえてもらおうとする人びとによって、稲荷《いなり》などのさまざまな流行神《はやりがみ》が福の神としてまつられた（左図参照）。

流行神を信仰する者は、土地の神の神事に従事しつつ、自家独自の神をも重んじた。

今日のようなひとりの人間が複数の神社を信仰するかたちは、この時代にできたものである。

吉田神道による神職の組織化

朝廷・江戸幕府

徳川家康

直接のつながり

結びつき

吉田神社

「東《とう》照《しょう》大《だい》権現《ごんげん》」としてまつる

『諸社《しょしゃ》禰宜《ねぎ》神主《かんぬし》法度《はっと》』(1665)以降、監督

一部有力神社の神職

全国の神職

さまざまな流行神

福神	疱瘡神《ほうそうがみ》	和霊《われい》信仰	御霊信仰
稲荷、大黒天その他の七福神など	疱瘡を起こす疫病の神が福の神としてまつられる。そうすることで人びとは、病状が軽く済むように祈った。医学が発達していない時代、他の病気に対しても同様の信仰があった  (志水軒朱蘭『疱瘡心得草』より「疱瘡神祭る図」)	死者の霊を神とする(宇和島《うわじま》藩の家老・山家清兵衛《やんべせいべえ》が祟りを起こしたのちに福神になった例など)	神田明神(平将門)など怨霊をまつるもの

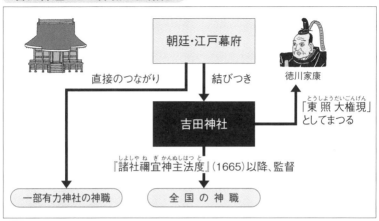

国学の隆盛で高まる尊皇攘夷

◎倒幕・明治維新の原動力となった

本居宣長の『古事記』研究が主張したもの

一七世紀末に、江戸幕府の支配の道具となった朱子学に反発するかたちで、国学《こくがく》が起こった。それは、中国の思想に影響を受ける前の日本古来のまっすぐな心を重んじるべきだとする考えのうえに立つ学問である。

国学者たちは「日本人は『論語《ろんご》』などの儒教の古典ではなく、『古事記《こじき》』などの日本の古典を学ぶことで日本の心を身につけるべきだ」と考えて、古典の研究にいそしんだ。

一八世紀末に、国学を大成した本居宣長《もとおりのりなが》は、次のように主張している。

「儒教は『忠』や『孝』といった形式的な道徳で人間を縛るが、私たちは生まれながらにもっているまっすぐな心の命ずるままに自然に生きるべきだ」

そして、彼は『古事記』を読むことによって、儒教系神道の教説などの、後世につけくわえられたさまざまなものを除いた「本末の神道の心」を身につけよと、人びとに説いた。

平田篤胤《あつたね》の復古神道の広まり

この儒教を外来のものとして排《はい》斥《せき》する考えを推し進め、復古神道《ふっこしんとう》を起こしたのが平田篤胤《あつたね》である。

彼は、当時の庶民の日常生活にとけこんでいた仏教を、日本古来のよき心に合わないものとみなし、仏教批判をさかんに行なった。仏教が重んじる祖先祭祀は、日本人が仏教伝来以前から行なってきたものだというのだ。

そこから、彼は「日本本源論（日本は万国の本源のすべてにおいてすぐれた国であるとする主張）」と「皇国尊厳論（天皇を最高の存在とする考え）」とを強く打ち出した。前者は攘夷《じょうい》論、後者は尊王《そんのう》論につながるものである。

復古神道を起こした平田篤胤

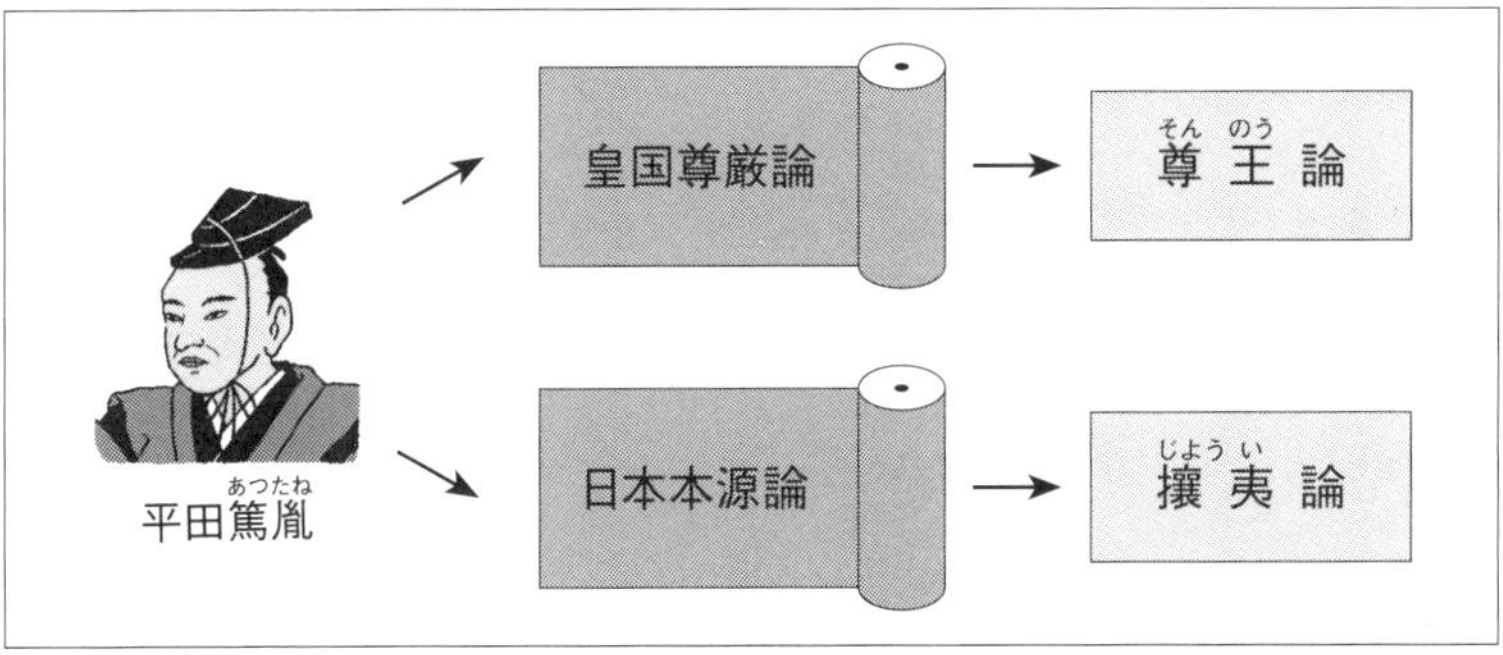

平田篤胤は多くの著作をのこして、天保《てんぽう》一四年（一八四三）に亡くなったが、彼の没後にその著作が広く読まれ、尊王攘夷運動がさかんになった。

明治維新をもたらした攘夷主義の限界

篤胤の著作が、明治維新をもたらした要因のひとつとなったことは間違いない。しかしその主張は、天皇支配を正当化するために書かれた『古事記』などから導きだされた、客観性を欠くものであった。

篤胤は、当時の欧米の高い文明の存在も、幕府の統治が二百数十年にわたって日本の庶民に平和と繁栄をもたらしたことも無視した。

古代語の語義や用法の考証に堅実な成果を挙げた篤胤が、なぜ神道のことになると主観的で見方によっては奇矯《ききょう》（エキセントリック）とも感じられる主張をしてしまうのであろうか。国粋主義におちいることなく、あくまでも外国の文化のよい面を公平に評価したうえで、「自国の独自性を重んじよ」と説くことが望ましい。

そうでなければ、かつて「日本は文化の劣《おと》る国だから、武力で征服してしまえ」と命じたモンゴル（元《げん》朝）の皇帝フビライと同じ誤りを犯すことになってしまう。

こうした点を考えれば、ただ「外国人を排除して天皇親政を行なう」というだけの主張が空虚であることがわかる。明治政府は、その点を理解したうえで、上手に神道とかかわりつつ国政を整備していった。

廃《はい》仏《ぶつ》毀《き》釈《しゃく》と国家神道の時代

◎国学と距離をおき、神道を組み入れた政府

明治新政権は神道をどう利用したか

国学に根拠をおく単純な尊王攘夷論の高まりが、江戸幕府の崩壊と明治維新をもたらしたことは間違いない。一九世紀なかばの時点で、上層、中層の農村や町人の大部分は、幕府支配に疑問を感じていたからだ。

幕府崩壊の直前に、そういった人びとのあいだに「天皇親政が実現すれば国に安泰《あんたい》がもたらされて、世の中が豊かになる」という声が急速に広まった。このような考えは、反幕勢力（薩摩《さつま》藩、長州《ちょうしゅう》藩）の意図的な宣伝で普及したものであったかもしれない。

幕府は、一九世紀はじめからの長期にわたる経済政策の失敗によって、人びとから見放されていた。しかし天皇に対して、いまさら、「王政復古《おうせいふっこ》になりましたので、これからは公家たちを使って神々をよくまつり、日本を豊かにしてください」

と頼むこともできない。そこで、明治政府の樹立にあたって、ひとつのごまかしがなされた。庶民に対しては「明治維新によって天皇親政が実現された」と発表したのだ。しかし、実際には薩摩藩、長州藩などの外国通《つう》、経済通の能吏《のうり》が政治を仕切る体制がつくられた。

長らく習合していた神仏はなぜ分離されたか

明治政府の目的は、欧米の科学技術を取り入れて産業を育成し、強力な軍隊をつくること（富国強《ふこくきょう》兵《へい》）にあった。しかし、国学の発想がしみこんだ庶民には、新政府が国学の説くような、古代の天皇支配のもとに正しい神の祭りを復興する姿勢をみせなければならない。

そのために、明治元年（一八六八）に仏教の〝悪い影響〟を受けた神道を本来のかたちに戻すための神仏分離令《しんぶつぶんりれい》が出された。平安時代なかばに神仏習合《しんぶつしゅうごう》の考えが広

まって以来、神は仏事を喜ぶものとされ、神前で読経《どきょう》を行なう神社が一般的になっていたからである。江戸時代には、大部分の神社で僧侶が神事の一部を受け持つかたちがとられていた。しかし、明治時代に、社僧とよばれる神社に仕える僧侶はその職を失った。さらに、神仏分離令をきっかけに、廃《はい》仏毀釈《ぶっきしゃく》とよばれる庶民の仏教への攻撃が起こり、多くの寺院が破壊される事態まで招いた。

神仏分離で何が変わったか

	聖職者	寺社
平安〜江戸時代	 神職と僧侶を兼ねる者もいた。両者の区分けはあいまい	 寺社が一つの境内に存在する場合もあった
明治時代	 僧侶と神職は分けられ、兼ねることは許されない	 神社と寺ははっきり分けられ、神は仏の上におかれた

古代〜現代にいたる神道の変遷

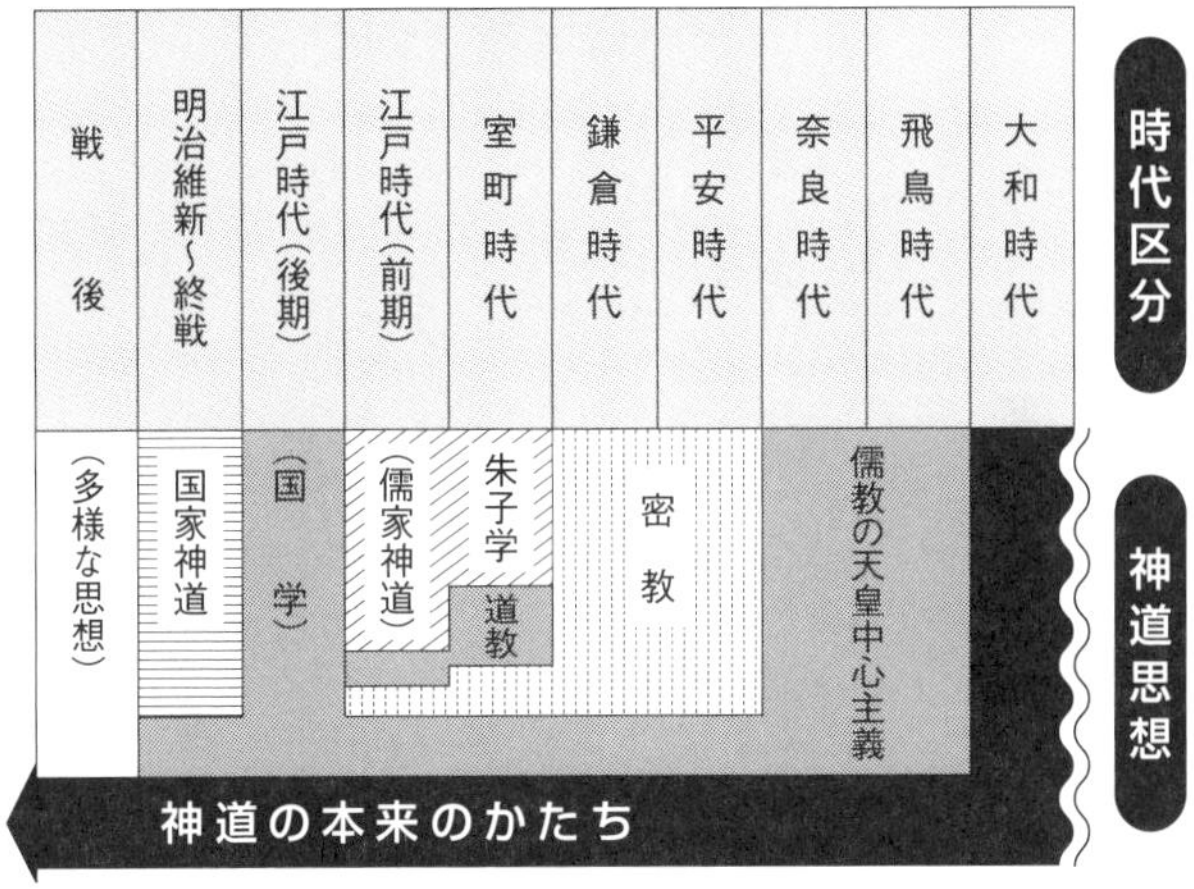

その実態は明らかではないが、全国の寺院の約半数が廃寺になったとする説まである。

ただし、これを神仏分離令が起こしたものだと言い切ることはできない。江戸時代なかばすぎには、民衆の寺院に対する不満が高まっていた。江戸幕府の保護によって、墓地の経営や葬礼で多くの利益を挙げる寺院が多かったため、修行をおろそかにして遊び暮らす僧侶が目立っていたからだ。

そして、廃仏毀釈の嵐が収まった明治一〇年代（一八七七〜八六）に入ると、仏教界に、仏典研究を重んじ、民衆を教化していこうとする動きがはじまった。そのため、戦前の仏教は、神道の信仰とは別のかたちで心のささえになっていった。

明治政府の神社統制の中身とは

政府は明治四年（一八七一）に「神社を国家の祭祀《さいし》とする」宣言を出した。そして、それにもとづいて、神道の国教化をめざすさまざまな政策がとられた。

このため、国内のおもだった神社が、国家が経営にあたる官幣社《かんぺいしゃ》（皇室から祭りの寄付金が出される神社）と国幣社《こくへいしゃ》（国庫から祭りの寄付金が出される神社）、時の地方官が管理する県社《けんしゃ》、郷社《ごうしゃ》、村社《そんしゃ》に序列づけられた。

さらに、神職は祭祀を行なうものとされ、独自の布教活動を禁じられた。すべての神社が国家のための祭りを行ない、国民に天皇を尊敬して正しい生活を送るように指導する場とされたのだ。

このような神社に対する強い統制がなされた時代は、昭和二〇年（一九四五）の終戦によってようやく終わりを告げた。

これまで述べてきたように、日本史上には、神道にさまざまなはたらきかけを行なうことでそれを支配に利用する権力者や、神道に自分勝手な解釈を行なった学者が多く存在した。しかし、彼らによって、人間中心の考えに立ち自然を大切にする神道の基本思想が変えられることはなかった。

神道 3

さまざまある神社の約束——
建物、神職、穢《けが》れと祓い…
神が降りる地の神秘

神社の境内には何があるのか

◎神殿のモデルは、稲を納める倉だった

鎮守の森に神が集まる

神社がある場所を遠くからみると、そこはたいてい、こんもりと茂った森になっている。そして、森の前の部分に神社の建物が配置されている。

神があつまるとされる神社でも、鎮守《ちんじゅ》の森といわれる神殿の背後の森が、もっとも重要な部分である。

そのため、ごく近年まで、一般の人間が鎮守の森にむやみに立ち入ることを禁じていた神社も多く存在した。

境内の基本的な造りとは

神社の入り口には鳥居《とりい》がおかれており、それをくぐると拝殿《はいでん》までの参道がつづいている。そして、拝殿の背後に神社の建物のなかで中心的役割をもつ神殿《しんでん》がつくられている。神殿は本殿《ほんでん》や正殿《せいでん》ともよばれる。

神社にはこのほか、幣殿《へいでん》（神に幣帛《へいはく》というささげものをするところ）、神饌殿《しんせんでん》（神に供える食事を調理するところ）、祝詞殿《のりとでん》（祝詞を入れておくところ）、神楽殿《かぐらでん》（神楽を奉納するところ）といった建物がある。

参道の脇には灯籠《とうろう》、狛犬《こまいぬ》がおかれている。

社務所《しゃむしょ》（神職が神社の事務を行なうところ）や授与所《じゅよしょ》（お札などを頒布《はんぷ》するところ）や納札《のうさつ》所（お札を納めるところ）もあり、古くからつづく有力な神社には文化財を納めた宝物殿《ほうもつでん》もある。ここの文化財を拝観することが、旅行者の神社巡りの大きな楽しみとなっている。

これまでに示したような神社の造りは、国内に寺院が広まる飛鳥《あすか》時代（七世紀はじめ）以降に整えられ、その形式はおおむねそのままのかたちで、今日に受け継がれてきた。

神社の境内の基本的な配置

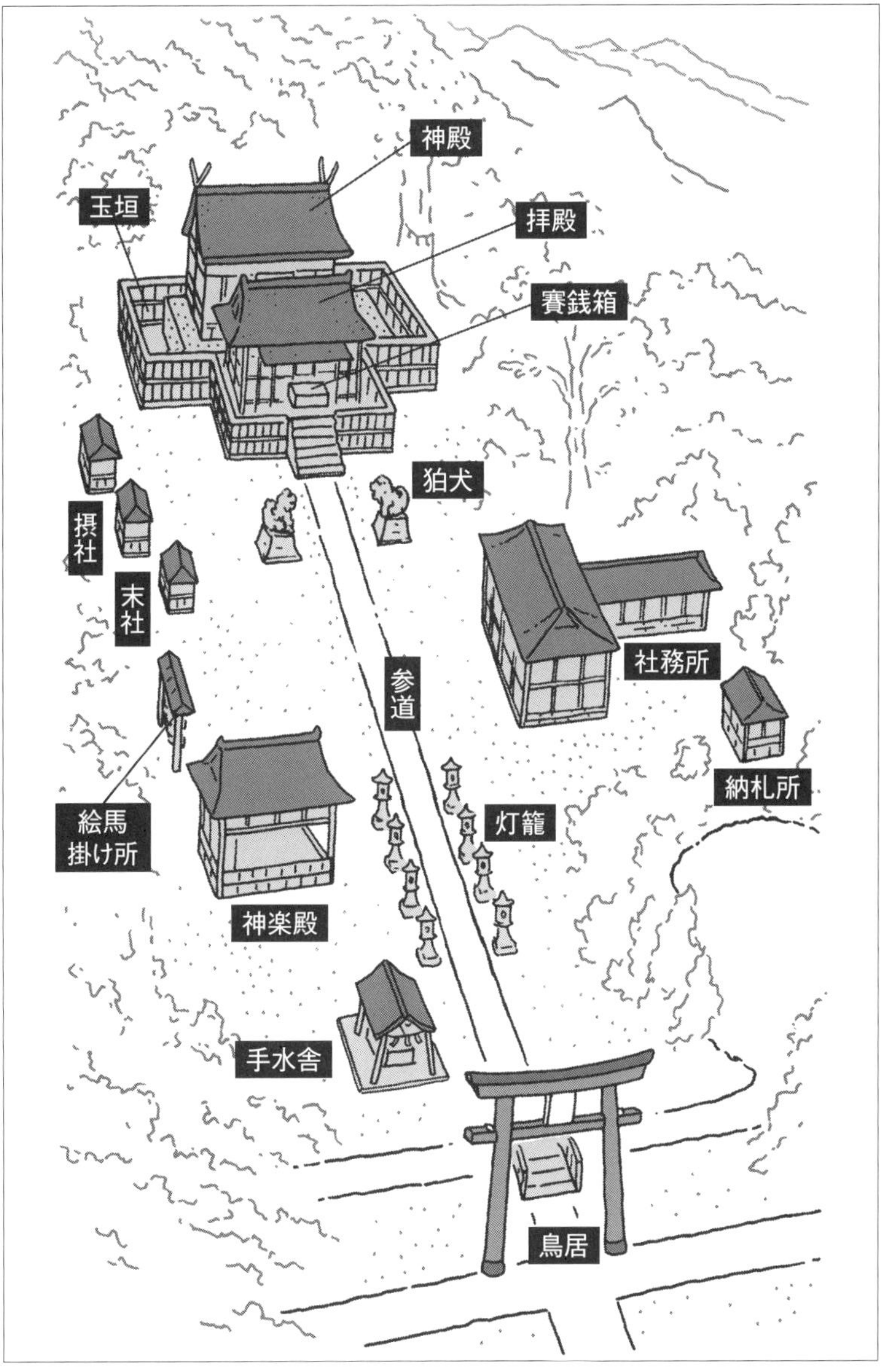

寺院建築に対抗して生まれた神殿

仏教の伝来によって、仏像をまつる金堂《こんどう》や仏舎利《ぶつしゃり》を納める塔などからなる広大な寺院建築が日本に出現した。そして、それに対抗するかたちで神社という巨大な建物が生まれた。

神社の祭りの場を外来の寺院の意匠《いしょう》と同じ形式につくるわけにはいかない。そのため、もっとも日本的で神聖な形式の建物はなんだろうとあれこれ考えられた結果、弥生時代以来つくられてきた稲を納める倉に似たものがつくられた。

古代の人びとは、自分たちの生活をささえる稲を神聖視して、稲には稲魂《いなだま》という霊が宿《やど》ると考えていた。『古事記《こじき》』は、天照大神《あまてらすおおみかみ》が伊奘諾尊《いざなぎのみこと》から与えられた勾玉《まがたま》の首飾りを倉のなかに設けた棚においてまつったとする話を記している。

倉は稲魂をまつる場でもあったため、古代の庶民は稲倉を巨大にした形式の神殿が出現したとき、抵抗なくそれを神のすみかとしてとらえた。今日の神社の神殿も、この稲倉にならった古代の神殿形式を受け継いでいる。

この神殿には、神社でまつる神の御神体《ごしんたい》（神霊が依《よ》り付くものとして、祭祀《さいし》に用いられ、礼拝の対象となる神聖な物体。古来、鏡・剣・玉・鉾《ほこ》などが多く用いられた）がおかれている。

神殿や拝殿がない神社もある

神殿の前につくられた拝殿は、神職が祭りをする場とされた。参拝者は、この拝殿に向かって神を拝む。

大和朝廷の発祥《はっしょう》の地にある大神《おおみわ》神社は、神殿をもたないきわめてまれな例である。

そこには、背後にある三輪山《みわやま》を拝むための拝殿だけが設けられている。大神神社がまつる大物主《おおものぬしの》神《かみ》は建物のなかにではなく、三輪山にいるとされたからだ。

このほかに、伊勢神宮《いせじんぐう》のように拝殿を設けない神社もある。お伊勢参りをする人びとは、神殿前の外玉垣御門《とのたまがきごもん》で神を拝むことになっている。

しかし、特別の例外を除けば、神殿とそれにつづく拝殿が神社に欠かせない中心的建物であることはたしかだ。

社殿建築の原型「神明造」と「大社造」

◎七～八世紀までさかのぼる、その原型とは

創建当初の形式を残す 伊勢神宮と出雲大社

神殿の形式には、さまざまなものがある。

なかでも日本を代表する伊勢神宮と出雲大社《いずもたいしゃ》で、古い時代にそれぞれ特徴のある社殿がつくられた。

そしてこれらの神社では、一定期間ごとに、前のものと同じ様式の社殿を建て替える方式（遷宮《せんぐう》）が受け継がれてきた。

そのため、現在の伊勢神宮と出雲大社の本体の形式は、創建当初のものとほとんど変わっていないとされる。伊勢神宮や出雲大社の社殿の創建は、七世紀末もしくは八世紀はじめではないかとされている。

神殿の形式は こんなにもある

創建時の出雲大社は、今日のものよりはるかに壮大で、長い階段を上って神殿に参拝する約九六メートルの高さをもつものであった。ちなみに今日の出雲大社の神殿の高さは、その四分の一の二四メートルである。

今日、伊勢神宮に関係する神社では、伊勢神宮を手本にした神明《しんめい》造《づくり》の神殿が立っている。いっぽう、出雲系の神社では、出雲大社にならった大社《たいしゃ》造の神殿が用いられている。

そのほかのおもだった神殿の形式として、住吉《すみよし》大社の住吉造、京都市の上賀茂《かみがも》神社、下鴨《しもがも》神社の流《ながれ》造、奈良市の春日《かすが》大社の春日造、大分県の宇佐《うさ》神宮の八幡《はちまん》造、滋賀県の日吉《ひえ》大社の日吉造、日光東照《にっこうとうしょう》宮《ぐう》の権現《ごんげん》造などがある。

「神明造」と「大社造」の違いとは

神明造は、切妻《きりづま》造（棟《むね》〈屋根の頂点にある水平材〉の長さと軒《のき》の長さが同じで、棟から両側に本を半開きにしたような形の屋根をつくった建物）の建物を軒のある方向から

社殿建築の様式

日吉《ひえ》造
正面と左右にひさしがつくのが特徴

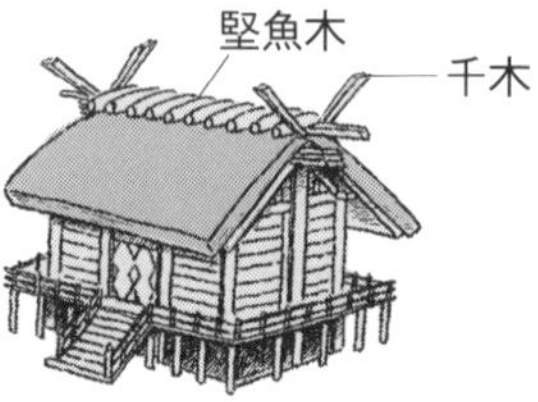

神明《しんめい》造
屋根に反りがなく、千木が屋根から突き出ている

八幡《はちまん》造
二棟が軒を接して並ぶのが特徴

大社《たいしゃ》造
入り口が片寄り、内部に中心柱がある

流《ながれ》造
全面の屋根が長いのが特徴

住吉《すみよし》造
内部が二室に分かれているのが特徴

権現《ごんげん》造
本殿と拝殿の間に屋根があるのが特徴

春日《かすが》造
向拝という張り出した屋根が特徴

千木・堅魚木と男神・女神

千木	内削《うちそ》ぎ	右上図参照	女神をまつる
	外削《そとそ》ぎ	右下図参照	男神をまつる
堅魚木	偶　数	二本、四本、六本等	女神をまつる
	奇　数	三本、五本、七本等	男神をまつる

※必ずしも原則どおりではない

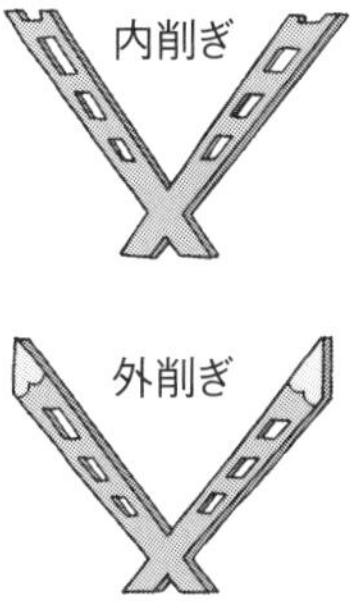
内削ぎ
外削ぎ

千木も堅魚木も
もとは古代の
宮殿の装飾に
用いられて
いました

拝むかたちにつくられている。それに対して、大社造の社殿では切妻造の建物を軒の端《はし》のある方向から拝む。

切妻造が古代の建物のなかのもっとも素朴な形式のものであることからみて、大社造と神明造とが、最古の基本的な神社建築の形式であったと考えられる。

このふたつに、さまざまな装飾をつけるかたちで、住吉造以下の建築様式がつくられていったのであろう。

神明造の切妻の建物と大社造のそれとの細かいちがいは、いくつかある。

神明造の建物は屋根がまっすぐなのに対して、大社造の屋根には反《そ》り（曲線）が入っている。また、神明造の中心におかれた心御柱《しんのみはしら》は、床のすぐ下まで達するかたちに建物の床下に埋められている。

それに対して、大社造の神殿の中心にある心御柱は、棟まで通っているのだ。

この心御柱に、神が降りてくると考えられている。神の「依《よ》り代《しろ》」とよばれる心御柱が、神殿のなかでも、もっとも大切な部分なのである。

神社の神殿と拝殿の屋根の上には、そこが神の住むところであることを示す千木《ちぎ》と堅魚木《かつおぎ》がおかれている。右ページに示したように、屋根の棟の両端にある×形の部分が千木で、屋根の棟におかれた丸太が堅魚木である。

これらは、もとは古代の宮殿の屋根の装飾に用いられたものであった。

鳥居と注《し》連《め》縄《なわ》のルーツとは

◎人間の世界と神の世界を分けるものたち

神域に「通り入る」から「鳥居」になった

神社の入り口にある鳥居《とりい》は、神が降りてくる神域と人間が住む世界とを区画するためにおかれたものである。この神聖な場所の入り口に鳥居を立てる風習は、神社の建物がつくられるようになる前から存在した。

神殿がなくても鳥居があれば、そこが神域、すなわち神社とされるのである。現在でも、土地の神や山の神をまつる特別の場所の入り口に鳥居だけがおかれ、建物がつくられないかたちの神社がいくつもある。

祭りのときに御輿《みこし》をとどめて特別の儀礼をする場所にも、鳥居がある。そこは、神社の所有地になっており「御旅所《おたびしょ》」などとよばれるが、御旅所にはふつう垣根と鳥居だけがつくられている。

鳥居の起源についてはさまざまな説がある。インドのストゥパ（仏塔）の門であるトラーナをまねたものだとか、中国の宮殿などの前におかれた華表《かひょう》という門にならってつくられたといった説である。

しかし、鳥居のもとのかたちは、ただの木の門であっただろうと思われる。それは、神域に「通り入る」ところであり、「とおりいる」がつまって「とりい」になったのだろう。

鳥居の原型は伊勢神宮の神明鳥居か

鳥居には神明《しんめい》鳥居、明神《みょうじん》鳥居などの多くの形式がある。このなかの伊勢神宮の内宮《ないくう》で用いられた神明鳥居が、もっとも鳥居の原型に近いのではないかとされている。

それは、四本の木材でつくられたものである。二本の円柱の上部に笠木とよばれる円柱形の木材をのせ、笠木《かさぎ》の下部に笠木と平行に貫《ぬき》とよばれる木材を付したものである（左イラスト参照）。

もとは、笠木と二本の円柱とか

鳥居の基本構造と種類

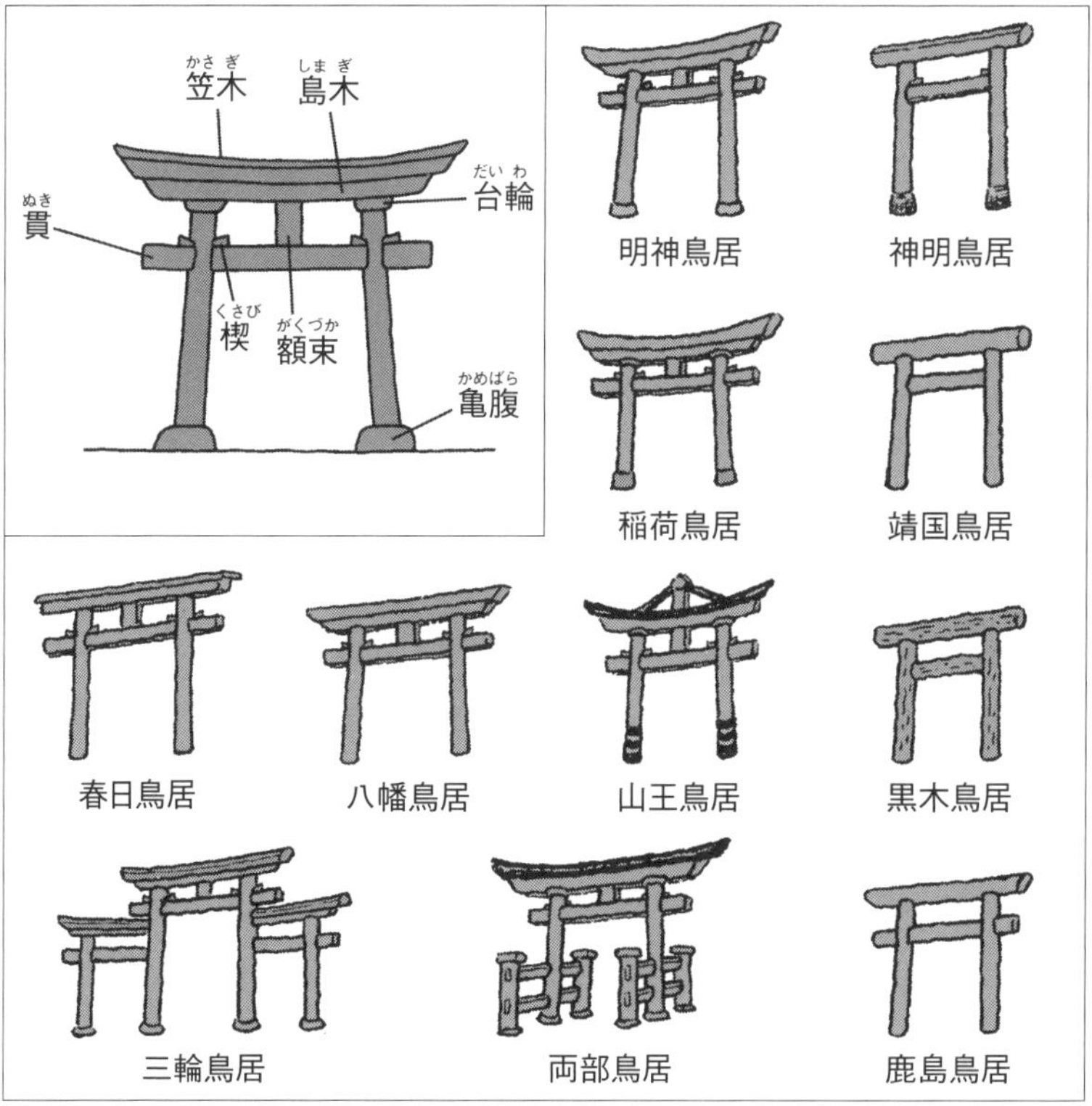

注連縄のいろいろ

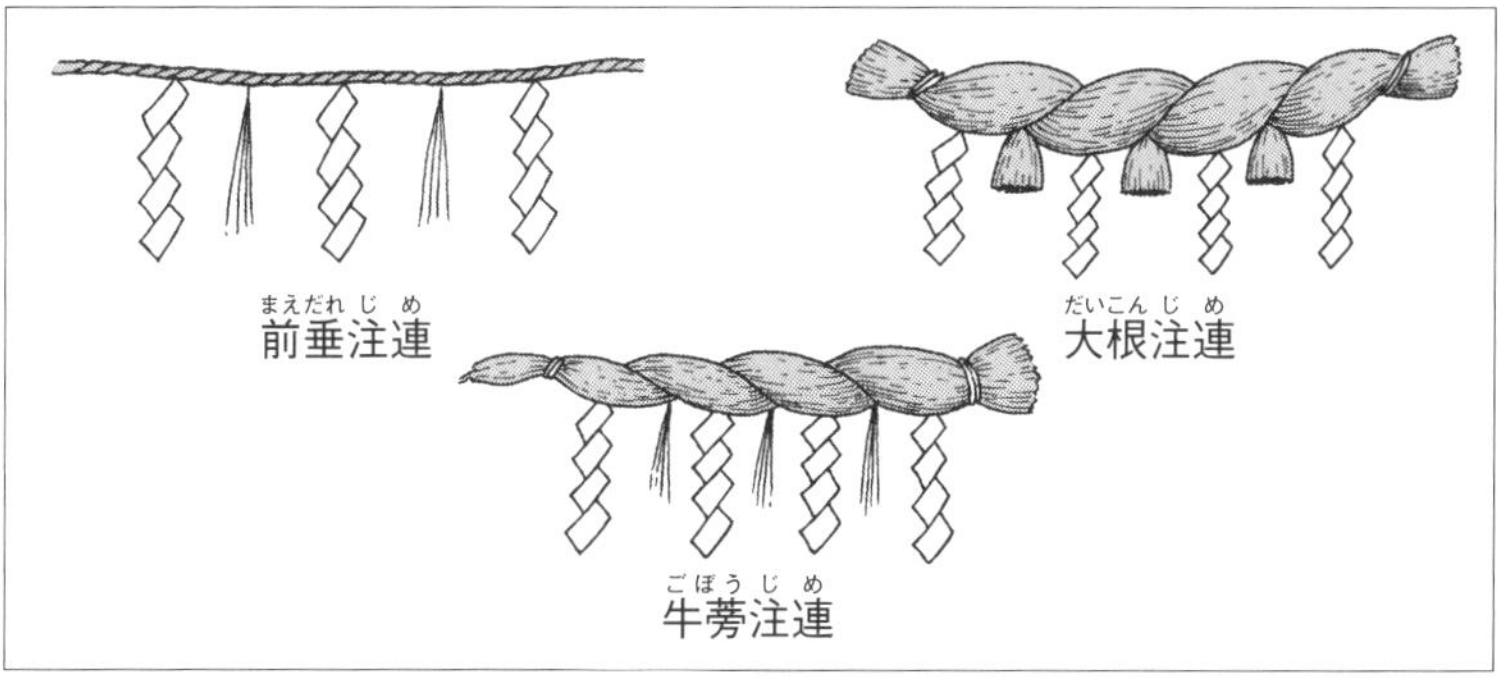

らなる扉のない門が、王家の庭や祭場の入り口におかれていたのではあるまいか。

そして、のちに神域の門をほかの門と区別するために、笠木の下に貫が付されたのであろう。その貫は、不浄なものが門内に入るのを禁じることを告げる目印でもあった。

のちに神明鳥居にさまざまな装飾が付されるかたちで、多様な形式の鳥居がつくられた。

ちなみに、明神鳥居は、数ある鳥居のなかでももっとも普及したもののひとつで、現在でもしばしば見ることができるものである。

注連縄を張った鳥居

神域を縄によって区画したのが注連縄だが、神社によって注連縄の種類もさまざまである。写真は厳島神社（礼文島）のもの

何のために注連縄を張るのか

神社の入り口には、注連縄《しめなわ》が張られている。この注連縄は、もとは神域のまわり全体に張られ、人びとに対して、「ここにむやみに近づいてはならない」と告げるものであった。

古代には、自分の農地のまわりに縄を張りめぐらせて他者の侵入を禁じるしきたりがあった。これにならって、神域も縄によって区画されるようになったのである。

さらに、神域の境界の縄をほかの縄と区別するために紙垂《しで》（「四手」「垂」）をつけるようになり、注連縄がつくられたのである。

玉垣・灯籠・狛犬の意味とは

◎意味も由来も三者三様

玉垣のなかに神が降りてくる

神社のまわりには玉垣《たまがき》とよばれる木や石の低い柵がめぐらされており、そのなかが、神が降りてくる聖域とされた土地である。

古くは、榊《さかき》などの木をならべて植えて玉垣をつくっていた。しかし、奈良時代に朱塗《しゅぬ》りの板でつくった玉垣が流行し、榊を玉垣にする習俗はすたれていった。近年では、寄進をした者の姓名を刻んで朱を入れた石でつくった玉垣が多くなっているが、広島の厳島《いつくしま》神社には、奈良時代風の朱塗りの玉垣がのこっている。

玉垣の先の境内《けいだい》の参道には灯籠《とうろう》がみられる。これは、もとは参拝者のための照明として設けられたものであったが、現在は灯明《とうみょう》を神に献ずるために用いられている。

狛犬はどこから来たか

参道の両側に、魔よけのための狛犬《こまいぬ》が一対おかれている。これは、オリエントやインドのライオン像が、中国、朝鮮半島をへて伝えられたものである。その異様な姿が、日本の犬と異なる高麗《こま》（中国東北地方から朝鮮半島北部にかけての地域を支配した国で「狛《こま》」とも書く）の犬だとされたのである。

代表的な灯籠の形

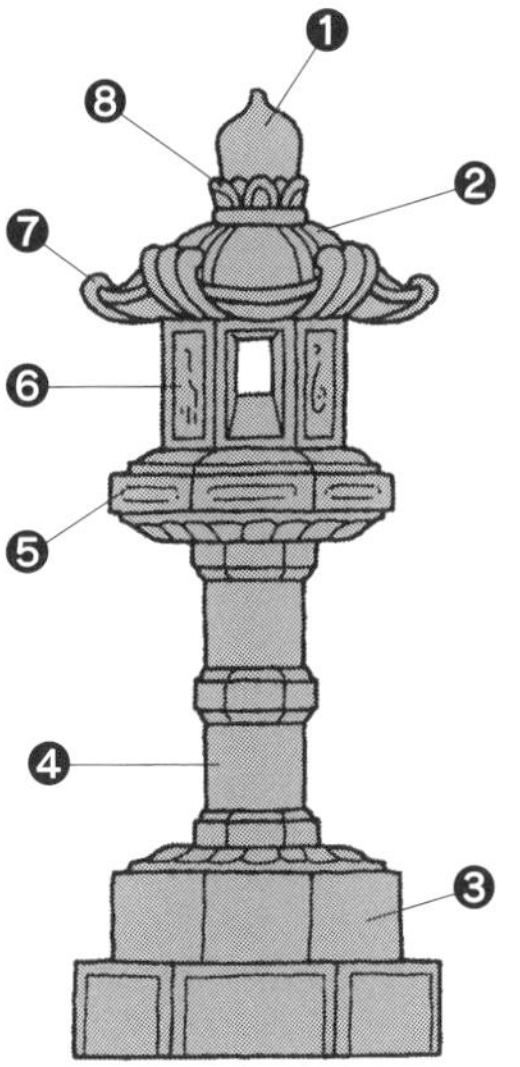

❶宝珠《ほうしゅ》　❷笠《かさ》　❸台座《だいざ》
❹竿《さお》　❺請台《うけだい》　❻火袋《ひぶくろ》
❼蕨手《わらびて》　❽請花《うけばな》

正しい神社参拝のマナーとは

◎形を変え、何度も祓いが行なわれるわけ

鳥居をくぐる前にしておきたいこと

神社の参拝は、鳥居をくぐった時点からはじまる。

誰でも、鳥居のなかでは穢《けが》れのない清らかな気持ちを保ち、神への敬意を示さねばならないとされる。つまり、拝殿の前でお参りをすることだけが、神に参る行為ではないのである。

鳥居は、神のいる聖域と人間の生活の場とを区画する大切な場所であるから、鳥居をくぐる前に、神殿の方向に向かってかるく会釈《えしゃく》する。鳥居の内部に入る前に、帽子やコート、マフラーなどの防寒具をとるのが礼儀である。

神聖な鳥居をくぐることは身を清める行為になるが、日常生活のなかでそれだけでは祓《はら》いきれない重い穢れを負っている場合もある。

そのために、神前に出る前に水を用いて禊《みそぎ》という祓いを行なう。古くは神前に流れている川で手を洗ったり口をすすいだりしていた。

水を使った「禊《みそぎ》」の正しい作法

伊勢神宮にはいまでも、参道を横切る五十鈴《いすず》川にある手洗い場で身を清める習俗がのこっている。しかし、多くの神社では鳥居をくぐったあたりにある手水舎《ちょうずや》（「てみずや」「おみずや」とも読む）で禊がなされる。

参拝者は、手水舎におかれた水《すい》盤《ばん》にたたえられたきれいな水で、禊を行なう（禊の正しい方法は左ページ）。

神社の参拝では、さまざまなかたちをとって幾度も祓いが行なわれる。

これは、参拝が神に自分の都合のよい頼み事をするものではないことを意味する。自分の穢れた考えを清め、今後、清らかな心で人びとのために生きようとする決意を強めるための行事であることを示しているのだ。

参拝するときのマナー

鳥居をくぐる前にすべきこと

鳥居の内部に入る前に
帽子やコート、マフラーなど
の防寒具をとる

神殿の方向に向かって
かるく会釈する

禊の作法

❶

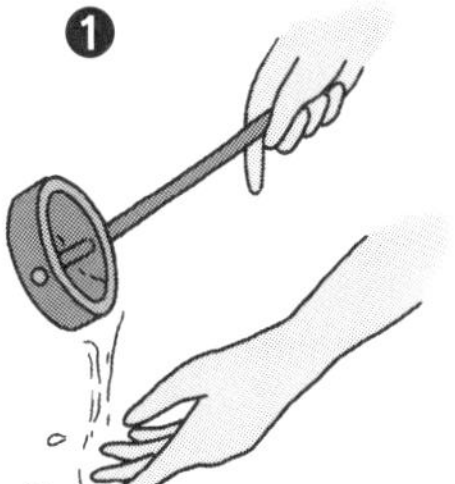

水盤に添えられた柄杓を
右手にもち、水を左手に
そそいで左手を清める

❷

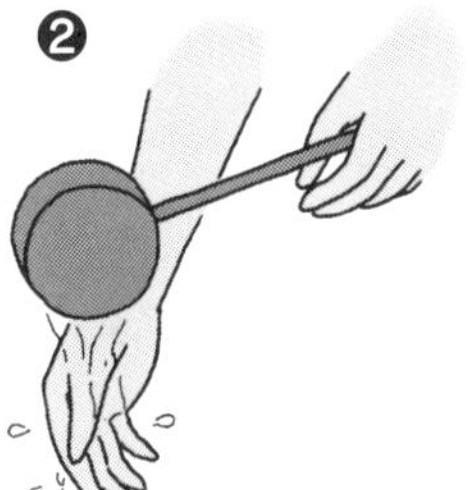

柄杓を清めた左手にもち
かえて右手を清める

❸

右手で柄杓をもって左手の手のひらをすぼめて
水をそそぎ、その水で口をすすいで口を清める

拝殿の鈴と賽銭は何を意味するか

◎知れば、けっして疎かにはできない

何のために鈴を振るのか

大部分の神社では、拝殿の正面の上部に鈴がつるされている。そして、参拝者はまず鈴からたらされた布を振って鈴を鳴らす。

この行為は、鎮魂《たましずめ》や魂振《たまふ》りとよばれる古代に行なわれた神事である。古代人は、鈴の音が神霊を招き邪霊を払うことによって、人間のもつ霊力が高まると考えていた。

縄文時代の遺跡からは、呪術に用いられたとみられる土鈴《どれい》が出土している。また、古墳時代の国産の銅鏡《どうきょう》で、鏡のまわりに鈴を付した鈴鏡《れいきょう》とよばれるものがいくつかみつかっている。このような銅鏡は、中国にはみられない。

振って「風を起こす」ことが重要だった

空中に多くの目にみえない精霊がいると考えていた古代人は、空気を揺らすことによって、精霊の世界に自分の魂の意思を伝えることができると考えてきた。

そのときの風（空気）の流れで、自分と合わない精霊は吹きとばされ、自分に好意をもつ精霊が吹き寄せられる。すると、相性のよい精霊があつまることで、自分の霊魂が明るい気持ちをもち、その力を高めるというのである。そのため、古代人は布や、銅鏡、銅剣《どうけん》などの呪物を振ったり、鈴のなかの小さな玉などを動かし音を立てたりして魂振りを行なった。

大和朝廷では、物部《もののべ》氏が、大王《おおきみ》のための鎮魂の呪術を行なう役割を受け持っていたため、この鎮魂の手法が各地の神社の祭事に取り入れられていった。そして、もっとも簡単な鈴を鳴らすかたちの鎮魂が、今日の神社の参拝の場面に受け継がれた。

賽銭は、ただの〝寄付金〟ではなかった

拝殿の鈴の下に、参拝者が賽銭《さいせん》

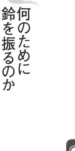

物部氏に伝わる鎮魂際のいわれ

天《あま》つ御祖《かみのみおや》が、物部《もののべ》氏の祖先である饒速日命《にぎはやひのみこと》に「天璽端宝《あまつしるしのみづだから》十種《とくさ》」（瀛津鏡《おきつかがみ》、辺津鏡《へつかがみ》、八握剣《やつかのつるぎ》、生玉《いくたま》、死返玉《しにかえしのたま》、足玉《たるたま》、道返玉《ちかえしのたま》、蛇比礼《へみのひれ》、蜂比礼《はちのひれ》、品物比礼《くさぐさのひれ》）を授けた。

↓

「一《ひと》二《ふた》三《み》四《よ》五《いつ》六《む》七《なな》八《や》九《ここの》十《たりや》」と唱えてそれを振れば、死者も生き返る

を投げ入れる賽銭箱がおかれている。今日では、この賽銭は神社への寄付金と考えられているが、本来その賽銭は自分のために神社にささげるものであった。

古代に祓具《はらえつもの》という考えがあった。罪を犯して穢《けが》れた者は、祓《はら》いによって身を清めることでその罪を許される。しかし、自らを穢した者は、自らの意思で自分の罪が共同体（世間）に及ぼした損害に見合った償《つぐな》いをするのが望ましい。

この考えによって、穢れた者は、祓いにあたってすすんでさまざまな品物を神前に差しだした。そして、それは祭りなどの費用にあてられた。この祓具は、強制的に徴収されるものではない。

『日本書紀』などは、天照大神《あまてらすおおみかみ》を怒らせて日食を起こした素戔嗚《すさのを》尊《みこと》が、自らのための祓いを行なうときにすすんで「千座置戸《ちくらのおきど》」（一〇〇〇ほどの数の台にのせた多くのささげもの）を差しだした話を記している。これが、祓具をささげる習俗の起源とされている。

私たちは、日常生活で知らず知らずのうちに犯した罪や穢れを清めてもらうために賽銭を神前にささげるのである。

古代の皇室や貴族は、多くの宝物や絹布《けんぷ》を「幣帛《へいはく》」の名で祓具として神にたてまつった。そういった品物の大部分が絹織物（帛《はく》）であったため「幣帛」という語が使われるようになった。

室町時代に貨幣が普及すると、さまざまな幣帛の品物が銭に替えられて、やがて現在のような賽銭となっていったのである。

お守り、おみくじに隠された秘密

◎意外にも古い由来をもつグッズだった

古代人が身に着けた玉類がルーツ

現代の神社のお守りは、古代人がお守りとして玉類を身に着けていた習俗がもとになっている。

古代人は、円形という完全なかたちをあらわす「たま」を「たましい（霊魂）」、つまり精霊を象徴するものと考えていた。精霊は私欲をもたず、つねにまるい、かたよらない考えをもっている。

ところが、人間にはさまざまな欲望があるから、その霊魂のかたちが、ついかたよったかたちになってしまう。そのため、古代人は完全な霊魂のかたちをあらわす玉類を身につけて、時々それを眺めることによって、自分の霊魂をまるいかたちに保つように心がけた。

この考えによって、装身具としてさまざまな玉類がつくられた。このなかでとくに重んじられたのが勾玉《まがたま》である。それは、まるい霊魂が飛び回っている姿をあらわすもので、球形の火が尾をひくかたちをとる。古代人は、玉類を身に着けてまるい心をもって生活すれば、多くの精霊の助けが得られると考えていたのだ。

玉類が護符へと姿を変えたわけ

平安時代に仏教の呪符《じゅふ》が広がると、神社でもそれをまねたお守り札（護符《ごふ》）がつくられるようになった。そして、人びとが、ただの装身具である玉類より社名、神名、祈禱《きとう》文が書きこまれたお守りのほうがありがたいと考えたことにより、お守りは急速に広がった。

そのため、男性が勾玉などを身につける習俗はすたれた。今日のお守りは、神職がつくったものを神前に供えて祈願したのちに授与されるものである。

おみくじの起源は古代の「辻占」から

おみくじは、古代の辻占《つじうら》の習俗

から生まれた。古代人は、精霊がおりを見て自分の指針を示す言葉を与えてくれると考えていた。

　その言葉は、自分と利害関係のない他人の会話のなかにふとあらわれる。たまたまそばを通りかかった者の言葉のなかに心ひかれるものがあれば、それを神の言葉とみて、悩み事の解決の手がかりとせよというのである。

お守りの起源は「たま」だった

古代人は玉類を身につけては眺め、霊魂をまるい形に保とうとした

↓

お守りの起源に

　こういった辻で発せられた言葉による占いである辻占の有効性を信じていた昔の人は、神社に参詣するときに耳に入った言葉を問題解決の手がかりとした。

　しかし、のちに神前で言葉を書いたお告げの紙を選ぶ方法が、自分で言葉を求めるよりよいと考えられるようになったため、おみくじがその後の人生の指針とされたのである。

なぜ、絵馬は「馬」の姿が描かれるのか

　神社の絵馬殿には、裏に願い事や感謝の言葉を書いた絵馬が多く納められている。この絵馬は、神に馬をささげた習俗をもとにつくられた。馬が貴重であった古い時代には、有力者の寄進で神事に用いる神馬があつめられた。

　のちに、より実用的な貨幣や絹布、米を神社に献上し、そのさいに、馬に代わって馬の姿を描いた板を添えるようになった。こうして絵馬が生まれた。

　最古の絵馬は、奈良時代のものである。そして、江戸時代には、馬以外のさまざまな絵を描いた絵馬があらわれはじめた。

神社と神職の「格」を知る

◎「神宮」は、もとは伊勢神宮にのみ使われた

神社、神宮、大社…は何がどう違うのか

神社の称号には「神宮《じんぐう》」「宮《ぐう》」「大社《たいしゃ》」「社《しゃ》」などがある。「神宮」は「神の宮殿」をあらわし、本来はもっとも尊《とうと》い神社をさす。伊勢神宮、明治神宮、石上《いそのかみ》神宮などだが、なかでも伊勢神宮はとくに尊ばれており、「伊勢」を省いて「大神宮」とよばれていた。

「大社」は本来、国つ神（32ページ参照）をまつる最有力の神社である出雲大社のみをさす名称だったが、のちに、諏訪《すわ》大社、伏見稲荷大社なども「大社」とよばれるようになった。

「神宮」と「大社」の称号以外のものは、比較的自由に用いられている。もっとも「神の宮」をあらわす「宮」は、神宮には及ばないが比較的有力なところに、大きな神社から分かれた「やしろ」をあらわす「社」は、比較的小さなところに使われる。

したがって、「八幡宮」は「八幡神社」より有力で、「八幡神社」は「八幡社」より格が高いということになるが、このちがいは、現在ではあいまいである。

さまざまある神職の呼び名

神職の呼び名は、神社によって異なる。伊勢神宮では祭主《さいしゅ》を最上位にして、その下に大宮司《だいぐうじ》、少宮司、禰宜《ねぎ》、権禰宜《ごんのねぎ》、宮掌《くじょう》がくる。

比較的大きな神社は、宮司、権宮司、禰宜、権禰宜の四者か、宮司、禰宜、権禰宜の三者をおいている。しかし、宮司もしくは禰宜しかおかない小規模な神社も多い。

宮司などの位《くらい》も、神社の規模によりまちまちである。そして、神職の総称として、関東では「神主さん」、関西では「禰宜さま」のよび方が用いられることが多い。しかし、現在「神主」を神職の正式な名称として用いている神社はほとんどない。

称号でわかる神社の格

●**神宮**
「神の宮」をさし、本来はもっとも尊い神社。伊勢神宮は別格だが、ほかに明治神宮、石上神宮など

伊勢神宮内宮

●**大社**
本来は、国つ神をまつる最有力の神社である出雲大社のみをさした。ほかに諏訪大社、伏見稲荷大社など

出雲大社本殿

●**宮**
神宮には及ばないが、比較的有力な神社に使われる

岩清水八幡宮

●**社**
大きな神社から分かれた、比較的小さな神社に使われる

神宮
｜
大社
｜
宮 ※
｜
神社 ※
｜
社《やしろ》 ※

神社の格をあえてあらわすと左のようになるが、※部分の違いは現在ではあいまいである

神職の名称と役割

（伊勢神宮の場合）

（上位）↑

祭《さい》主《しゅ》
大《だい》宮《ぐう》司《じ》
少《しょう》宮《ぐう》司《じ》
禰《ね》宜《ぎ》
権《ごん》禰《ね》宜《ぎ》
宮《く》掌《じょう》

（一般的な神社の神職の役割）

宮司	神社を代表し、祭祀や事務を監督する
禰宜	宮司を補佐して祭祀や社務を行なう
権禰宜	禰宜を補佐する

神職になるための方法

◎資格がとれる学校・養成所とは

神職の資格がとれる三つのコースとは

神職になるには資格が必要である。神職には、浄階《じょうかい》、明《めい》階、正《せい》階、権正《ごんのせい》階、直《ちょっ》階の五つの位がある。各県の神社庁が行なう講習と実習を受けて試験に合格すれば、誰でも神職の資格をとることができる。しかし、この試験がなかなかむずかしい。

資格をとるには、所定の学校で学べばよい。東京の國學院《こくがくいん》大學の神道文化学部と伊勢の皇學館《こうがっかん》大学の神道学科で四年間学んで卒業すれば、明階を取得できる。

ここでは、日本史や国文学の知識もひと通り身につけることができる。このふたつの大学には、ほかの大学を出た人のための神道専攻科があり、そこに行けば一年で明階がとれる。

また、各地に神職養成所（伊勢市の神宮研修所など）があり、そこで学べば、高校卒業後一年で権正階、二年で正階をとれる。

戦後に増えた女性の宮司

戦前は、男性だけが神職をつとめるよう慣行されていたが、現在では女性も神職の資格を得られるようになったため、女性の宮司《ぐうじ》も少なくない。

神社本庁の機関誌『若木』によって平成一七年（二〇〇五）の時点の神職の人数は二万一六〇〇人ほどであったことがわかる。このなかの女性の神職の人数は二七〇〇人余りになる。

巫女《みこ》になるには資格は必要ないが、巫女を募集する神社ごとに、未婚の女性であるとか、二五歳以下であるとかいった資格を定めている。その条件に合えば、神社の選考を受けて合格すれば巫女になれる。

正式の巫女ではなく、年末年始などの時期のアルバイトとして巫女になるのは、比較的容易である。

神道 4

神の正しいまつり方、拝み方——

祭祀と参拝に込められた知られざる意味とは

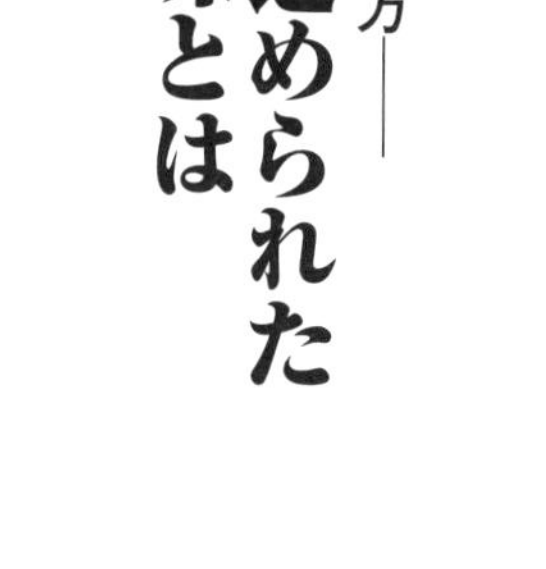

なぜ氏神を参拝するのか

◎他所から来ても氏子になれるわけ

土地の神との繋がりを欲した日本人

今日の神の祭りは、氏神《うじがみ》と氏子《うじこ》とのつながりを基本につくられている。氏神を産土神《うぶすながみ》や鎮守神《ちんじゅがみ》とよぶこともあるが、現代人には「氏神」の言葉はなじみにくい。それを「土地を守る神様」と理解しておこう。

古代では、ひとつの集落で血縁で結ばれた一族一門がまとまって生活する社会がつくられていた。こういった時代に土地の守り神は、その地域の人びとの祖先神《そせんしん》である「氏《うじ》の神」とされた。

ところが、江戸時代以後に人びとの移動が多くなった。農村から江戸や大坂などの都市に出ていった者が、自分が生まれた村の祭りに参加できなくなり、神の守りを受けられなくなると困る。

そこで、誰でもその土地に古くからいる者とともに、氏神のもとの共同体の一員である氏子になれるとする考えがとられるようになった。そのため、現在では血縁に関係なく、神社のある地域の人びとがまとまってそこの祭礼を行なうようになった。

神社への参拝は祓いの行為だった

神社への参拝は、祓《はら》いの行為のひとつだとされ、本来は定期的に日を決めて、氏神に参り、神前で罪や穢れた嫌な思いをきれいさっぱりと捨てて、清らかな気持ちで出直すものである。

信心深い者は、毎月一日ごとに、もしくは一日と一五日ごとに氏神に参拝するが、正月に初詣でを行ない、年に一度の祓いを行なうだけでもかまわない。

もともとは、心身を正し、清い心で神を拝むなら、どのような形式で神社に詣でてもよいとされていた。しかし、実際には心を落ち着けるための一定の参拝の方式を用いるのがよいと考える者が多い。

「二拝二拍手一拝」の正しい方法

正しい拝礼の方法を記そう。まず、手水舎《ちょうずや》で身を清めたのちに拝殿の前に立つ。

そして鈴を鳴らし、賽銭《さいせん》をささげたのちに「二拝二拍子一拝《にはいにはくしゆいつぱい》」の拝礼を行なう。これで参拝は、無事終わったことになる。神の祭りには、煩雑《はんざつ》なとりきめごとは一切ない。

二拝二拍手一拝とは、まず頭を軽く二度下げたのちに、両手を大きく開いて二度拍手する。そのあとに頭を深々と下げる。願い事のある者は、このときに、心のなかでそれを述べる。

また、神前での拍手は、左右の手のひらをわずかにずらして行なうとよい。

守り神の名称と意味

神の呼び名	本来の意味	現在、一般的に理解される意味
氏神《うじがみ》	一門一族の守り神	地域(村や町)の守り神
産土神《うぶすながみ》	生まれた土地の神	同　上
鎮守神《ちんじゅのかみ》	一定の土地を支配する神	同　上

正しい拝礼の仕方

①鈴を鳴らして
賽銭をささげる

②二拝(軽く)

③二拍手
(左右の手の
ひらを少しずらす)

④一拝(深く)
※願い事は
このときにする

お祓いの正しい受け方

◎清めた後に玉串が捧げられる意味とは

神社での祈願はどのように行なわれるか

神社では、厄年《やくどし》のお祓いや七五三の祈願など、私たちの人生の節《ふし》目《め》におけるさまざまな祈願を行なっている。こうした神事は、神社の拝殿で行なわれる。

神職の案内によって神前の所定の席に着席したところで、神事がはじまる。

まず、神職が「掛《かけ》まくも畏《かしこ》き伊《い》邪《ざ》那《な》岐《ぎ》大神《のおおかみ》」にはじまる祓詞《はらえことば》を唱える（92ページ参照）。

このあと、神職がお祓いをしてくれる。それは、棒にいくつもの紙の紙垂《しで》をつけた祓い棒を参拝者の頭の上で振ることによって参拝者の鎮魂《たましずめ》（魂《たま》振《ふ》り）をするもので、これが神事のもっとも大切な部分とされる。

こうして清めたのちに、神前に玉串《たまぐし》をささげることになる。

玉串の作り方と捧げ方

玉串とは、榊《さかき》の小枝に紙垂や木《ゆ》綿《う》（楮《こうぞ》の繊維で、いわゆる本綿《もめん》とは違う。のちに麻の繊維も木綿に用いられた）をつけたものである。この玉串は、神職からそれぞれに渡される。

玉串のささげ方の手順は、左ページのイラストのとおりである。これが終わると、神社の拝礼と同じように二拝二拍手一拝を行なう。こうして、玉串の儀はとどこおりなく終わる。

玉串の儀は、神にささげものをする行為に代わるものである。もとは、祭りの場で刀剣、絹織物などの高価な供え物が神前にならべられたが、儀式を簡素にするために、神の衣《ころも》をあらわす木綿や紙垂を榊につけて神前にささげるようになった。

現在では、祈願にあたっての神社への寄付は、現金を包んで玉串料の名目で神職に渡すことになっている。

玉串の捧げ方

❶左手で玉串を神職から受け取る

❷右手を玉串の根元にそえる（これを胸の高さに捧げ、神前の玉串案〈机のこと〉まで進む）

❸玉串を右まわりに90度まわす

❹左手を玉串の根元にひき、心の中で願い事を唱える

❺右手で玉串の中ほどを下から支える

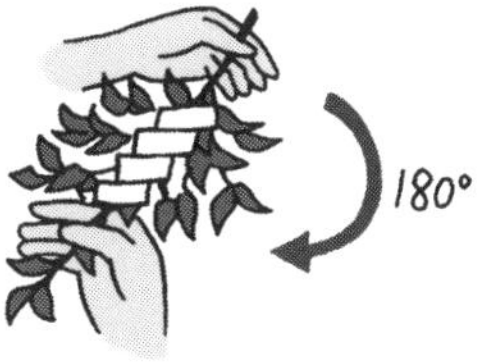

❻玉串を右まわりに180度まわして両手で捧げる

神垂（しで）の作り方

❶

4つ折りにした半紙を縦に2つ折りする

❷

4等分に折り目をつけ、上下互い違いに3分の2まで切り込む

❸

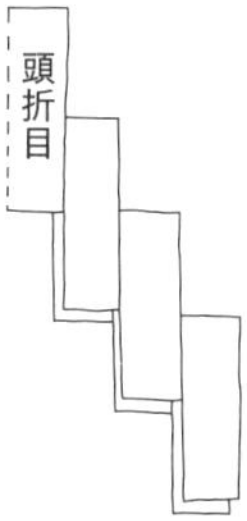

折り目のある1片を頭にして、残りの3片を順に手前に折り返す

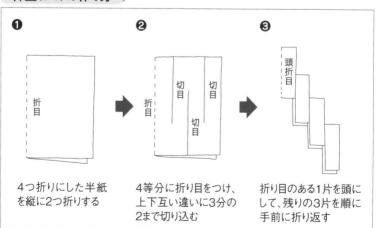

神棚の正しいまつり方

◎神棚のしつらえ方から拝み方まで

縄文時代から続く家の祭り

神道における家庭の祭りは、神棚を中心に行なわれる。日本では古くから生活をともにする家族のつながりが重んじられてきた。そのため、家族がそろって家を守る神をまつる風習がつくられたのである。

縄文時代の住居を発掘すると、家のなかの男性の居住区と女性の居住区とのあいだにつくられた、神をまつる小さな空間がみつかる。そこからは、土偶《どぐう》や石棒《せきぼう》などの祭器が出土する。

家ごとの祭りが、縄文時代以来つづいてきたものであることは間違いない。しかし、現在では神棚をまつる家はそう多くはない。中世に仏教が庶民へ広まったことによって、仏壇が家庭の祭祀《さいし》の中心となったからである。

その結果、神棚を祭りの場と考える家は、江戸時代に寺院の檀家《だんか》に組み入れられなかった武家身分の限られた旧家（神道の家）に限られることになる。

仏教の宗派のなかには、家庭内で神をまつることを禁ずるものもある。

もっとも、天台宗《てんだいしゅう》や真言宗《しんごん》のような神道に寛容な宗派で、位牌《いはい》をまつる仏壇のほかに、家族が信仰する神社のお札《ふだ》を納める神棚をもつ家もある。

仏と神の両方をまつる場合の両者の位置関係は、檀那寺《だんなでら》（菩提寺《ぼだいじ》）の僧侶の考えに従うのがよい。

宮形でお札をまつるときの注意

神道の家では、大麻《たいま》とよばれる伊勢神宮のお札と氏神のお札とを、神社をかたどった宮形《みやがた》（「屋代《おやしろ》」「神座《かむくら》」ともよぶ）に納めてまつる。

宮形をおく神棚は、家のなかでもっとも見晴らしのよい清らかなところの目の高さ以上の位置に、南方もしくは東方に向けてつくる

神棚と御霊舎（みたまや）の位置関係

宮形の種類

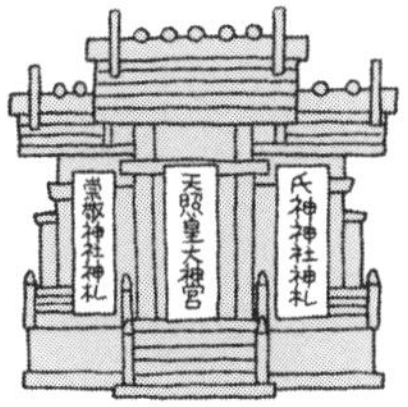

三社造

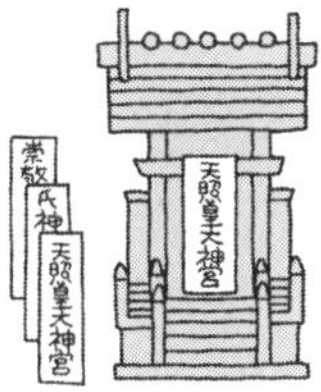

一社造

※上図では便宜上、お札を宮形の正面に示したが、通常は、お札は扉のなかに納められている

神棚の作り方

のがよい。

二階建てや三階建ての家に住む場合、人びとが神様の上を歩かないように、最上階に神棚を設けるといい。

このほかに、先祖の位牌を納めた御霊舎《みたまや》を、神棚の近くの神棚よりすこし低い位置におく。このようにして、家のなかで神をまつる神聖な場所がつくられる。

神棚には、二柱《ふたはしら》もしくは三柱の神がまつられる。この場合、宮形のなかのお札の位置に上下があるので、注意する必要がある。

三社造《さんじやづくり》の宮形では、中央が最上位で、そこに天照大神《あまてらすおおみかみ》の大麻をおく。次に、向かって右の第二位の位置に、氏神《うじがみ》のお札をまつる。そして、向かって左側には、氏神のほかに信仰する神社のお札を安置する。

一社造《いっしゃづくり》の宮形では、大麻を表面に、氏神とほかに信仰する神社のお札を、その裏にするかたちで重ねてまつる。

しかし、特別の思い入れがないかぎり、第三位の神はまつらないほうがよい。自分が居住しない土地の神を氏神の下位におくことになってしまうからである。

また、一家で四柱以上の神をまつるのもよろしくない。あちこちの神に神頼みすると、どの神からも助けてもらえなくなるとされるからである。

毎朝、神棚を拝むときの作法

神棚を設けたら、毎朝、そこに洗米、塩、水を入れておまいりする(特別の祭りのときには、御神酒《おみき》、魚、野菜、果物、菓子などを供える)。

それらは、神仏具店で売っているお供え用の白い皿と白いお水入れに入れる。そのさい、向かって右側に塩、中央に洗米、左側に水がくるようにする。できれば、供え物を三方《さんぼう》(白木でつくった台)にならべたい。

神棚でも二拝二拍手一拝の拝礼をする。そして、最後の一拝のときにその日の願い事を心に唱える。この毎朝の拝礼は、清らかな気持ちでその日をすごすために行なうものである。

日本人はこのようにして、はるか昔の縄文時代から、目覚めるとともに、まず神をまつって心を清める行為を伝えてきたのだ。

地域社会に受け継がれる祭り

◎氏子中がさまざまな方法で神をもてなす

なぜ御輿《みこし》をかつぐのか

全国各地の神社では、一年を通じてさまざまな祭りが行なわれている。それらは、氏子《うじこ》とよばれる地域の住民を担い手としてひらかれる。

日本の神は、よくまつればさまざまな利益を与えてくれるが、粗末に扱うと神罰を下すと考えられてきた。そのために、土地を守る神にできる限りのもてなしをするための祭りがつくられた。

人びとは、人間にとってもっとも楽しいことが、神を楽しませると考えた。そのため、祭りはご馳《ち》走《そう》を神に供え、神楽《かぐら》などを演じ、御輿《みこし》で神をあちこちお連れするかたちをとる。

激しくも勇壮な祭りが行なわれるわけ

大阪府岸和田《きしわだ》市のだんじり祭りや、長野県の諏訪《すわ》大社の御柱祭《おんばしらさい》のように、時には死傷者を出す激しい祭りもある。

こういったものは、荒々しい神（荒《あら》ぶる神）を祭神とする神社の祭りである。荒ぶる神は、人びとの死をも恐れぬ勇壮なふるまいを喜ぶとされるからだ。

祭りは、神と人間とが共に楽しむものであった。そのため、近年まで地方では地域の祭りが人びとの最大の楽しみになっていた。

仏教徒は、仏壇をまつり、仏式で葬礼を行なったが、氏神の祭りのときには神道の家の者とともに行動した。祭りにくわわり、正月に土地を守る氏神に初詣でをすることによって、仏教徒も神の恵みを受けるとされたのだ。

現在、都会では人びとの宗教離れが進み、祭りの担《にな》い手となる者の減少に悩む神社も出てきている。しかし、人びとが自然の恵みを神に感謝する気持ちを失わない限り、祭りがすたれることはないだろう。

御輿に乗って神は隅々まで見て回る

御輿《みこし》や山車《だし》（「だんじり」ともよぶ）は祭りに欠かせない。とくに、祇園祭や高山祭の華やかな山車や岸和田の荒っぽいだんじりの引き回しはよく知られている。

御輿が練り歩くことを、正式には「神幸祭《しんこうさい》」とよぶ。それは「神の出《い》でまし」をあらわす言葉である。神殿に降りてきた神が、その領域に出てこられるのである。

御輿は、もとは天皇などの高貴な人が用いた乗り物だが、尊い神を最高の乗り物に乗せてお連れしようという考えから、祭りに使われるようになった。そして、人間がかつぐ御輿を大型にして、車で引き回す山車がつくられた。

こうした御輿の起源は、天平《てんぴょう》勝宝《しょうほう》元年（七四九）に、宇佐八幡宮の神霊を輿にお乗せして奈良にお移り願ったのが、御輿を用いる習俗の起源ではないかとされる。

祭礼時には、氏神の神霊をいくつかに分けて、複数の御輿に移す。多くの御輿を用いて氏子の住む範囲のすみずみまで御輿を持ち込み、すべての者に神の恵みを行き渡らせようとするのである。

御輿が神社に帰ると、神職が神霊を神殿に戻す神事を行ない、御輿は御輿庫などに保管される。

神が〝のる〟山車

左から時計回りに、祇園祭、だんじりの引き回し、高山祭りの山車

全国のおもな祭り

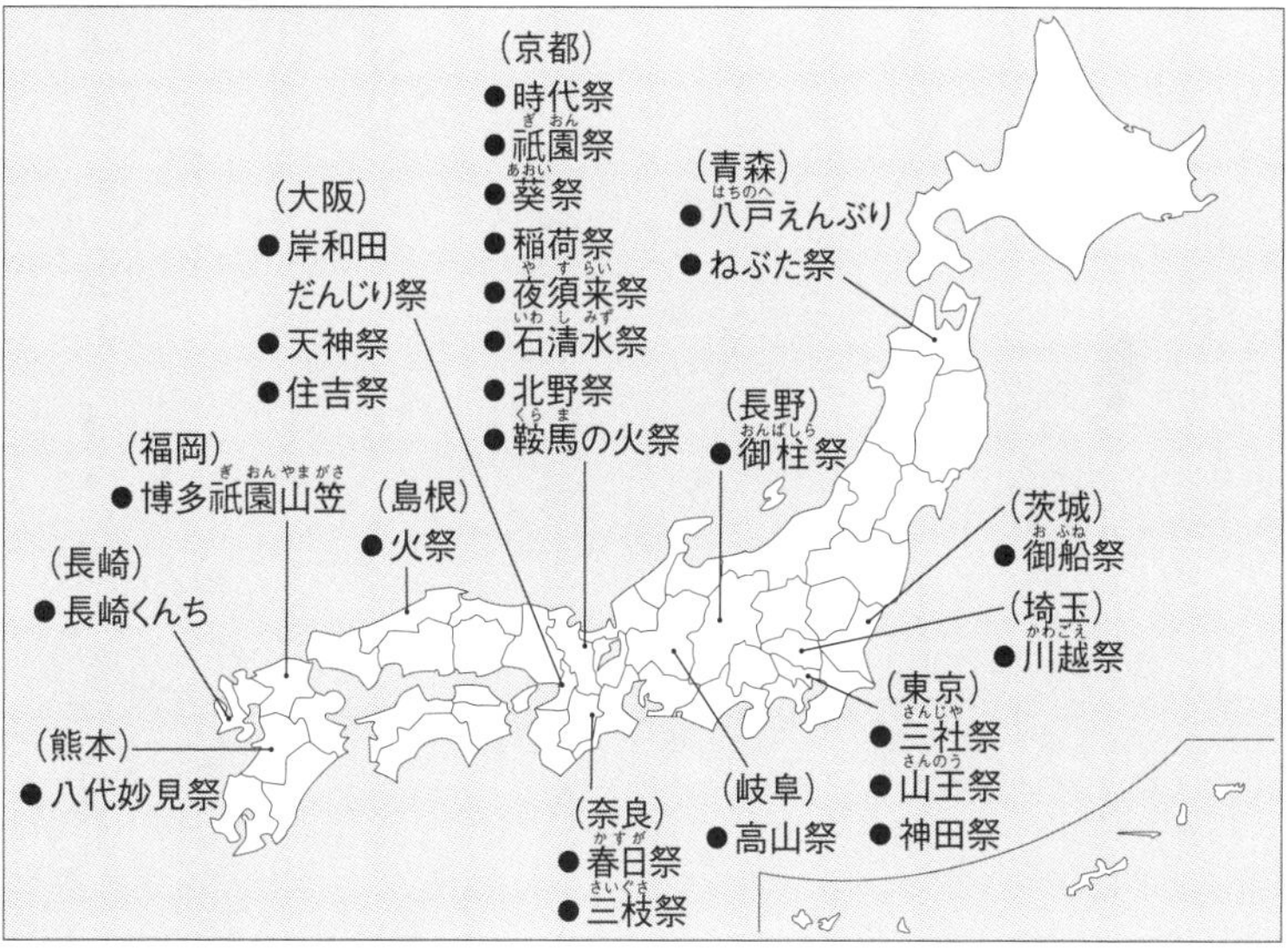

祭りの基本的な手順

祭りの前 → **神迎え** → **宵宮** → **祭りの当日** → **神送り**

- **祭りの前**……神職や氏子が禊や精進潔斎（身を清めること）をする
- **神迎え**……祝詞を読むなどして神の依り代となる神籬、神木などに神を迎える

- **宵宮**……お迎えした神に神殿で休んでいただく。供え物をして夜通しかがり火を灯す
- **祭りの当日**……神楽を奉納したり、神をお乗せした御輿で町を練り歩いたりする
- **神送り**……神の依り代を焼くなどして、神に天界にお帰りいただく

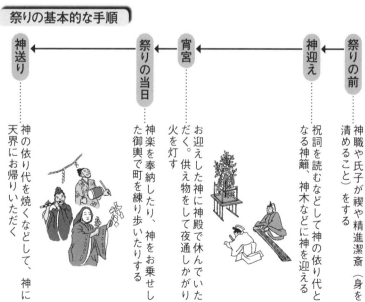

春秋の祭りと夏祭りの起源

◎春秋の祭りのほうが古いわけ

なぜ春と秋に祭りが多いのか

神社では、一年を通じてさまざまな性格の祭りがひらかれている。しかし、そのなかでももっとも古くから行なわれていたのが、春祭りと秋祭りではないかといわれている。

大部分の神社では、秋祭りのときに大がかりな御輿の巡行《じゅんこう》を行なう。今日、農村にある神社の多くは、春祭りと秋祭りとをもっとも重んじる。これは、そのふたつが農耕と深くかかわる行事であるからだ。

春祭りは、耕作にかかる前に、作物が十分に実ることを願ってひらかれる。この祭りは、神社ごとに祈年祭《としごいのまつり》、御田植祭《おたうえまつり》など呼び名はさまざまだが、その多くは神職などの限られた人の手で静かに行なわれる。

いっぽう、新嘗祭《にいなめさい》などとよばれる秋祭りはにぎやかだ。本来は、収穫のあとで神に感謝をささげるための祭りだが、農家の人びとはそれをその年の農作業を無事に終えたことを祝う、年に一度の楽しみとしてとらえるからだ。

都市の発展が疫病鎮めの祭りを盛大にした

今日では、祭りを夏の風物詩《ふうぶつし》とみる者も多い。真夏のもっとも暑い時期にひらかれる、全国的に知られたにぎやかな祭りが多いからである。そういった祭りの多くは、神社の夏祭りから発展したものである。

夏祭りがひらかれるのは、七月の中旬から下旬にあたるもっとも暑い時期である。神社では、古くから、高温多湿で病気にかかりやすいその時期に疫病《えきびょう》しずめの祭りを行なってきた。

それは、もとは社殿のなかで小規模にひらかれていたが、室町時代に京都の八坂《やさか》神社（江戸時代までは祇園《ぎおん》社とよばれた）の夏祭りがさかんになったことで、各地の夏祭りが大がかりになっていったのである。

そもそも祇園社では、平安時代から疫病しずめの神である牛頭《ごず》天《てん》王《のう》がまつられていた。鎌倉時代になると京都の商工業が発展し、そこに人口が集中する。すると、京都の住民のあいだに、流行病《はやりやまい》への恐れが高まった。

これに注目した祇園社が、牛頭天王をまつる大がかりな疫病しずめの祭りを行なうことによって自社の発展をはかろうと考えた。そのため、室町時代に華やかな祇園祭の山鉾《やまぼこ》巡行の行事が整えられたのである。

それは、祇園社の神霊を付した鉾《ほこ》を六八本のせた車を京内をくまなく引き回すことによって、疫病を起こす霊を退治するものであった。鉾の本数は、全国の国（大和《やまと》、河内《かわち》……など）の数に合わせたものである。

この祇園祭の盛行によって、各地の神社の夏祭りが大がかりになっていったのだが、そのなかには、博多（福岡県）の祇園山笠《やまがさ》のような祇園祭の名をもつものもある。

古代には農村の春祭り、秋祭りが祭りの主流であったが、中世の商工民の成長のなかで、それとは別の都市の夏祭りが発展していったのである。

祭りの種類と特徴

農耕にまつわる古い祭り	春祭り（御田植祭・祈年祭）	・耕作前に豊作を願う ・神職など限られた人の手で行なわれる
	秋祭り（新嘗祭）	・収穫後に神に感謝を捧げる ・農作業の終わりを祝ってにぎやかに行なわれる
鎌倉時代以降の新しい祭り	夏祭り	・京都の八坂神社（祇園《ぎおん》社）の疫病しずめの祭りが起源 ・人口が増加した中世以降、流行病の恐れが高まり、各地で盛大に行なわれるようになる

穢《けが》れを清める年二回の大《おお》祓《はらえ》

◎六月と一二月に行なわれる清めの行事

律令制時代にさかのぼる大祓の起源

春祭り、秋祭りとならぶ重要なものに大祓《おおはらえ》がある。この大祓は、年に二回、六月と一二月の晦日《みそか》（月の最後の日）に行なわれる、半年分の穢《けが》れを一年のふたつの区切りにまとめて清める行事である。

神をまつった古代の農耕民たちは、豊作を神に願うこと、収穫を神に感謝すること、穢れのない清い体で人びとが農業に従事することの三件が、稲作に欠かせないものと考えていた。

祓いは、稲という神聖な作物をつくるために必要なものであった。そこで、古代の朝廷では、春祭りにあたる祈年祭《としごいのまつり》（現在は祈年祭《きねんさい》とも）、秋祭りにあたる新嘗祭《にいなめさい》、そして年に二度の大祓とがもっとも重んじられたのだ。

夏越《なごし》の祓《はらえ》に茅《ち》の輪をくぐるわけ

もっとも、現在でも大祓の日に、紙でつくった人形《ひとがた》に息を吹きかけて神社にもっていき、それを焼いてもらうことによって穢れを祓う習俗がのこっているところもある。

また、「夏越《なごし》の祓《はらえ》」とよばれる六月の晦日の大祓の日に、境内に茅《かや》を束《たば》ねてつくった直径三メートル余りの大きな輪を設ける神社もある。参拝者がそれをくぐると、夏に流行する疫病から逃れられるといわれる。

この習俗は、近畿地方から広まったもので、茅《ち》の輪は蛇をかたどったものといわれる。大神《おおみわ》神社などで蛇が水神としてまつられていることから、この行事は、稲作に雨を必要とする旧暦六月の水神の祭りが大祓のなかに取り込まれてつくられたものとされている。

これまで述べてきたように、神社や神棚をまつる家々では、さまざまなかたちで古代人が行なったものと同じ性格の祭りが受け継がれているのである。

大祓祝詞《おおはらえのりと》［神道で最も重んじられる祝詞。現代のものは『延喜式《えんぎしき》』のものと多少ちがう］

高天原《たかまのはら》に、神留《かむずま》り坐《ま》す、皇《すめら》が親神漏岐《むつかむろき》、神漏美《かむろみ》の命以《みこともち》て、八百萬神等《やおよろずのかみたち》を、神集《かむつど》えに集《つど》え賜《たま》い、神議《かみはか》りに議《はか》り賜《たま》いて、我《あ》が皇御孫命《すめみまのみこと》は、豊葦原水穂国《とよあしはらのみずほのくに》を、安国《やすくに》と平《たいら》けく知《し》ろし食《め》せと事依《ことよ》さし奉《まつ》りき、此《か》く依《よ》さし奉《まつ》りし国中《くぬち》に、荒振《あらぶ》る神等《かみたち》をば、神問《かみと》わしに問《と》わし賜《たま》い、神掃《かみはら》いに掃《はら》い賜《たま》いて、語問《こととと》いし磐根《いわね》、樹根立《きねたち》、草《くさ》の片葉《かきは》をも語止《ことや》めて、天《あめ》の磐座放《いわくらはな》ち、天《あめ》の八重雲《やえぐも》を、伊頭《いつ》の千別《ちわ》きに千別《ちわ》きて、天《あま》降《くだ》し依《よ》さし奉《まつ》りき、此《か》く依《よ》さし奉《まつ》りし四方《よも》の国中《くぬち》と、大倭日高見《おおやまとひたかみ》の国を安国《やすくに》と定《さだ》め奉《まつ》りて、下《した》つ磐《いわ》根《ね》に宮柱太敷き立て、高天原《たかまのはら》に千木高知《たかし》りて、皇御孫命《すめみまのみこと》の瑞《みず》の御殿《みあらか》仕《つか》え奉《まつ》りて、天《あめ》の御蔭《みかげ》、日《ひ》の御蔭《みかげ》と隠《かく》り坐《ま》して、安国《やすくに》と平《たいら》けく知《し》ろし食《め》さむ国中《くぬち》に成《な》り出《い》でむ天《あめ》の益人等《ますひとら》が、過《あやま》ち犯《おか》しけむ種種《くさぐさ》の罪事《つみごと》は、天《あま》つ罪《つみ》、国《くに》つ罪《つみ》、許許太久《ここだく》の罪出《つみい》でむ、此《か》く出《い》でば、天《あま》つ宮事以《みやごともち》て、天《あま》つ金木《かなぎ》を本打《もとう》ち切《き》り、末《すえ》打《う》ち断《た》ちて、千座《ちくら》の置座《おきくら》に置《お》き足《た》らわして、天《あま》つ菅麻《すがそ》を本刈《もとか》り断《た》ち、末刈《すえか》り切《き》りて、八針《やはり》に取《と》り辟《さ》きて、天《あま》つ祝詞《のりと》の太祝詞事《ふとのりとごと》を宣《の》れ。

此《か》く宣《の》らば、天《あま》つ神《かみ》は天《あめ》の磐門《いわと》を押《お》し披《ひら》きて、天《あめ》の八重雲《やえぐも》を伊頭《いつ》の千別《ちわ》きに、千別《ちわ》きて聞《き》こし食《め》さん、国《くに》つ神《かみ》は高山《たかやま》の末《すえ》、短山《ひきやま》の末《すえ》に上《のぼ》り坐《ま》して、高山《たかやま》の伊褒理《いほり》、短山《ひきやま》の伊褒理《いほり》を掻《か》き別《わ》けて聞《き》こし食《め》さむ、此《か》く聞《き》こし食《め》してば、罪《つみ》と言《い》う罪《つみ》は在《あ》らじと、科戸《しなど》の風《かぜ》の天《あめ》の八重雲《やえぐも》を吹《ふ》き放《はな》つ事《こと》の如《ごと》く、朝《あした》の御霧《みぎり》、夕《ゆうべ》の御霧《みぎり》を、朝風夕風《あさかぜゆうかぜ》の吹《ふ》き祓《はら》う事《こと》の如《ごと》く、大津辺《おおつべ》に居《お》る大船《おおふね》を、舳解《へと》き放《はな》ち、艫解《ともと》き放《はな》ちて、大海原《おおうなばら》に押《お》し放《はな》つ事《こと》の如《ごと》く、彼方《おちかた》の繁木《しげき》が本《もと》を、焼鎌《やきがま》の敏鎌《とがま》以《も》ちて、打《う》ち掃《はら》う事《こと》の如《ごと》く、遺《のこ》る罪《つみ》は在《あ》らじと、祓《はら》え給《たま》い清《きよ》め給《たま》ふ事《こと》を、高山《たかやま》の末《すえ》、短山《ひきやま》の末《すえ》より、佐久那太理《さくなだり》に落《お》ち多岐《たぎ》つ、速川《はやかわ》の瀬《せ》に坐《ま》す瀬織津比売《せおりつひめ》と言《い》う神《かみ》、大海原《おおうなばら》に持《も》ち出《い》でなむ、此《か》く持《も》ち出《い》で往《い》なば、荒潮《あらしお》の潮《しお》の八百道《やおじ》の八潮《やしお》道《じ》の潮《しお》の八百会《やおあい》に坐《ま》す速開都比売《はやあきつひめ》と言《い》う神《かみ》、持《も》ち加加呑《かかの》みてむ、此《か》く加加呑《かかの》みてば、気吹戸《いぶきど》に坐《ま》す気《い》吹戸主《ぶきどぬし》と言《い》う神《かみ》、根国《ねのくに》、底国《そこのくに》に気吹《いぶき》き放《はな》ちてむ、此《か》く気吹《いぶき》き放《はな》ちてば、根国《ねのくに》、底国《そこのくに》に坐《ま》す速佐須良比《はやさすらひ》売《め》と言《い》う神《かみ》、持《も》ち佐須良《さすら》い失《うしな》いてむ、此《か》く佐須良《さすら》い失《うしな》いてば、罪《つみ》と言《い》う罪《つみ》は在《あ》らじと、祓《はら》え給《たま》い清《きよ》め給《たま》う事《こと》を、天《あま》つ神《かみ》、国《くに》つ神《かみ》、八百萬神等共《やおよろずのかみたちとも》に聞《き》こし食《め》せと白《もう》す。

要約

高天原におられる皇室の祖先神たちが、多くの神々を集めて話し合った。その結果、天皇家に日本を治めさせようとする決定がくだった。この決定により、荒ぶる神を従えたのちに天皇家を起こした瓊《に》瓊杵尊《にぎのみこと》が地上にお降りになり、人びとを治めることになったのである。以来、皇室は自らの手で多くの供え物を神々にささげ、祝詞を唱える祭りをひらいた。そうすることによって、日本中の人びとが犯した天《あま》つ罪《つみ》、国《くに》つ罪《つみ》をはじめとする罪を清めようとしたのである。皇室が願ったのは次のようなことである。

天の神よ、地の神よ、どうかこの国のなかに一つも罪をのこさないように、罪を海の果てまで運び、そこから地の底の根の国におろして、そこですべての罪を消してください。

多くの天の神、地の神よ、どうかすべての罪を祓い清めてください。

最要祓《さいようはら》い［大祓祝詞の簡略形］

高天原《たかまのはら》に神留《かむず》まり坐《ま》す、皇《すめら》が親神漏岐《むつかむろき》、神漏美《かむろみ》の命《みこと》を以《もち》て、天《あま》つ祝詞《のりと》の太祝詞事《ふとのりとごと》を宣《の》れ。此《か》く宣《の》らば、罪《つみ》という罪《つみ》、咎《とが》という咎《とが》は在《あ》らじ物《もの》をと、祓《はら》え給《たま》い清《きよ》め給《たま》うと白《もう》す事《こと》の由《よし》を、諸々《もろもろ》の神達《かみたち》に、左《さ》男鹿《おしか》の八《や》つの耳《みみ》を振《ふ》り立《た》てて、聞《き》こし食《め》せと白《もう》す。

要約 多くの神々よ、高天原におられる皇室の祖先神の定めた祝詞によって、すべての罪や咎を清めてください。

最上祓《さいじょうはら》い［さらに簡略したもの］

高天原天《たかまのはらあま》つ祝詞《のりと》の太祝詞《ふとのりと》を持《も》ち加加《かか》む呑《の》んでむ。祓《はら》え給《たま》い清《きよ》め給《たま》う。

訳 神々が高天原のありがたい祝詞によって、祓い清めてくださいます。

※最も簡略化された「罪《つみ》と言《い》う罪《つみ》は在《あ》らじと祓《はら》え給《たま》い清《きよ》め給《たま》う」（神々がすべての罪をなくすように払い清めてくださいます）を使うこともある。

祓詞《はらえことば》［現代の神事で多く用いられるもの］

掛《かけ》まくも畏《かしこ》き伊邪那岐大神《いざなぎのおおかみ》、筑紫《つくし》の日向《ひむか》の橘小戸《たちばなのおど》の阿波岐原《あわぎはら》に御禊祓《みそぎはら》え給《たま》いし時《とき》に生《なり》ませる祓戸《はらえど》の大神等《おおかみたち》、諸《もろもろ》の禍事罪穢《まがごとつみけがれ》有《あ》らんをば、祓《はら》え給《たま》い清《きよ》め給《たま》えと白《もう》す事《こと》を聞《き》こし食《め》せと恐《かしこ》み恐《かしこ》みも白《もう》す。

要約 伊邪那岐大神が筑紫の日向の橘小戸の阿波岐原で御禊祓いをされたときに生まれた祓戸の神々よ、さまざまな罪穢れを清めてください。

神道 5

冠婚葬祭と行事のなかの神道——

私たちの暮らしに息づく神道信仰とその慣わし

神道における結婚の意味とは

◎現代の神前結婚式は意外に新しい

結婚式は神道でも特別な行事

人生のさまざまな儀礼のなかでも、われわれ日本人は、古くから冠・婚・葬・祭を重んじてきた。そのなかでもとくに、結婚と葬礼とが家をあげての大がかりな行事とされている。

結婚は、男性と女性とが結びついて新しい生命をつくり出す、神道が最上のものとする「産霊《むすひ》」の行為を意味した。

そして、葬礼は、人間がその役割を終えて神々の世界へ帰っていく、めでたい節目とされたからである。

古くは、神道の結婚式は、各家庭で行なわれた。それは、家を守る神の前で、新郎と新婦とがともに生きることを誓い、そのあとで神々を家に迎えて、家族、親戚や近隣の住民らとともにご馳走を食べて、ふたりを祝福するものであった。

明治時代に盛んになった神前結婚式

結婚は、本来は家のなかで完結する行為であった。

現在のような神前結婚式のしきたりのかなりの部分は、室町時代に整えられたものである。

多くの親戚や知人たちを招いて、夫婦が並んで結婚飾りのある床の間の前で三三九度の杯《さかずき》を交《か》わすやり方は、室町時代の武家や有力農民のあいだで流行したものだったのだ。

この儀式によって婚礼をあげた男女は、周囲から正式な夫婦として認められた。このような儀式を神様の前で行なうのが、神前結婚式である。

じつは、神社で行なう結婚式は、さほど古くない。それは明治時代以後にさかんになったものである。

明治三三年（一九〇〇）に宮中の賢所《かしこどころ》(天照大神《あまてらすおおみかみ》をまつるところ)

で行なわれた皇太子（のちの大正《たいしょう》天皇）と節子《さだこ》姫との婚礼のありさまが報道されたことがきっかけであった。

「皇太子殿下のようにおごそかに神前で結婚式をあげてみたい」という声が広まったのだ。

そんななかで、翌三四年に東京の日比谷《ひびや》大神宮（現在の飯田橋に

神前結婚式の図

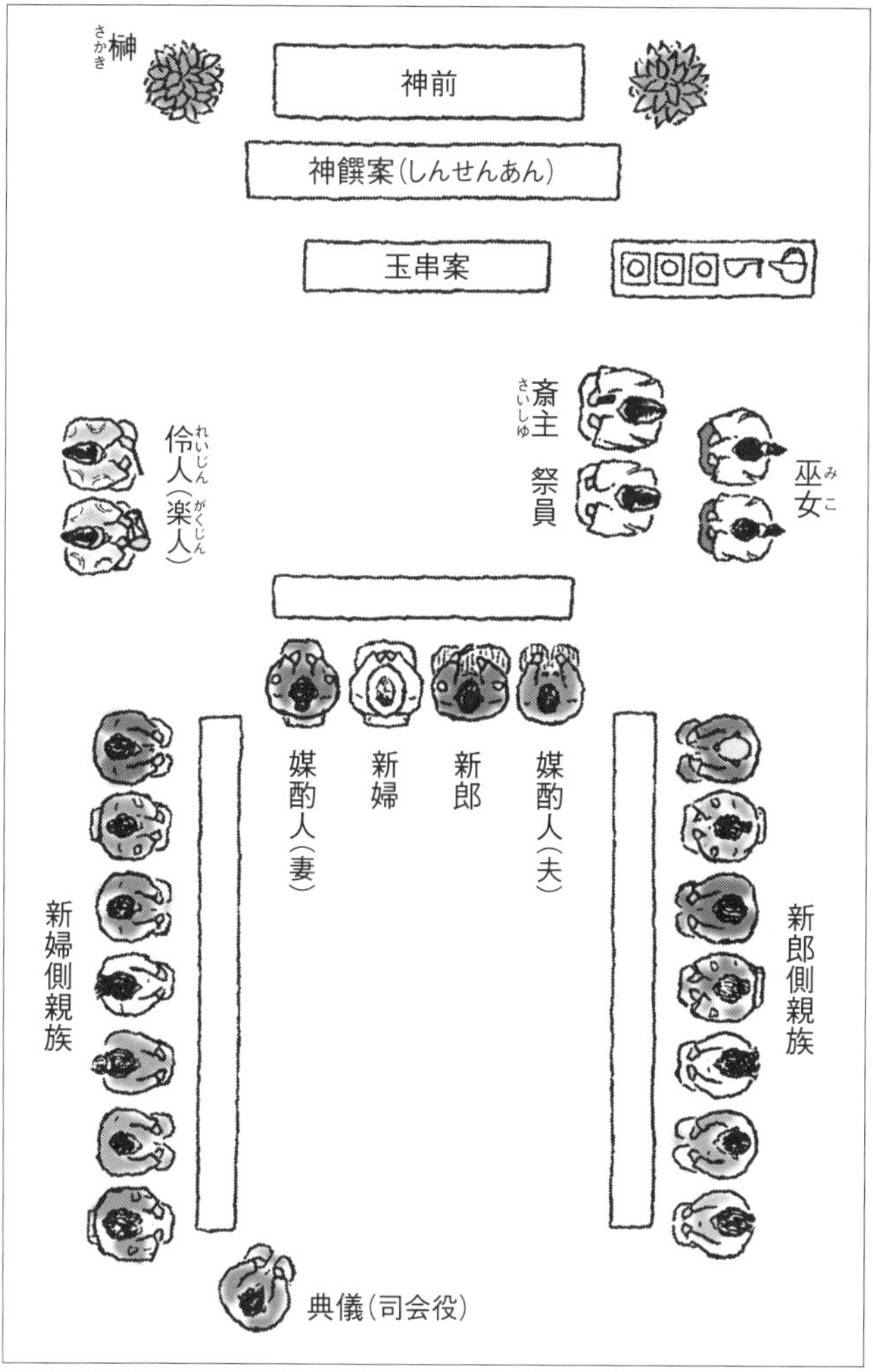

式の順序 ①斎主《さいしゅ》一礼　②修祓《しゅうばつ》　③神饌《しんせん》　④斎主祝詞を奏す　⑤斎主神誡《しんかい》　⑥誓詞《せいし》奏上　⑦新郎新婦玉串奉奠《ほうてん》　⑧指輪贈呈の儀　⑨夫婦盃の儀　⑩奏楽　⑪親族盃の儀　⑫仲人夫妻玉串奉奠　⑬斎主あいさつ　⑭撤下品《てつかひん》の授与

ある東京大神宮）が一般国民を対象に、大神宮の神前で模擬結婚式を行なった。

これがきっかけになって、あちこちの神社が神前結婚式を行なうようになったのである。

神前結婚式は、新郎新婦が御神酒《おみき》をいただき、そのあとで誓いの言葉を神へと述べる行事を中心に組み立てられている。

それ以外の式次第は、神前で神職に祭りを頼むときの神事とたいして変わらない。

「三三九度」の正しい作法

ここからは、神前結婚式の作法を説明しよう。

まず、新郎・新婦が神前にならんで座り、その左右に媒酌人《ばいしやくにん》がつく。そして、彼らと神座《しんざ》とのあいだに神職がならぶ。

斎主《さいしゆ》をつとめる神職が祝詞《のりと》を読み上げたのちに、次のような「三三九度」とよばれる御神酒を受ける三献《さんこん》の儀が行なわれる。

まず、巫女《みこ》から杯《さかずき》を受けた新郎が、まずそれを三口でいただく。そして、新郎が杯を返したのちに新婦が杯をもらい、それを三口でいただく。

ついで、新婦、新郎の順で同様の作法を行ない、さらに、新郎、新婦の順でそれをくり返す。このように、三口で御神酒を飲む行為を三度くり返し、九回杯を口にはこぶことによって三献の儀はとどこおりなく終わる。

ちなみに、三口で酒を飲むときには、一口目、二口目は杯に口をつけるだけで、三口目で酒を飲みほす。

このあと、新郎と新婦が席を立ち、ならんで神前に進む。そして、新郎が神職から渡された誓詞《せいし》をまず読み上げ、最後に自分の名前を読む。それにつづいて新婦が自分の名前を読む。

これが終わると、新郎、新婦は神を二拝二拍手一拝で拝んで、席に戻る。ついで、神職と新郎、新婦、参列者が玉串《たまぐし》をささげる行事などがあり、式はとどこおりなく終わる。

人類の繁栄をもたらす結婚は、両家にとっても社会全体にとっても大きな祝い事になるので、この神前の式のあとで、婚儀を祝うにぎやかな宴会がひらかれるのが通例である。

神道の死生観と神葬祭

◎祝福を込めて別れを告げるわけ

神の世界へ帰る祝いの儀式だった

神道は、人間の死を神道の基本である「産霊《むすひ》」を重んじる考えにもとづいて説明する。死者の霊魂は神となり、子孫を見守り、その繁栄をもたらす「産霊」の行為を助けるというのである。

江戸時代に伊勢神宮の外宮《げくう》の神職をつとめた中西直方《なおかた》という人が詠んだ、次のような和歌がある。

「日《ひ》の本《もと》に生れ出《い》でにし益人《ますびと》は、神より出《い》でて神になるなり」

（日本に生まれた人びとは、神の世界から来て、神の世界へ帰っていく）

これは、神道のもつ死生観をうまく詠《よ》みこんだものだとされる。

身近な親族が亡くなれば、のこされる者はたいそう悲しい。しかし、その親族はそれまでより、はるかに幸福な境遇になっている。それならば、祝福をこめて栄転する者を見送るようなかたちで、死者との別れを告《つ》げようではないか——。こういった考えにもとづいて、神葬祭《しんそうさい》はつくられている。

自殺を大罪とする宗教も多いが、神道では、自殺者の霊魂も、不慮《ふりょ》の事故や犯罪の犠牲になって亡くなった者の魂も、共に神になるという。つまり、恨みをもって死んだ者が地縛霊《じばくれい》になって、永遠に祟《たた》るという発想は、本来の神道にはないのだ。

今のかたちの神葬祭は江戸後期から

今日のような形式の神葬祭がつくられた時期は、意外にも新しい。そもそも葬礼のかたちは、日本史の時代時代で、次のような変化を見せている。

まず、古代には、村落の共同体で、神道の考えにもとづく葬礼が行なわれていたとみられる。しかし、中世に庶民に仏教が普及していったことで、葬祭は僧侶たちの手にゆだねられるようになった。

さらに、江戸時代の寺請《てらうけ》制度に

よって、檀那寺《だんなでら》が大部分の庶民の葬礼と墓の管理を行なうようになった。しかし、徐々に幕府の諸制度に対する疑問が、民衆から出はじめる。そして江戸時代後半になって、ようやく、国学にもとづく日本固有のものを重んじるべきだと主張する一部の神職の手によって、神葬祭がひらかれるようになった。

そして、明治時代に入って寺院の管理を受けない共同墓地がつくられ、神職が神道の家の神葬祭を行なうことが一般的になった。

拍手を打たない拝礼

神葬祭の形式は、地方ごと神社ごとにまちまちである。しかし、その基本形は、死者の棺《かん》の前で、神前で行なう祭りと同じ形式の死者の祭りをひらくものだ。

神葬祭では、仏葬と同じく、通夜と告別式とが行なわれる。それらの中心となるのは、次のような行事である。まず、斎主をつとめる神職が祭詞《まつりごと》とよばれる祝詞を読み上げる。ついで、斎主が玉串をささげて座に戻り、それにつづいて喪主が玉串をささげる。

このあとで参列者が、死者との血縁の濃い順にひとりずつ棺の前に出て玉串をささげていく。

玉串をささげるさいは、二拝二拍手一拝の礼ではなく、頭を深々と下げる礼を行なう。そして、その礼のときに心のなかで死者への別れの挨拶を述べる。

ここで、一般の参列者は玉串をささげ終われば帰ってよいが、喪主と親しい者はその場に残って、死者の親族とあれこれ故人の思い出話をするのがよい。

神式のまくら直し

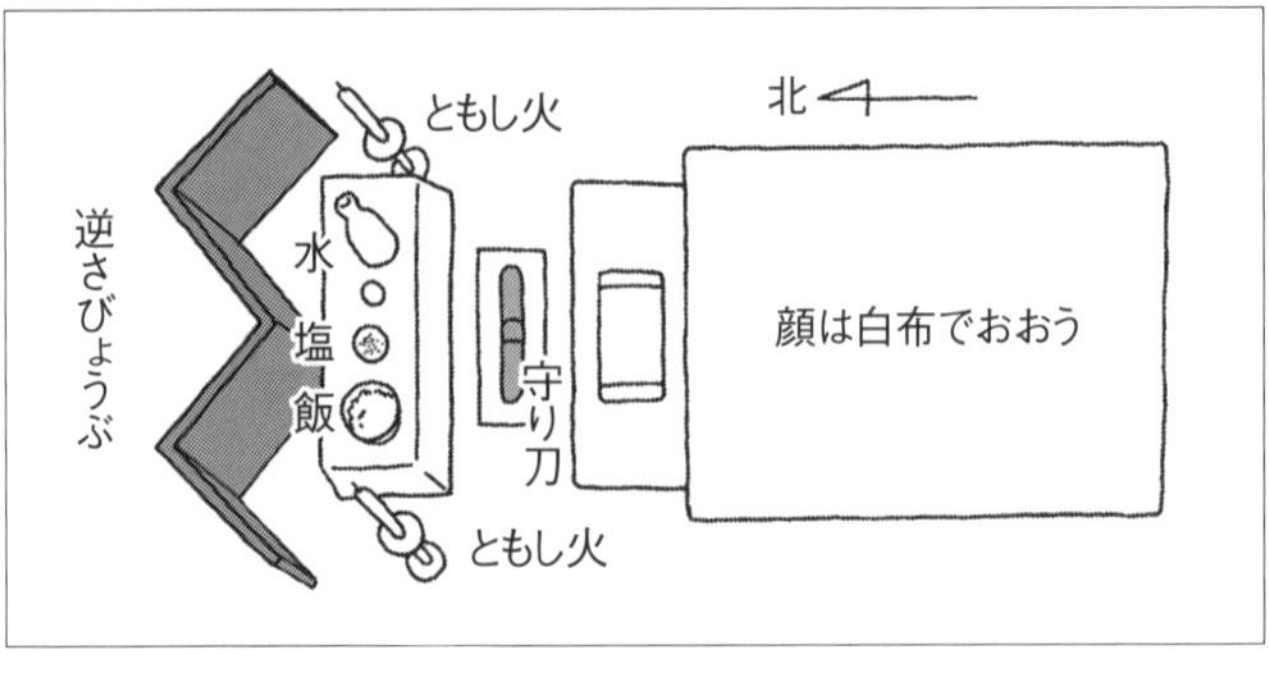

神葬祭の図

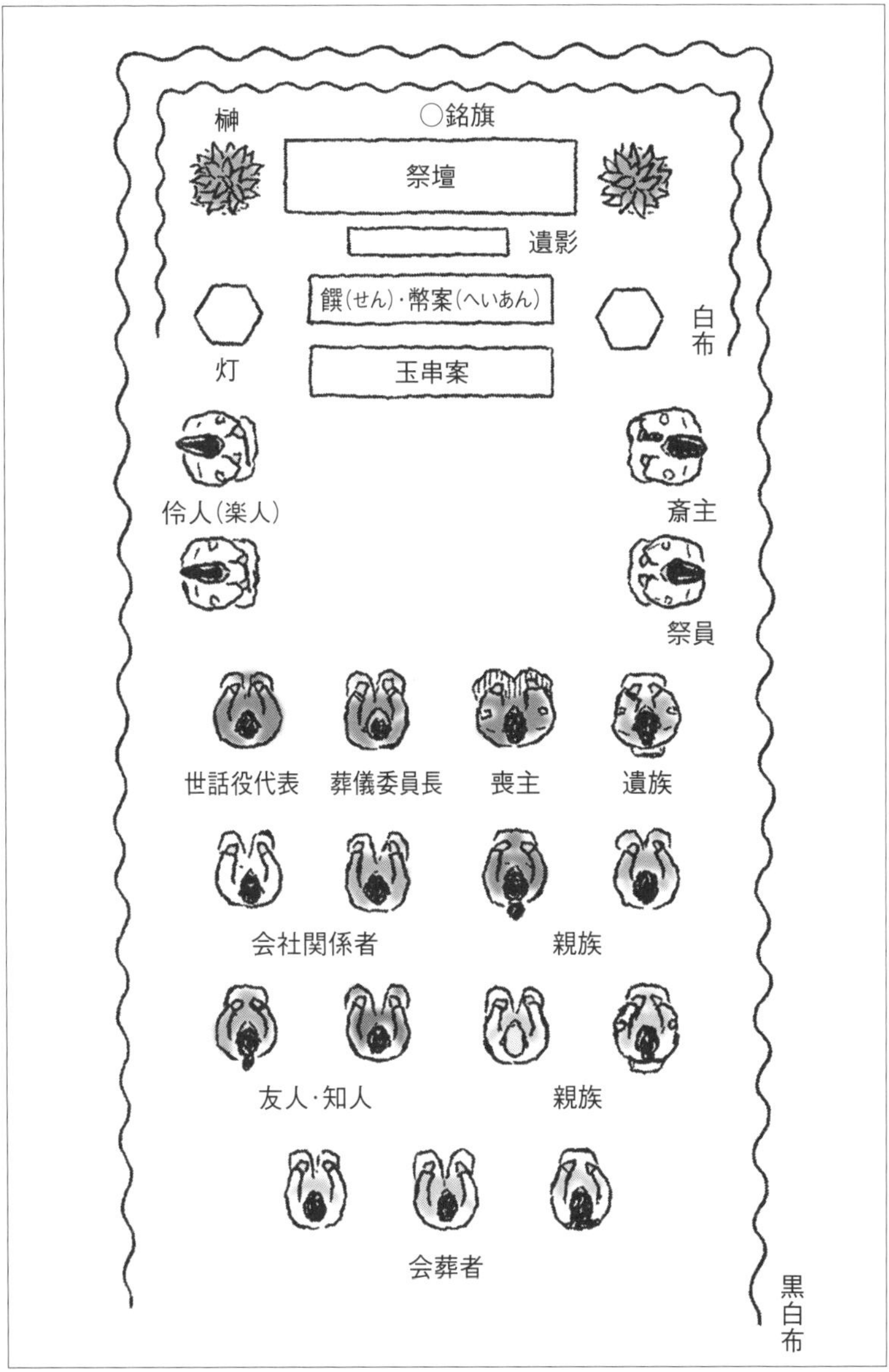

榊
○銘旗
祭壇
遺影
饌（せん）・幣案（へいあん）
白布
灯
玉串案
伶人（楽人）
斎主
祭員
世話役代表
葬儀委員長
喪主
遺族
会社関係者
親族
友人・知人
親族
会葬者
黒白布

先祖供養と墓参りの意味

◎その発想からして仏教とは大きく異なる

神道では、死者はいつ神になるか

神道の冠婚葬祭にかかわる行事は、万物が生き生きと栄えることを最上のものとみなす「産霊《むすひ》」の考え方にもとづいて、つくられてきた。

「冠」にあたる子供の成長を祝う行事は、子供が健康に育つことが家の喜びであり、社会全体の喜びだとする考えにもとづいてつくられている。

そして、祖先供養である「祭り」の行事も、本来は亡くなった祖先をなぐさめるものではなく、神となった祖霊に自分たちの繁栄をつくり出してもらうための行事であった。これは、祖先が極楽に行くために仏事を行なう仏教徒とは、まったく異なる発想にもとづくものである。

死者が亡くなった日から五〇日目に、五十日祭を行なうことによって葬礼はひと通り終わる。これによって、死者は、死にまつわるすべての穢《けが》れを清めて神になる。

その後、死者の霊魂は、ほかの祖霊をまつっていた家のなかの御《み》霊舎《たまや》にあわせまつられる。これによって死者は、神々の世界に帰っていったことになる。そのあと彼は、祖霊集団の一員として家を守る神になるのだ。

先祖の供養はどう行なうべきか

このあと、個々の死者の式年祭《しきねんさい》を行なう場合もある。亡くなった日の一年後、三年後、五年後、一〇年後、二〇年後、三〇年後、四〇年後、五〇年後に祭りを行なうのである。

しかし、二〇年も三〇年もたてば、死者の生前のありさまを覚えている者がいなくなることもある。そこで、故人のためには一年祭だけをひらき、それ以外の式年祭を省略することも多い。

そうした家では、一定の日を決

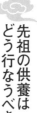

めて神職を家に招き、神棚の前ですべての祖先の供養をまとめて行なう。

祖霊祭りは毎年、春と秋とにきっちりひらくのもよいが、三年か五年に一度にしておくのもよいだろう。

祖霊祭りは、神社での祈願と同じ玉串《たまぐし》をささげる行事を中心とする簡単なものだが、その行事は祖霊祭りの機会に家族や親戚が集まり、ご馳走を食べて親睦《しんぼく》を深めることに重点をおくものといえるだろう。

神式のお墓の例とその特徴

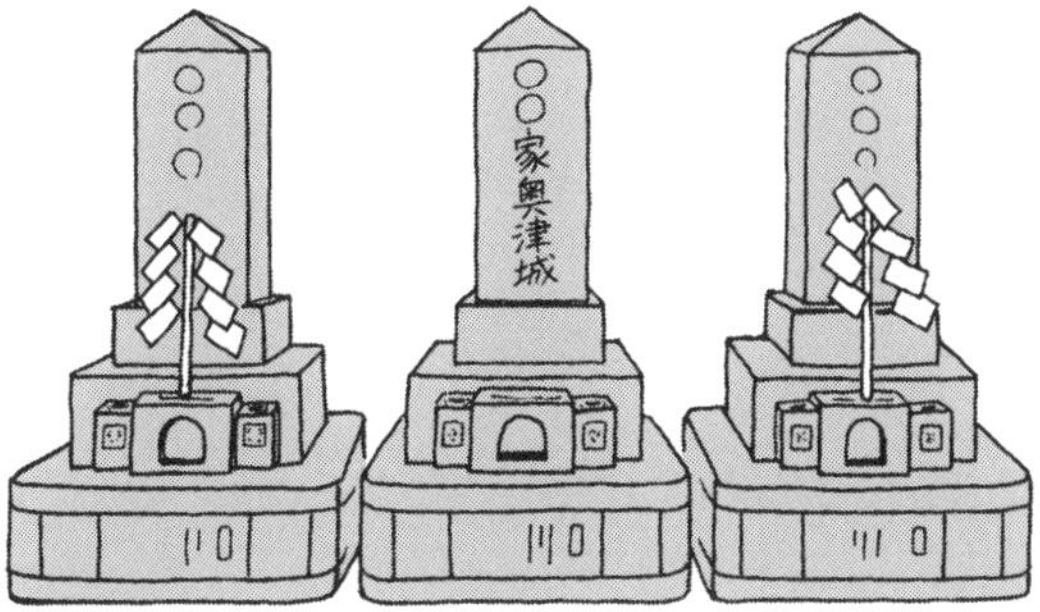

墓石の頭部がとがっている　／お線香立てはなく、供物を供える台がある　／墓石の正面に「○○家の奥津《おくつ》（都《き》）城」のような文字が記される　／故人の名を刻むときは、「大人《うし》」「刀自《とじ》」などの尊称を姓名の下につける
※ただし、風習などによって異なる

神道と仏教の死生観

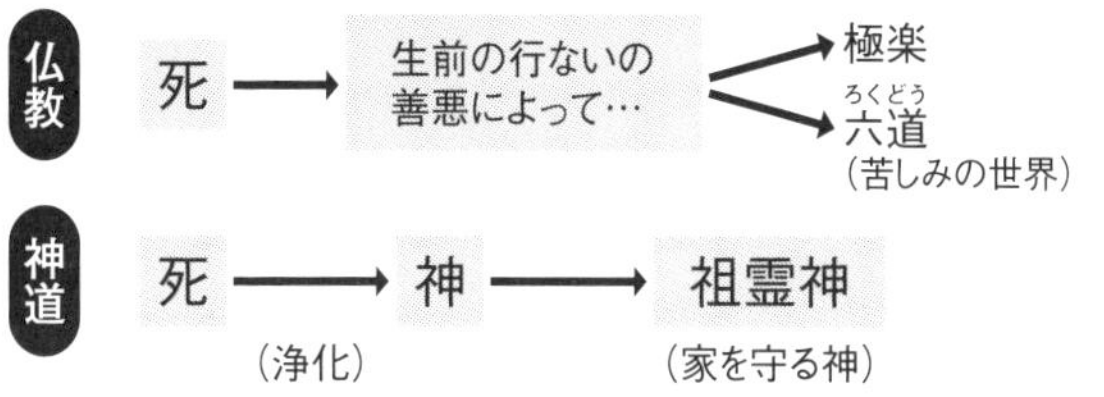

祖先の霊はどこにいるのか

現在、神道の祖霊の祭りは、御霊舎と墓との両方で行なわれている。そこで、

「ご先祖の霊魂は墓にいるのか、御霊舎にいるのか」

という疑問が生まれてくる。

古代には、ひとつの村落の住民がまとめて、自分たちが神々が宿る山とする神聖な山のふもとに墓所をつくっていた。そのころは、墓所は神の世界の入り口にすぎなかった。

つまり、祖霊はふだんは神々があつまる山に住み、おりをみて家を訪ねてくると考えられていた。

ところが、江戸時代に幕府が、寺院に檀家《だんか》の葬礼をとりしきらせ、墓地を経営させるようになった。これによって、すべての庶民の名前が檀那寺に把握されることになった。

この寺請《てらうけ》制度は、江戸幕府の全国支配を助けるものであった。しかし、葬礼のたびに寺院に多額の布施《ふせ》を払うことに反発する者もいたため、明治時代には寺院と関係なしにあちこちに共同墓地がつくられるようになった。

こうして、神道が考える神の住む世界と墓地とが切り離されてしまったのだ。

こうなると、「墓地は先祖の遺骨を便宜的に納めておくものにすぎない」と考えるほかなくなる。祖霊は、ふだんは自分のお気に入りの清らかな山や海にいるのである。そして、家庭で神をまつるとき、御霊舎にやってくるのだ。

墓参りの正しい作法とは

たとえ家のなかで祖霊をまつるとしても、墓地を大切に思う気持ちは祖霊に伝わる。そこで、日を決めて墓参して、そこを清浄に保つように心がけるべきである。

月に一度墓参してもよい。春と秋のお彼岸に行くのも、もっとも新しい死者の命日に行くのもよい。

仏教徒の墓地にかんする考えもこれに近い。

あの世にいる祖先の霊が、盆や彼岸にこの世に帰ってくるので、仏教徒はその時期に墓参をする。そして、平素は仏壇で祖先をまつるのである。

遺骨は、五十日祭に近い適当な日に埋葬するのがよい。このときは、神職をよんで墓前で玉串をささげる、簡単な埋葬祭《まいそうさい》を行なう。

墓参のときには、墓のまわりを掃き清め、たわしと水を用いて墓の汚れを落とす。そのあとで、墓石の上部にていねいに水をかけ、神棚をまつる要領で（80ページ参照）墓前に水、洗米、塩を供える。ついで、二拝二拍手一拝を行ない墓参を終える。

墓にも、神社や神棚、御霊舎に対するのと同じ方法で敬意をあらわすのである。

子供の成長を願うお宮参りと七五三

◎大事な子供に神の守りを授ける行事

「お宮参り」はなぜ欠かせないか

近代以前には、子供が成人以前にさまざまな病気で亡くなることが多かった。そのため、子供が育っていく節目ごとに、人々が集まってその成長を祝う行事がつくられていった。

お宮参りは、生後三〇日前後に行なわれる、新たに生まれた子供を氏神《うじがみ》に参拝させる行事である。

これによって、その子は氏子の一員として土地を守る氏神の保護を受けることになる。

これは、初誕生までの不安定な時期の子供をみんなで見守ろうとする考えからなされたものであり、その子は神の守りを受けることになるとされる。

お宮参りにあたっては、母方の実家からお宮参り用の晴れ着が子供に贈られることが多い。

このとき、子供を抱いて神社に連れて行くのは、祖母の役割とされた。お宮参りがすむと、家では祝い膳《ぜん》が設けられ、親戚や近隣の人たちが集まってその子供を祝福する。

このほかに、男児なら五月五日、女児なら三月三日の初節句や初正月、生後一年目の初誕生のときに親戚や近隣の者を招いて祝いの宴《うたげ》をひらく風習もある。

江戸時代に今のかたちに整えられた七五三

そして、初誕生のあとの、子供の成長の節目となるのが七五三である。これは、家々で独自に行なっていた子供の安全を神に祈る行事が、年中行事に変わったものである。

古い時代には、男児は三歳、五歳のころ、女児は三歳、七歳のころに、病気にかかりやすいとされたのだ。

現在では一一月一五日が「七五三の日」とされ、その日に三歳と五歳の男児、三歳と七歳の女児が晴着をつけて親とともに神社に参拝する。

　この宮参りのあとに、祝い膳を設けて人びとを招いたり、千歳飴《ちとせあめ》その他の縁起物を近所に配る場合もある。

　七五三がいまのようなかたちになったのは江戸時代である。それまでは、地域ごとにさまざまなかたちで、幼児から子供に育ったことをみんなで祝う行事がひらかれていた。

お宮参りと七五三

お宮参り

生後三〇日前後に行なわれる。新たに生まれた子供を氏神に参拝させることで、守りを受けようとする行事

七五三

「三・五・七歳」のころが病気にかかりやすいとされ、子供の安全を祈る行事。子供は晴着を着て神社に参拝する

出産と育児にかんする神事

妊娠5か月目の戌《いぬ》いぬの日	**帯祝い**	妊婦の腹に木綿の腹帯（岩田帯）を巻く
生後3日目	**産《うぶ》　湯《ゆ》**	湯に塩や酒を入れることも
生後30日目	**初宮参り**	氏神様にお参りする
生後100日前後	**お食い初《ぞ》め**	お祝いの食事を食べさせる

年神様を迎える賑やかな正月行事

◎古い時代につくられた正月行事の原型とは

なぜ「歳神様」から「年神様」に変わったか

正月行事は、農耕社会である日本のもっとも重要な祭りであった。古代には、一年の二回の節目にあたる一月一日と七月一日とに、祖霊が人間の世界にやってくるとされた。

この祖霊は、豊作をもたらす農耕神で、「歳神様《としがみ》」とよばれた。「とし」とは稲の実りをあらわす古代語である。しかし、七月一日の祭りは飛鳥《あすか》時代（七世紀）のころから次第にすたれていった。

のちに七月一日の祖霊祭りが盂《う》蘭盆《らぼん》に変わり、一月一日の「歳神様」の祭りが大がかりなものになっていった。そして、一月一日に年が変わることから「歳神様」の語は「年の変わり目に訪れる神」を意味する「年神様」に変わっていった。

新年を迎えるための心がまえとは

今日の正月行事の原型はきわめて古い時代につくられたものである。それは、家のなかに年神様をお迎えして、ご馳走をつくり、さまざまな芸能をみせてもてなすものであった。

年末に行なわれる大掃除は、家のなかを清めて神様を気持ちよく迎えるためのものである。そして、そのあと前に述べた大祓によって、人間の穢れを落として清らかななかに神様をお迎えする。

大晦日《おおみそか》に風呂に入って体をきれいにして正月を迎えようとする発想は、祓いを重んじる考えからつくられたものだ。そして、人々は正月が来る前に、家の門口に神様が降りてくる目印となる門松《かどまつ》を立てる。

元日当日には、御屠蘇《おとそ》、鏡餅、御節《おせち》料理などの最高のご馳走を神に供える。そして、人びとはそのお下がりをもらうことによって、神とともに食事をする。

節分・節句の起源は神道の祓い

◎豆をまくようになったのは中国の影響

もとは、年に四回行なわれていた節分

　現代では、節分《せつぶん》の行事は立春の前日の夜だけに行なわれる。しかし古代においては、立春、立夏、立秋、立冬の前日に、その季節にたまった穢《けが》れを祓《はら》う節分の行事が行なわれていた。

　つまり、もとは年に四回節分行事がひらかれていたのである。

　古代では、節分の日に白米を神に供えたのちに、それをまくことによって厄《やく》が祓われると考えられていた。しかし、奈良時代に中国で節分の日に行なわれた追儺《ついな》という行事が日本に取り入れられた。

　中国では、陰陽《いんよう》五行《ごぎょう》説にもとづき、その日に豆を用いて悪いものを退ける呪術が行なわれた。この追儺の習俗にならって、日本の節分行事は、米をまくものから豆をまくものへと変わった。そして、豆は鬼の目を打つ「魔目」であり、「魔滅《まめ》」の役割をもつといわれるようになった。

節句は古代朝廷の宴会行事だった

　よく知られた年中行事のなかに、桃の節句、端午《たんご》の節句などの「節句」と書かれるものがいくつかある。この節句は「一年のうちの竹の節《ふし》のように大切な変わり目の日」をあらわす言葉であった。

　古代の朝廷では、正月七日、三月三日、五月五日、七月七日、九月九日に貴族をあつめた大がかりな宴会を中心とする行事が催《もよお》されていた。

　正月七日は七草がゆ、七月七日は七夕につながるものであるが、今日では菊花《きくか》の宴《えん》などとよばれる九月九日の重陽《ちょうよう》の祭りはすたれてしまった。このような節句は、日本で古くから行なわれた農村の行事をもとに整えられたものである。

　ひな祭りは、古代の春の祓いの行事から起こったものである。旧暦の三月は、いまの暦《こよみ》の四月から

五月はじめにあたる。

人びとは、そのころ川や海岸で水浴びをし、身を清めたあと、野原や海岸で神をまつる宴会を行なった。

端午の節句は、現在の梅雨《つゆ》入りの時期に田の神をまつる行事から起こった。その田に村落の女性があつまって、小屋や神社の拝殿にこもって神をまつったのちに、お供えのお下がりをいただいて宴会をひらいたのである。

ひな祭りも五月の節句も、古代の農村の人びとが楽しんで行なった神事であったが、奈良時代に、宮廷で農村のものと異なる中国風の行事が行なわれるようになった。そして、中世以後に宮廷の祭りの一部が民間に広がって、ひな人形や五月人形がつくられるようになった。

二十四節気と節分

春	1月	立春《りっしゅん》(節気)	雨水《うすい》(中気)
	2月	啓蟄《けいちつ》(節気)	春分《しゅんぶん》(中気)
	3月	清明《せいめい》(節気)	穀雨《こくう》(中気)
夏	4月	立夏《りっか》(節気)	小満《しょうまん》(中気)
	5月	芒種《ぼうしゅ》(節気)	夏至《げし》(中気)
	6月	小暑《しょうしょ》(節気)	大暑《たいしょ》(中気)
秋	7月	立秋《りっしゅう》(節気)	処暑《しょしょ》(中気)
	8月	白露《はくろ》(節気)	秋分《しゅうぶん》(中気)
	9月	寒露《かんろ》(節気)	霜降《そうこう》(中気)
冬	10月	立冬《りっとう》(節気)	小雪《しょうせつ》(中気)
	11月	大雪《たいせつ》(節気)	冬至《とうじ》(中気)
	12月	小寒《しょうかん》(節気)	大寒《だいかん》(中気)

昔は立春、立夏、立秋、立冬の前日に節分行事をしたが…

現代では立春の前日の夜のみ行なわれる

歳の市と酉《とり》の市の起源

◎みなが幸福な気持ちで年神様を迎える行事

日本人は、なぜ年末を楽しむのか

日本では、年末に楽しい行事が集中する。お歳暮のやりとり、忘年会、それに歳末の大安売りや福引きなどである。

クリスマスパーティーやクリスマスプレゼントも、本来はキリスト教によるものだが、年末の楽しい行事という点で、これに似たものとみてよい。考えようによっては年末の宝くじも、年末の行事のひとつになる。

神道では、人びとが幸福にすごすことが神々を喜ばせるとする考えがとられる。そのため人びとは、みんなで幸福な気持ちになって、正月に訪れる年神様を迎えようと考えたのだ。

羽子板市、ボロ市、酉の市…の発生

こういったにぎわいは、各地で行なわれた歳《とし》の市《いち》のあり方を受け継ぐものである。

かつて、あちこちに年末の決まった日に、正月の用品や縁起物やさまざまな特売品をならべた歳の市が立っていた。

すでにすたれたものも多いが、東京・浅草寺《せんそうじ》の羽子板《はごいた》市や世田谷のボロ市はその系譜をひくものだ。

歳の市から分かれたものに、一一月に鷲《おおとり》神社で行なわれる酉《とり》の市《いち》（おとりさま）がある。これは、江戸時代に江戸の町から広がったもので、初酉の日を一の酉といい、順次に二の酉、三の酉とよぶ。その日には、縁起物の熊手《くまで》などが売られるので、商家はこれを買って帰り、店に飾って商売繁盛を祈る。

何度も述べるように、神道にもとづく多くの儀式や年中行事はすべて「神と人とが共に楽しもうとする」考えが根底にある。それゆえ、古代以来受け継がれた伝統行事の多くは、形式的な堅苦しいものではなく、親戚や近隣の交流の場となったのである。

日本神話 1

日本神話とは何か——

神々の活躍が描かれた「記紀」の世界とは

日本神話のあらすじと神名について

*日本神話には多くの異伝があり、そこに登場する神々のかなりの数のものが、いくつかの別名をもっている。そこで本書では、とくに注記したところを除いて、日本神話のあらすじを『古事記』にしたがって紹介する方法をとった。

*本文中の神名は『日本書紀』の表記を採用したが、『日本書紀』に記載がない神名は『古事記』の表記を採用した。また、一部の神については、もっとも馴染みのある読み方・表記を採用した。

*なお、図表の神名についても同様である。

『日本書紀』以外の表記を採用した神名一覧

大《おお》国《くに》主《ぬしの》命《みこと》	稲《いな》羽《ば》之《の》素《しろ》兎《うさぎ》	大《おお》綿《わた》津《つ》見《みの》神《かみ》	大《おお》事《こと》忍《おし》男《をの》神《かみ》
大《おお》気《け》都《つ》比《ひ》売《め》	八《や》上《かみ》比《ひ》売《め》	須《す》世《せ》理《り》毗《ひ》売《め》	蚶《きさ》貝《がい》比《ひ》売《め》
蛤《うむ》貝《がい》比《ひ》売《め》	久《く》延《え》毗《び》古《こ》	建御名方《たけみなかたの》神《かみ》	天《あめの》鳥《とり》船《ふねの》神《かみ》
経《ふ》津《つ》主《ぬしの》命《みこと》			

『古事記』と『日本書紀』を知る

◎いつ、どのように成立したのか

日本神話を知っていますか

天照大神《あまてらすおおみかみ》の岩戸隠れの話、素戔嗚尊《すさのをのみこと》の八岐大蛇《やまたのをろち》退治、大国主命《おおくにぬしのみこと》と稲羽之素兎《いなばのしろうさぎ》の物語などの、私たちになじみ深い日本の神話は多い。しかし、そういった話がどのように結びつくかについては、あまり知られてはいない。

日本神話は、皇室の手でひとつの体系をもった話としてまとめられたものである。それは、和銅《わどう》五年（七一二）にできた『古事記《こじき》』の上巻と、養老《ようろう》四年（七二〇）にまとめられた『日本書紀《にほんしょき》』の一巻、二巻とに書かれている。

奈良時代はじめに、皇室による統治を正当化するためにまとめられた歴史書のなかの神代《かみよ》（「神世」とも書く）の記事とされた部分が、日本神話である。

しかし、『古事記』や『日本書紀』の記事のもとになった伝承の多くは、古くから語りつがれた庶民たちに愛された物語であった。

『古事記』と『日本書紀』の成り立ち

ここで、『古事記』『日本書紀』がつくられたいきさつについて、かんたんに記しておこう。

七世紀はじめに聖徳太子の指導によって、宮廷の人びとが文字を学び、漢文を使いこなせるようになっていった。このことによって、七世紀なかば前後（六三〇―六七〇ごろ）に、古くから語りつがれた物語を文字に書き起こした者が何人かあらわれた。

彼らが残した記録は「古くから伝えられたこと」を意味する「旧辞《ふること》」の名でよばれた。この「旧辞」のなかには、神々の物語が多く書かれており、そのなかには古くから民間に語り伝えられたものもあった。

ついで、即位後まもない天武《てんむ》天皇が、「帝紀《ていき》」とよばれた天皇系図と「旧辞」をもとに正しい皇室歴史をつくろうとして、近臣の稗田《ひえだの》阿礼《あれ》という者に「帝紀」と「旧辞」の研究を命じた。この成果を太安《おおのやす》万侶《まろ》という文人が文章にまとめたのが、『古事記』全三巻である。

天武天皇は、さらに天武一〇年（六八一）に川島皇子《かわしまのみこ》ら一一人に中国風の整った歴史書の作成を命じた。この仕事を完成させたものが『日本書紀』である。この『日本書紀』は、全三〇巻の大部《たいぶ》のものになっている。

『古事記』『日本書紀』ができるまで

年　代	出　来　事
天武《てんむ》3～6年頃（674～677頃）	天武天皇が稗田阿礼《ひえだのあれ》に「帝王の日継《ひつぎ》（系図）と先代の旧辞《ふること》」を誦み習わせる
天武10年（681）	天武天皇が川嶋皇子《かわしまのみこ》らに「帝紀《ていき》及び上古《じょうこ》の諸事《しょじ》」を記し定めるよう命じる
朱鳥《しゅちょう》元年（686）	天武天皇没す。このころに阿礼の仕事はほぼ完成していた
慶雲《けいうん》２年（705）	このころ舎人親王《とねりしんのう》が『日本書紀』作製の責任者になる
和銅《わどう》４年（711）	元明《げんめい》天皇が、阿礼がまとめた「旧辞」を太安万侶《おおのやすまろ》に書き記させる
和銅５年（712）	『古事記』が完成する
和銅７年（714）	紀清人《きのきよひと》と三宅藤麻呂《みやけのふじまろ》が『日本書紀』作製の担当者に加わる
養老《ようろう》４年（720）	舎人親王らが『日本書紀』を完成させて元正《げんしょう》天皇に差しだす

日本神話のあらすじ

①高天原に別世界の巨大神があらわれる　②巨大神らの命令で、巨大神伊奘諾尊《いざなぎのみこと》と伊奘冉尊《いざなみのみこと》が日本列島をつくり、巨大神を多く生んだ　③伊奘冉尊は死後、黄泉《よみ》の国の神になる。伊奘諾尊は巨人神の天照大神《あまてらすおおみかみ》、月読命《つくよみのみこと》、素戔嗚尊《すさのをのみこと》を生んで世界の支配権を譲った　④素戔嗚尊は天照大神の怒りをかい、償《つぐな》いの祓《はら》いをしたのちに地上におもむいた　⑤素戔嗚尊は八岐大蛇《やまたのをろち》を退治して、多くの子孫をもうけた　⑥素戔嗚尊の子孫のなかから、国づくりをした大国主命《おおくにぬしのみこと》が出た　⑦天照大神は大国主命に地上の支配権を差し出させたのち、自分の孫で等身大の神瓊々杵尊《ににぎのみこと》を地上に天降らせた　⑧瓊々杵尊と彼の子孫は山の神や海の神と交流をもち、皇室の先祖になった

日本神話の世界観

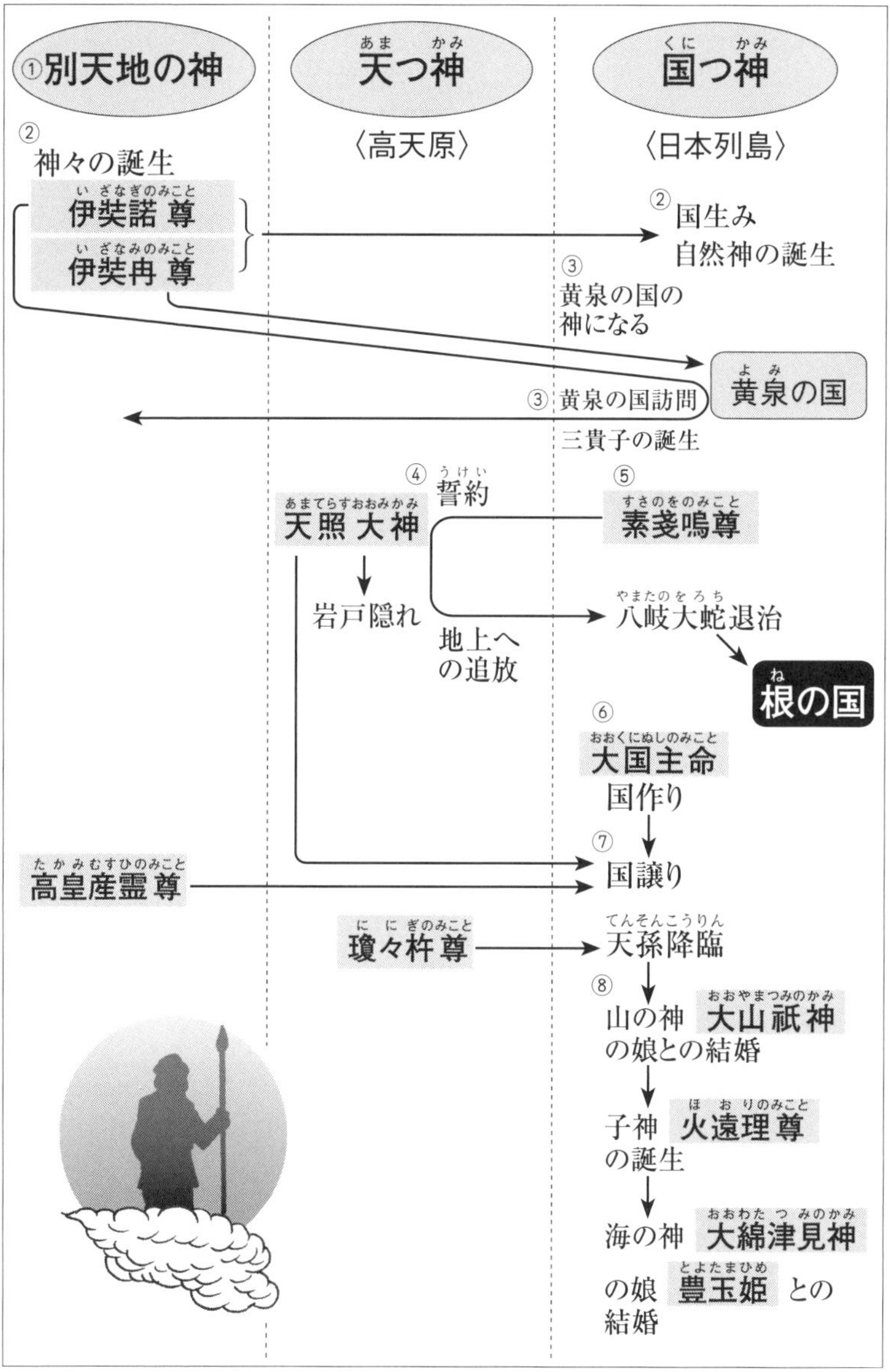
①別天地の神
天《あま》つ神《かみ》
〈高天原〉
国《くに》つ神《かみ》
〈日本列島〉
② 神々の誕生
伊奘諾尊《いざなぎのみこと》
伊奘冉尊《いざなみのみこと》
② 国生み 自然神の誕生
③ 黄泉の国の神になる
黄泉《よみ》の国
③ 黄泉の国訪問
三貴子の誕生
④ 誓約《うけい》
天照大神《あまてらすおおみかみ》
岩戸隠れ
⑤ 素戔嗚尊《すさのをのみこと》
地上への追放
八岐大蛇《やまたのをろち》退治
根《ね》の国
⑥ 大国主命《おおくにぬしのみこと》
国作り
⑦ 国譲り
高皇産霊尊《たかみむすひのみこと》
瓊々杵尊《ににぎのみこと》
天孫降臨《てんそんこうりん》
⑧ 山の神 大山祇神《おおやまつみのかみ》 の娘との結婚
子神 火遠理尊《ほおりのみこと》 の誕生
海の神 大綿津見神《おおわたつみのかみ》 の娘 豊玉姫《とよたまひめ》 との結婚

明朗な『古事記』、複雑な『日本書紀』

◎多くの異伝をあえて採用した真意とは

『日本書紀』にある「一書」の異伝とは

日本神話に多くの異伝があることに注意しておきたい。『古事記』は「大和ことば」とよばれた古代語で書かれた和文のもので、その文章は歯切れのよい名文である。

この『古事記』の上巻に記された神話は、前後の矛盾《むじゅん》のほとんどない整ったつくりになっている（そのため『古事記』上巻の物語を日本神話として紹介した本もある）。

ところが、何人もの編者の共同執筆でつくられた『日本書紀』の本文は、和文調のところと漢文調のところが入り交じるかたちになっている。

この『日本書紀』の一巻が神代上《じょう》、二巻が神代下《げ》とされているが、この部分にはさまざまな文体の記事が混在している。

『日本書紀』の本文は、神代上で八段、神代下で三段の段落に分けられている。そして、ひとつの段落の本文が終わると、そのあとに「一書《いっしょ》に曰《いわ》く」にはじまる異伝がいくつもならべられる。そして、異伝を最後まで記したのちに、つぎの段落がおかれる（左ページの図参照）。

古代史家は便《べん》宜上《ぎじょう》、そのような異伝をならべられた順にしたがって「第一の一書」「第二の一書」などとよんでいる。

『日本書紀』のこのような「一書」の引用は、「旧辞《ふるごと》」の諸説をあえて統一せず、異伝をそのままのかたちで後世に伝えようとした編者の方針にもとづいてなされたとされる。

なぜ『日本書紀』は複雑かつ矛盾が多いのか

しかし、多くの異伝を採用したことによって『日本書紀』の神話は矛盾に満ちた粗雑《そざつ》なつくりのものになってしまった。

『日本書紀』の本文だけをつないでも、一貫した筋《すじ》のある物語にな

『日本書紀』神代上・下の構成と書かれ方

	構成	おもな内容	一書の数
神代上	第一段	神世七代《かみよななよ》の前半三代	6
	第二段	神世七代の後半四代	2
	第三段	神世七代の説明	1
	第四段	国生み	10
	第五段	自然神と三貴子《さんきし》の誕生	11
	第六段	誓約《うけい》	3
	第七段	天岩戸《あまのいわと》	3
	第八段	八岐大蛇《やまたのおろち》退治＊	6
神代下	第九段	国譲りと瓊々杵尊《ににぎのみこと》の結婚	8
	第十段	海幸《うみさち》・山幸《やまさち》の物語	4
	第十一段	神武《じんむ》天皇の誕生	4

＊『日本書紀』は、本文では大国主命の国づくりの話が省略されているが、それは第八段の第六の一書に記されている

●『日本書紀』は次のような「書き方」をとる

○○○○○………
○○○○○……… ── 第一段の本文
＊一書曰○○
○○○○○ ── 第一の一書
一書曰○○
○○○○ ── 第二の一書
一書曰………
一書曰………
一書曰………
一書曰……… ── 第三〜第六の一書
○○○○○………
○○○○○……… ── 第二段の本文

＊「一書に曰《いわ》く」と読む

らない。前の部分で大日孁貴《おおひるめのむち》の名で出てきた神が、あとでは天照大神《あまてらすおおみかみ》として活躍する事態までみられるのだ。

「一書」の異伝のなかには、別の部分の『日本書紀』の本文につなげるべきではないかと思わせる内容のものや、『古事記』の神話にきわめて類似する記事もある。

また、一書で、日本神話全体の筋とは無関係な出来事を記したものもある。

このような異伝のあり方が、日本神話を複雑でわかりにくいものにしている。とはいえ、「一書」の記事のなかには、日本神話の性格を探る有力な手がかりになるものもあるので、「一書の記事」を切り捨てて日本神話を論じるわけにはいかない。

日本にはどのような神がいるのか

◎神代と人代とでは神の性格も変わる

神話に登場する神としない神がいる

日本各地の神社でまつられている神々のなかに、日本神話に出てくる神と、そこに登場しない神とがある。これは、精霊崇拝《せいれいすうはい》（28ページ参照）をする日本人が、神々や人間や動植物などの自然物の境《さかい》を、あいまいなものとしてとらえる世界観をもつことからくる。

日本では、すぐれた人間は没後に神としてまつられる。全国に広くみられる八幡《はちまん》神社（八幡宮）の祭神は、第一五代の大王《おおきみ》とされる応神《おうじん》天皇である。天満宮（天神社）は平安時代の学者政治家の菅原道真《すがわらみちざね》をまつっており、日光東照宮は徳川家康をまつる神社である。

さらに、神道をとる家では、自家の先祖を家の守り神としてまつっている。

『古事記』や『日本書紀』の神代以外の部分に登場する人物で、後世に神とされた者が多くみられることは、このような信仰にもとづくものである。いまあげた応神天皇、初代の大王とされる神武《じんむ》天皇、東国遠征を行なった日本武尊《やまとたけるのみこと》、朝鮮半島に出兵した神功《じんぐう》皇后などがそれにあたる。

とはいえ、『古事記』や『日本書紀』は、それらの神と神代の物語（日本神話）に登場する神とを明確に区別する発想をもっていた。

神代は「草木が物言う時代」などとよばれた。神と人間、人間と自然物とが自由に会話して交流できた時代が神代であり、その時代の歴史を記すものが「日本神話」だというのである。

神代の神と人代の神はどう違うか

神代《かみよ》にあっては、日本各地にいる多くの神々が、おのおの思い思いのかたちで、自らが支配するせまい領域にいる人間や動植物、自然現象を指導した。

この神代の終わり近くに、皇室

の祖神《おやがみ》は高天原《たかまがはら》から地上に降《くだ》ったが、この時点では、「日向三代《ひゅうがさんだい》」（231ページの図参照）などとよばれる皇室の祖先たちは、日本に多くいる神々のなかのひとつにすぎなかった。

神代の神とそれ以外の神

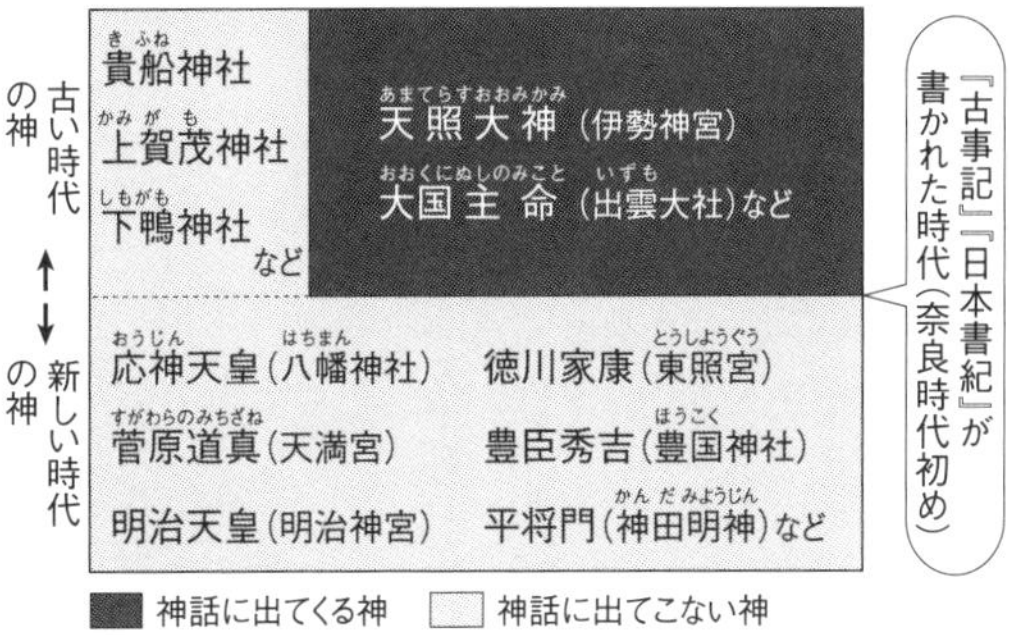

神代と人代

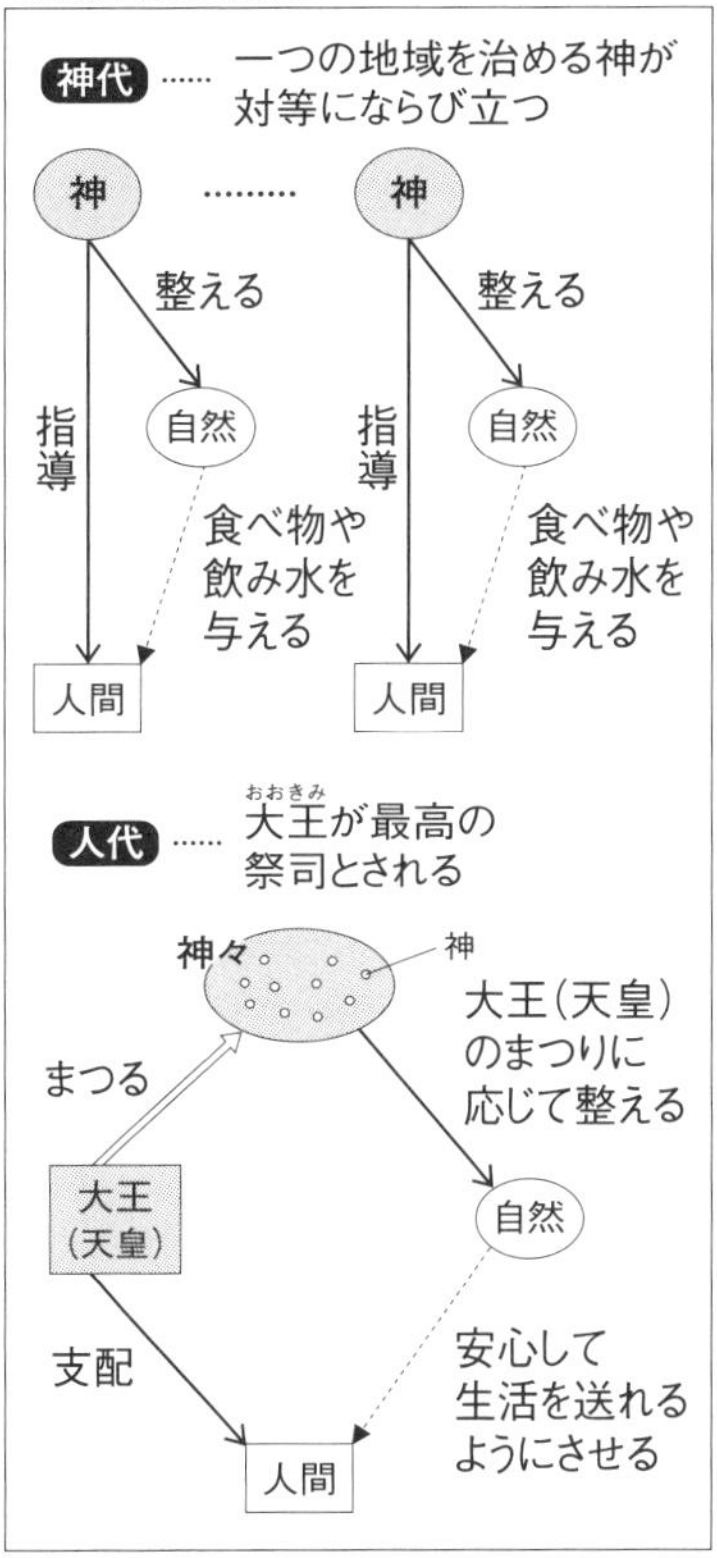

そして、神代が終わり、神武天皇が初代の大王《おおきみ》（天皇）となったことによって、大王が全国の神々をまつることで自然を整え、庶民を支配する時代が訪れた。

このような『古事記』や『日本書紀』の歴史観を身につけた古代の貴族層は、神が支配する神代と、皇室が日本を統治した神武天皇以後の人代《ひとのよ》とは別のものだとみなしていた。

彼らは、神代に活躍した自家の先祖は無条件で神とされるが、人代の祖先は特別の功績をもたない限り神にはなれないと考えた。つまり、神代にあっては、数えきれないほど多数の神が尊《とうと》ばれたのに対し、人代になると、大王ひとりが神に並ぶ力をもつ、もっとも尊い人間だとされたのである。

神話に登場する神々の特徴

◎神のサイズの変化に注目する

大和朝廷がまつる二柱の神

日本神話のなかで重要な役目をになう神が、二柱《ふたはしら》存在する。大国《おおくに》主命《ぬしのみこと》と天照大神《あまてらすおおみかみ》である。日本神話の中心となるこの二柱の神の物語は、王家（皇室の祖先）の信仰と深くかかわるかたちで整えられてきた。

大和朝廷は、三世紀はじめに奈良盆地の東南部に起こったが、三世紀はじめから五世紀までの王家の守り神とされたのは、大国主命であった。王家は自家の本拠地のそばの三輪山《みわやま》で、王家の祖先神であり大王の守り神でもあるその神をまつった。

大国主信仰は、出雲《いずも》から大和に伝えられたものであった。そこで、王家はのちに出雲地方を治める出雲氏がまつる神を大国主命、三輪山の神を大物主神《おおものぬしのかみ》とよんで両者を区別するようになった。

大物主神は、現在でも三輪山にある奈良県桜井市大神《おおみわ》神社にまつられている。古くから民衆が語り伝えた大国主命（大物主神）の功績にまつわる物語の多くが、大王の守り神を権威づけるかたちの神話に書き換えられて、日本神話に取り入れられたのだ。

大物主神にとって代わった天照大神

ところが、大和朝廷の勢力が急伸した六世紀に、王家は大物主神に代わって太陽神天照大神を自家の祖神《おやがみ》とするようになった。そのため、海外のあちこちからもちこまれた物語も、天照大神を権威づけるかたちの神話に書き換えられて、日本に取り入れられた。

これによって、日本神話のなかで、大国主命が天照大神の下に位置づけられることになり、これとともに、天照大神の系譜《けいふ》と大国主命の系譜とをつなぐ素戔嗚尊《すさのをのみこと》の神話が整えられた。

このようにして王家がまつる対

さまざまなサイズの神々

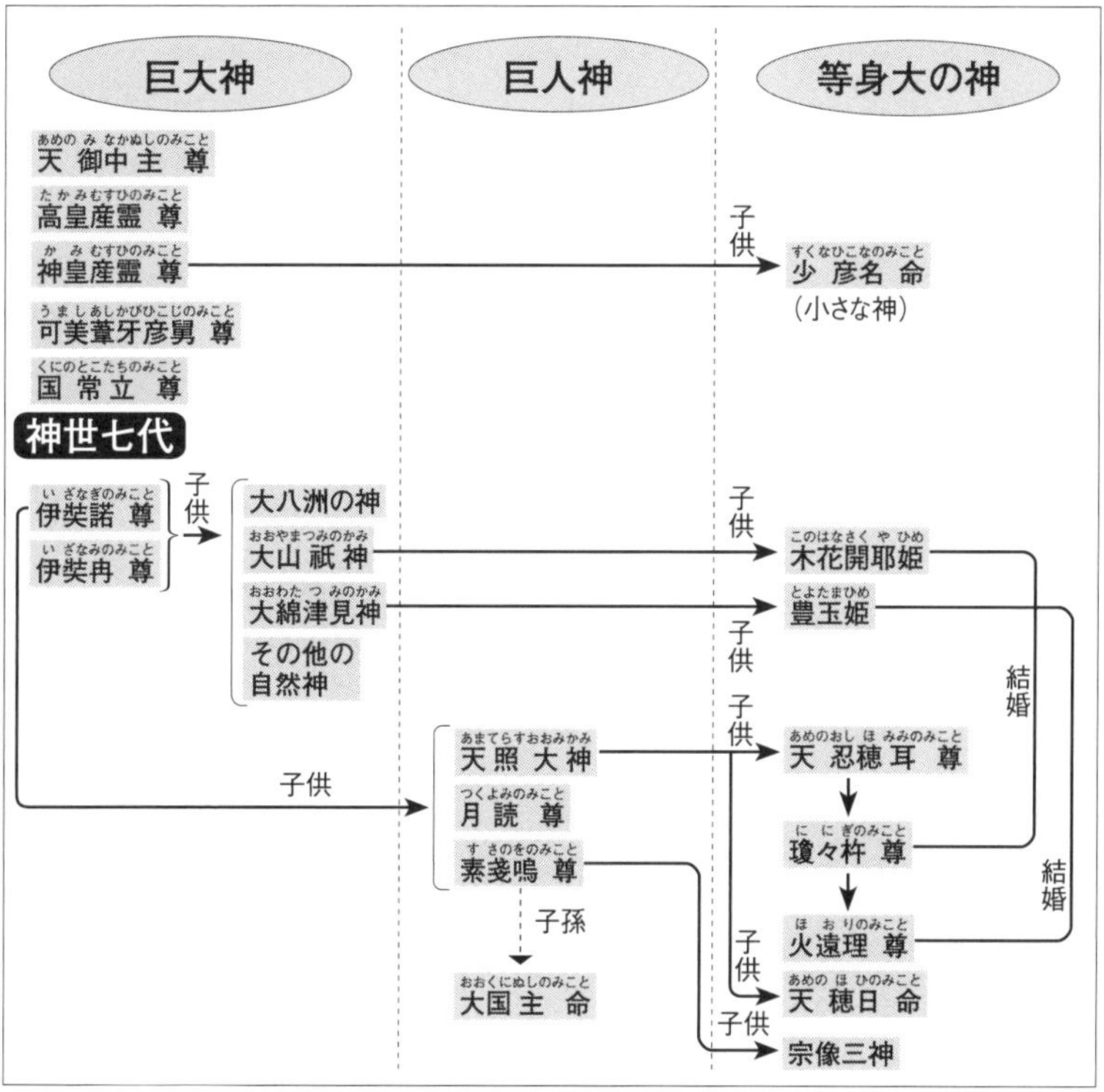

象が変わったことによって、天照大神とその弟の素戔嗚尊と、その子孫である大国主命が、日本神話の主役になったのである。

巨大神から巨人神、そして等身大の神へ

上の図版で紹介したように、日本神話に登場する神は三つの大きさに分かれる。このことが、日本神話をわかりにくいものにしているといえる。

世界に最初に出現した天《あめの》御《み》中《なか》主《ぬし》尊《のみこと》や日本列島をつくった伊奘《いざ》諾《なぎ》尊《のみこと》、伊奘《いざ》冉《なみ》尊《のみこと》は、日本列島全体を覆《おお》うほどの大きさをもつ巨大神とよぶべき神々であった。

このような神は無数の霊魂のあつまりで、本来はかたちのないものであるが、時には人間に似た姿

をとるとされた。

神道の考えに立てば、日本列島とそこの住民を守る多くの霊魂の集まりが、天御中主尊であることになる。

巨大神からみれば、伊奘諾尊の目や鼻から生まれた天照大神や素戔嗚尊は、巨大神の目や鼻くらいの寸法の小さな神である。しかし、そのような神も、人間よりはるかに大きい巨人神とよぶべきものである。

奈良時代でもっとも高い建物が高さ三二丈（約九六メートル）の出雲大社であることからみて、古代人は、巨人神を身長一〇〇メートル程度の神と考えていたのではあるまいか。

この巨人神は、平素は大きな体のままで行動するが、人間や等身大の神とかかわるときには、小さくなって人間なみの体に変わることができた。

そして、巨人神の身につけた勾《まが》玉《たま》や刀から生まれた神（皇室の祖先にあたる天忍穂耳尊《あめのおしほみみのみこと》や宗像《むなかた》大社の祭神）や、山の神（大山祇神《おおやまつみのかみ》）、海の神（大綿津見神《おおわたつみのかみ》）といった自然をつかさどる巨大神の子孫の神は人間と親しく交わろうとして等身大になった。

日本神話の作者は、多くの霊魂があつまった巨大神の時代ののちに、巨人神の時代、ついで等身大の神の時代が来たとする。そして、等身大の神として生まれた皇室の祖先にあたる瓊々杵尊《ににぎのみこと》の子孫が、人間の世界に降りてきて人びとの指導者になったと説明している。

日本神話　2

神の出現と日本列島の誕生——

夫婦の神、伊奘諾尊《いざなぎのみこと》と伊奘冉尊《いざなみのみこと》による「国生み」

日本神話は、巨大な姿をした「別世界の神」の出現の話からはじまっている。

天御中主尊《あめのみなかぬしのみこと》などの三柱《みはしら》の神と、可美葦牙彦舅尊《うましあしかびひこじのみこと》と、国常立《くにのとこたちの》尊《みこと》にはじまる神世七代《かみよななよ》（神代七代、神世七世ともいう）の三系統の別世界の神がいた。

古い時代の神は独神《ひとりみのかみ》であったが、神世七代の後半から夫婦の神があらわれた。そして、神世七代の七代目の神が伊奘諾《いざなぎの》尊《みこと》、伊奘冉尊《いざなみのみこと》の夫婦の神であった。

この夫婦の神は別世界の神でありながら、人間の世界とかかわり深い日本列島創造にたずさわった神であった。

伊奘諾尊、伊奘冉尊は、日本列島をつくれという別世界の神々の命令をうけて、泥のような状態にあった地上に天之瓊矛《あめのぬぼこ》を下ろし、海をかきまわして磤馭慮島《おのころじま》をつくった。

そして、その島に降り、島の中央に巨大な柱を建てて、柱のまわりを巡って夫婦になり、大八洲《おおやしま》とよばれる日本列島を構成する島々を生んだ。

つまり、日本列島は、別世界の神のなかでももっとも格下であった伊奘諾尊、伊奘冉尊という巨大神の子供だとされていたのである。

天と地は〝混沌《こんとん》〟から生まれた

◎神々の誕生①

はるか昔の世界は、かき混ぜた鶏《にわとり》の卵のような混沌《こんとん》としたもので、そこには天地の区分も陰陽の区別もなかった。長い時間をかけて、そのなかの澄《す》んで明るいものが上に昇って天となり、重く濁《にご》ったものが下にたまって地になった（『日本書紀』が説く世界の起こり）。

なぜ日本神話には創世主がいないのか

日本の神話に、世界を創造した神が出てこない点に注目したい。

ユダヤ教徒やキリスト教徒の信仰の拠《よ》りどころである『旧約聖書』は、ヤハウェが六日間で世界をつくり人間を生みだした話からはじまる。イスラム教徒もアラーがすべてのものをつくりだしたとする。

このような創世神話のうえに立つ宗教は、すべての人間が創造主である唯一神《ゆいいつしん》に従わねばならないと説く一神教となる。それに対して、日本人は世界も神々も自然にあらわれたとみたうえで、多神教をつくりあげた。

世界中に広がる「宇宙卵型神話」

世界が卵からつくられたとする「宇宙卵型神話」は、世界のあちこちにみられる。

たとえば、フィンランドの叙事詩『カレワラ』には、つぎのようにある。

「世界のはじめに大気の娘イルマタがおり、ひとりで海の上を漂《ただよ》っていた。すると、彼女のもとに一羽の美しいカモが飛んできて、そのひざの上に卵を生んだ。この卵が海に落ちたときに、世界がつくられた。卵のカラの上半分が空に、下半分が大地になった。そして、黄身から太陽、白身から月が生まれた」

卵のカラを破って生き物が生まれることを神秘な奇蹟《きせき》ととらえた古代人が、世界の各地で、このような宇宙卵型神話を生んだのであろう。

最初の神・天御中主尊《あめのみなかぬしのみこと》の誕生

◎神々の誕生②

「高天原《たかまがはら》」とよばれる神々の世界に、最初に天御中主尊《あめのみなかぬしのみこと》が出現した（『古事記』が説く世界の起こり。次項以降、とくに注記のない限り『古事記』による）。

古代人の〝良心〟が生んだ最高神

この天御中主尊と高皇産霊尊《たかみむすひのみこと》、神皇産霊尊《かみむすひのみこと》とを合わせて「造化《ぞうか》三神」とよぶ（17ページ参照）。『日本書紀』では、造化三神の出現の記事は、第四の一書だけにしか出てこない。

天御中主尊は、観念的につくられた神である。それは、強い力をもつ最高神が天の世界の中央にいるが、その神は人びとにあれこれ命令を下すものではなく、地上のあらゆるものを黙って見守る存在であるとする考えからつくられた。

これは、人間のもつ良心によって明るい世の中をつくっていかねばならないとする神道的な発想からくるものである。このような天御中主尊は「記紀」神話の完成期に近い七世紀末ごろに、産霊《むすひ》の二《ふた》柱《はしら》の神（高皇産霊尊と神皇産霊尊）の上につくられたものであろう。

別世界の神が庶民の身近になったわけ

古代人は天御中主尊を信仰の対象としていなかったが、中国の北極星信仰が日本に入ってくると、天御中主尊が北極星と結びつけられるようになった。そして、江戸時代には、北極星をまつる妙見社《みょうけんしゃ》で天御中主尊がまつられるようになった。

この妙見信仰をつうじて、人びととかけ離れた世界にいるとされた天御中主尊が、庶民の身近なものになったのである。日本人は、神話の世界で別世界の神とされた神まで、身近に引きつけてまつってきたのだ。

日本最古の島は「塩」から生まれた

◎国生み神話①

伊奘諾尊《いざなぎのみこと》と伊奘冉尊《いざなみのみこと》は、天の神々から「泥のような世界に国をつくれ」という命令を受けた。そこで二柱の神は、天《あめ》の浮橋《うきはし》とよばれる低空にある雲に立ち、そこから天之瓊矛《あめのぬぼこ》を下界に下ろし、海水をコオロコオロとかき回して引きあげた。すると、矛からしたたる塩が固まって磤馭慮島《おのころじま》ができた。

磤馭慮島《おのころじま》はどこにあるのか

磤馭慮島とは、本来は「おのずからこり固まってできた島」をあらわすもので、実在しない神話上の島であった。伊奘諾尊と伊奘冉尊がそこで日本列島の島々を生んだのちに、磤馭慮島は溶けてもとの塩に戻ったのだろう。

しかし、のちに伊奘諾《いざなぎ》信仰の発祥地である淡路島《あわじしま》付近に「ここが磤馭慮島だ」といわれる地が二、三あらわれた。平安時代はじめに成立した『新撰亀相記《しんせんきそうき》』は、磤馭慮島は紀淡《きたん》海峡にある友ケ島《ともがしま》であるとしている。

江戸時代には、淡路島北部の岩屋の近くの絵島《えしま》を磤馭慮島とする説も出されている。

国土はもともと“魚”だった?

磤馭慮島生成の物語に似た神話はポリネシアなどの南方に広く分布している。ニュージーランドのマオリ族には、英雄マウイと彼の兄弟が小舟で釣りに出かけて、魔法の釣り針で釣りあげた巨大な魚が陸地になったという神話がある。

国土を魚類にたとえる話は、漁民のあいだに広まったものと思われる。磤馭慮島伝説は、伊奘諾尊を信仰する淡路島の漁民が、南方から取り入れたものではなかったろうか。それは、もとは神が魚を釣るかたちであったが、その話が宮廷に取り入れられた段階で、釣り道具が矛《ほこ》に、魚が塩のかたまりに変えられたと思われる。

夫婦の神、伊奘諾尊《いざなぎのみこと》と伊奘冉尊《いざなみのみこと》の登場

◎国生み神話②

伊奘諾尊《いざなぎのみこと》と伊奘冉尊《いざなみのみこと》は磤馭慮島《おのころじま》の生成をみて、島に降り立った。彼らが、最初に地上に降りた神である。このとき二柱の神は、夫婦になって国をつくろうと考えていた。

南方に広がる「国生み」の神話

夫婦の神の子供が島になったという「国生み神話」は、太平洋沿岸に広く分布する。たとえば、ハワイには、つぎのような興味深い話がある。

「ワケアとババの夫婦の神がハワイ島とマウイ島（左図の❶）を生んだが、そのあとワケアはババが留守のあいだに女神カウラと不倫をしてラナイ島（❷）を生ませた。そのことに怒ったババは、男性の神ルアとのあいだにオアフ島（❸）をもうけたが、のちにババはワケアを許して、夫のもとにもどってカウアイ島（❹）、ニイハウ島（❺）を生んだ」

このババは、いまでもハワイの人びとに「島生みのババ」とよばれて慕《した》われている。

ちなみに、ババとは大地を意味し、彼女の夫の名前のワケアは天を意味するものであったとされている。

夫婦の神はなぜ別れる運命なのか

ニュージーランドに天の神ランギと地の神パパを主人公とする天地分離神話がある。

ふたりは結婚して万物を生んだあとでも抱き合っていたが、のちに樹木の神タネが天を持ち上げて天地を分けたため、人びとは天と地のあいだで生活するようになったとするものである。

これによって夫婦の神は、別々に生活せざるをえなくなったとされる。

このような夫婦の神の別離の話

ハワイ諸島における「国生み神話」

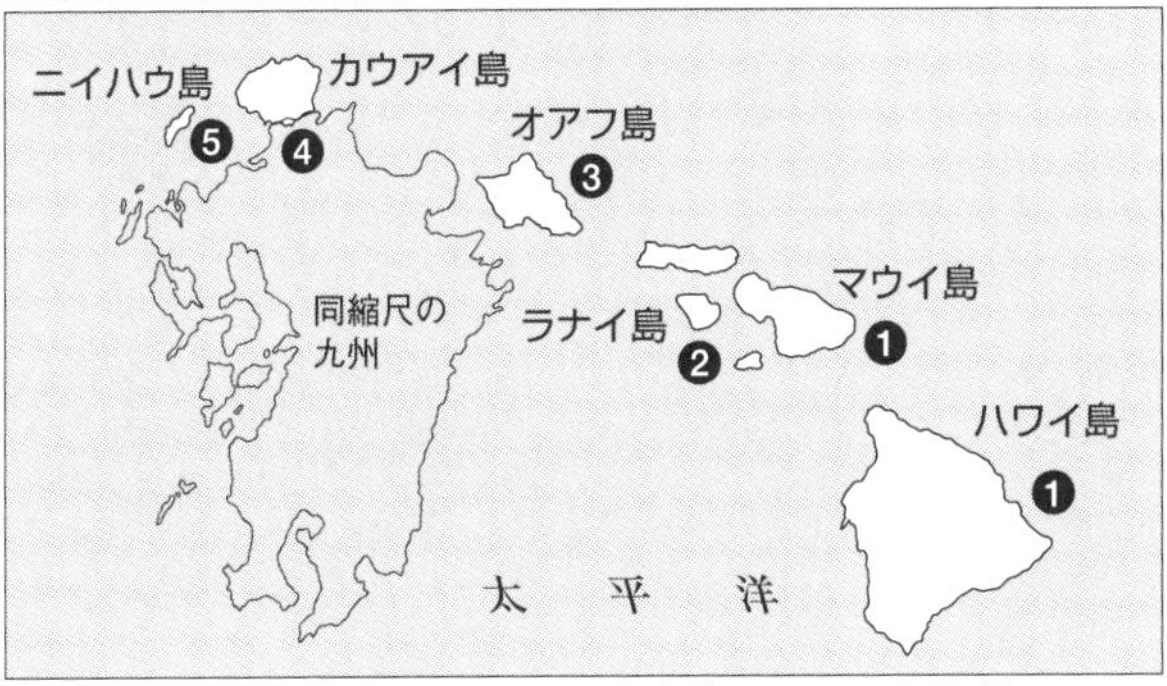

※神話に出てくる島が東から西にきっちりと並んでいるのが興味深い

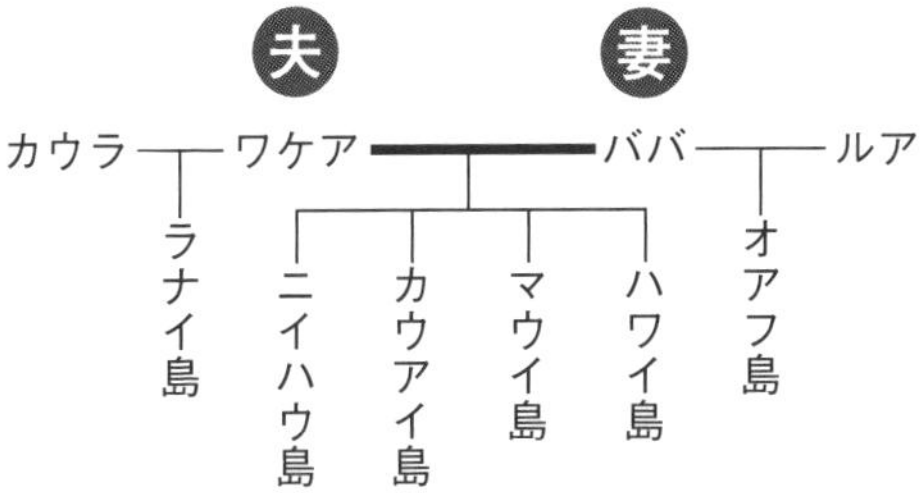

国生み伝説が伝わる「おのころ島神社」

当社が鎮座している丘が、夫婦神による国生みの舞台となった「磤馭慮島」であると伝わる（写真提供：おのころ島神社）

が、ハワイでは夫婦の神の不倫による仲違《なかたが》いのかたちに変わり、日本ではあとで記すような、黄泉《よみ》の国訪問による伊奘諾尊と伊奘冉尊との対立の話になった。

黄泉の国での対立以後、天父《てんぷ》の伊奘諾尊は天神の祖先となり、地《ち》母《ぼ》である伊奘冉尊は地下にある黄泉の神となる。

このように日本神話は、広大な太平洋沿岸に広がる天父地母の神話とつながっているのだ。

宇宙の中心に立つ「天の御柱《あめのみはしら》」

◎国生み神話③

伊奘諾尊《いざなぎのみこと》と伊奘冉尊《いざなみのみこと》は、磤馭慮島《おのころじま》に天《あめ》の御柱《みはしら》という高い柱を建て、その柱を中心とする御殿をつくった。そして、天の御柱を逆向きに回って出会ったときに交《まじ》わり、日本列島を構成する島々を支配し、人びとを守る子神たちを生むことにした。

古代日本人の地理観とは

「天の御柱」とは、神が昇り降りする神聖な柱を意味する言葉であった。『日本書紀』には、伊奘諾尊が御子の天照大神《あまてらすおおみかみ》を天の御柱で天上にあげて高天原《たかまがはら》の支配者としたという記事がある。

しかし、磤馭慮島の天の御柱は「国中《くになか》の柱」ともよばれる特別のものであった。「国中の柱」の語は『日本書紀』に出てくるものであるが、中世に書かれた『日本書紀』の注釈書『釈日本紀《しゃくにほんぎ》』は、国中の柱は天地、宇宙の中心軸であるとする。

日本神話は、日本が世界の中心であり、さらにその中心を伊奘諾尊がまつられた淡路島の近くにあった磤馭慮島だとする地理観をもっていたのである。

天の御柱が伊勢に移されたわけ

古代人は、神々は高い樹を目標に天から降りてくると信じた。そのため、現在でも神殿の中心にある柱を祭神の神座《かみくら》とする神社がみられる。伊勢神宮の正殿の床下には、心御柱《しんのみはしら》という五尺（約一・五メートル）ほどの小さな柱が埋められている。

それは天の御柱の別名をもち、天地の中軸とされる。つまり天皇家の祭祀《さいし》が整備されるなかで、世界の中心の位置が磤馭慮島という架空《かくう》の地から、皇室の守り神である伊勢神宮に移されたことになる。この例から、天皇家がさまざまな神話や信仰を自家の祭祀や神話に取り込んできたことがわかる。

移された「世界の中心」

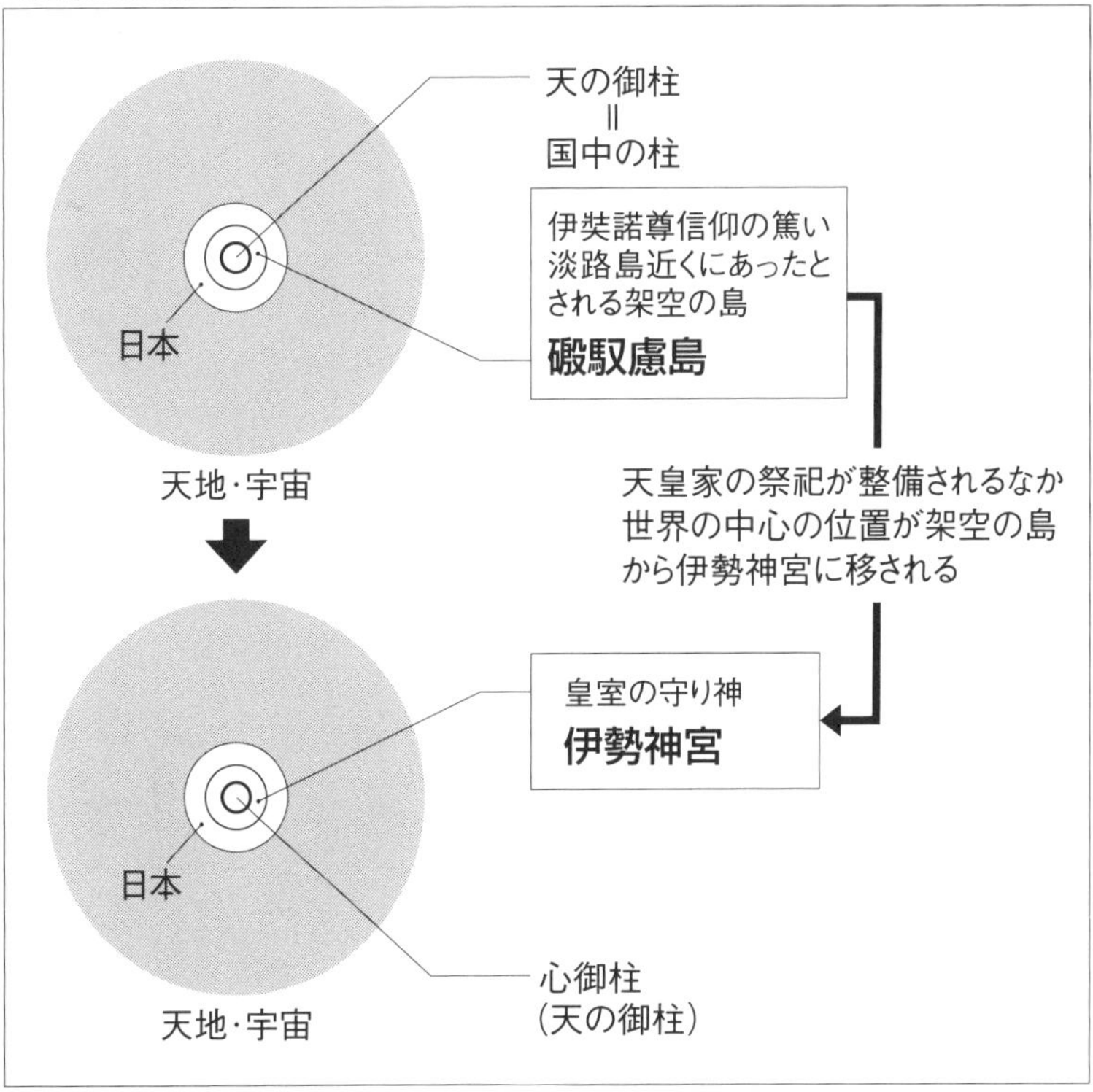

心御柱が床下に埋められている伊勢神宮の正殿

床下の「心御柱」は
「天の御柱」とも呼ばれ、
「天地の中軸」とされる
(写真提供:毎日新聞社)

伊奘諾尊夫婦の最初の子・蛭児《ひるこ》

◎国生み神話④

伊奘諾尊《いざなぎのみこと》と伊奘冉尊《いざなみのみこと》は天の御柱を回り、まず伊奘冉尊が「なんとよい若君よ」と言い、ついで伊奘諾尊が「なんとよい姫君よ」と声をかけた。このあとふたりは子供をもうけたが、生まれたのは意にそわない蛭児《ひるこ》だった。

"やり直された子づくり"

蛭児が生まれたあと、夫婦の神は天の神々に何が悪かったのか、お伺《うかが》いを立てた。すると「男性が先に声をかけるように」と言われたので、それに従ったところ、つぎつぎに良い子供を授かることになった。

人間の祖先となる兄と妹の神が夫婦になって子供を生む神話は、南方に広く分布する。

このかたちの神話は、最初は親の意にそわない子供ができるが、何らかの祭りや呪術を行なったのちに、立派な人間が生まれるというかたちをとる。

それは、神話を語り継ぐ集団が日常的に行なう祭りや呪術の大切さを説くものであるが、日本ではそれが「男性が中心になって家庭を営んでいくように」という教えに変えられた。

恵比寿神になった蛭児

蛭児は父母によって葦舟《あしぶね》に乗せられ、海に流されたという。この話が、すぐれた能力をもつ神が海の彼方《かなた》の神々の世界、常世《とこよ》の国からやってくるとする古代の「恵比《えび》寿《す》信仰」と結びついた。

そして、蛭児は海を漂《ただよ》ったのちに「恵比寿神」として戻ってきたとされて、兵庫県にある西宮《にしのみや》神社のような蛭児をまつる神社がつくられた。

多神教をとる日本人は、神話のうえでは"よけいなもの"とされた蛭児まで、神としてまつったのである。

蛭児と「恵比寿信仰」の関係

①伊奘諾尊・伊奘冉尊夫婦の最初の子は、夫婦の意にそまない「蛭児」であった

→ 祭りや呪術を行なったのちに、立派な子供が生まれる

→ 祭りや呪術の大切さを説く

→ 日本では「男性が中心になって家庭を営んでいくように」という教えに

↓

②蛭児は夫婦により葦舟に乗せられ、海へと流された

→

③蛭児は、海を漂ったあとに陸に戻ったとされ、「恵比寿神」としてまつられるように

蛭児をまつる西宮神社の歴史

古代 ……… 漁民が恵比寿神をまつる
（恵比寿神は蛭児が西宮に流れついて夷三郎《えびすさぶろう》と名のったものとされる）

↓

室町時代 ……… 大坂湾沿岸が商業地となったため 漁業の神 が**福の神**に変わる

↓

戦国時代～江戸時代 ……… 傀儡師《くぐつし》が全国に布教したため、恵比寿信仰が全国化する

天の神の教えに従い、日本列島を生む

◎国生み神話⑤

天の神の教えに従った伊奘諾尊《いざなぎのみこと》と伊奘冉尊《いざなみのみこと》は、まず淡路島（淡路島を治める神）を生んだ。ついで、豊秋津洲《とよあきつしま》（本州）、四国、九州、隠《お》岐《き》と佐渡の双生児の島、越島《こしのしま》（北陸地方）、大島（山口県の大島）、児《こ》島《じま》（現在は陸つづきの児島半島になっている）が生まれ、「大八洲《おおやしま》」の別名をもつ日本が完成した（『日本書紀』による）。

「記紀」で大八洲《おおやしま》の記述が異なるわけ

ここには『日本書紀』本文の国生みの話を記したが、『古事記』のものと『日本書紀』のものとでは、大八洲の構成も島々が生まれた順番も異なる（左図参照）。

これは、はじめに「大八洲」の語があったが、それが具体的にどの島々をさすかが明らかでなかったことによるものである。

古代語の「八」が、八個というきっちりとした数ではなく、数が多いありさまをあらわすことがある。このことからみて、「大八洲」の語は、もとは「多くの島から成るすぐれた国」をあらわす、漠然《ばくぜん》とした美称にすぎなかったと考えられる。

なぜ、生まれた島が西日本に多いのか

国生みに出てくる島々の大部分が、瀬戸内海を中心とする海上交通で結ばれていたことに注目しておきたい。左の地図に示したように、それらの多くは西日本に存在する。

国生みでは、北陸地方をあらわす「越島」が豊秋津洲と異なるものとされている。このことから、本州をあらわす豊秋津洲が、おもに近畿地方と中国地方をさすものであったことがうかがえる。

越島が船でしか行けない辺地とされていることからみて、このような地理観は、大和朝廷の東国経営が不十分であった五世紀のものであると推測できる。

大八洲誕生の順序

『古事記』	『日本書紀』
①淡路島《あわじしま》	①淡路島
②四国	③四国
③隠岐島《おきのしま》	⑤隠岐島
④九州	④九州
⑤壱岐《いき》	
⑥対馬《つしま》	
⑦佐渡島《さどがしま》	⑤佐渡島
⑧豊秋津洲《とよあきつしま》（本州）	②豊秋津洲
	⑥越島《こしのしま》
	⑦大島《おおしま》
※数字は登場する順番	⑧児島《こじま》

大八洲（日本列島）

↑

多くの島から成るすぐれた国

↑

「八」は数が多い様子をあらわす

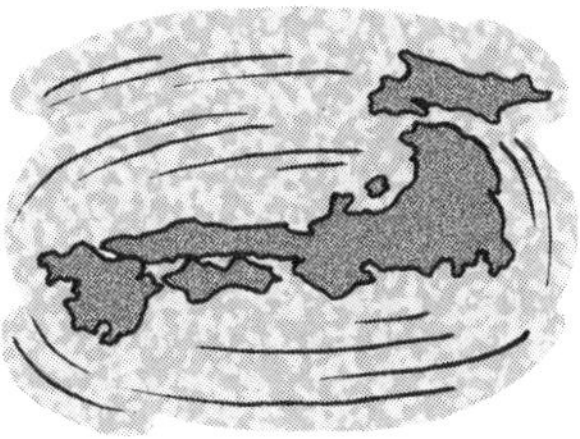

「国生み」に登場する島々

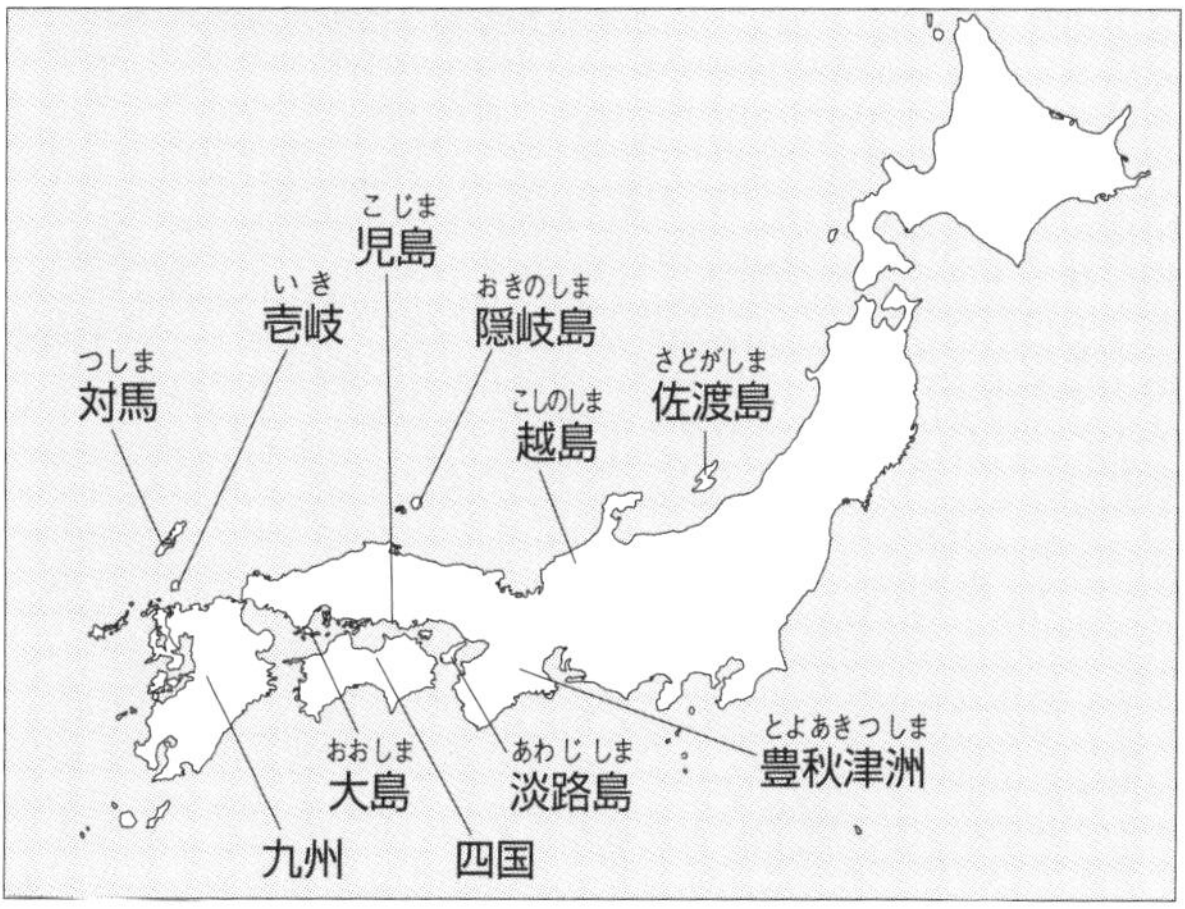

「大八洲」の島々の多くが西日本に集中している。これは、大和朝廷の支配が東国までは及んでいなかったことを表しているとみられる

つまり、このことは、淡路島で五世紀ごろつくられた神話が手を加えられないまま「記紀」に取り込まれたことをさす。

伊奘諾尊、伊奘冉尊を主人公とした日本の創世神話は、淡路島の伝承をふくらますかたちでつくられたのだが、王家がどのような経緯で淡路島の航海民の伝承を自家の祖先伝承につなげたかは、明らかではない。

次章では、国生みについで記された神々の誕生、伊奘諾尊による黄泉《よみ》の国訪問といった「伊奘諾・伊奘冉神話」をみていこう。

日本神話 3

自然神の誕生と夫婦神の決別——

亡き妻を追って黄泉《よみ》の国へ。伊奘諾尊《いざなぎのみこと》を待っていたのは…

伊奘諾尊《いざなぎのみこと》と伊奘冉尊《いざなみのみこと》は、日本列島を構成する島々（島々の守り神）を生んだが、その時点での日本列島は土がむきだしの荒れ地にすぎなかった。島の周囲には広大などろどろの湿地が広がり、そこと海との境《さかい》が明らかでないありさまだった。

そこで、伊奘諾尊と伊奘冉尊は、海、川、山、木、草（海の神、川の神など）をつくった。これによって、山や森林や川のある豊かな緑に恵まれた大地と、それをとりまく美しい海岸線とからなる風景がつくられた。

このあと夫婦の神は、人間生活に必要な、風や穀物や火の神を生んだが、伊奘冉尊は火の神軻遇突智《かぐつち》に焼かれて亡くなってしまった。伊奘諾尊は怒りのあまり、軻遇突智を斬《き》り殺したが、このとき、軻遇突智の体から多くの神が生まれた。

悲しんだ伊奘諾尊は、妻を取り戻そうとして死者の住む黄泉《よみ》の国に行くが、そこで妻の死体をみて、妻の正体を垣間見てしまい、その怒りをかって地上に追い返された。このことによって、生者の世界と死者の世界との対立がはじまった。

このとき、人間のこの世における生命が限りあるものとされたことによって、死者の数に見合った新たな生命が誕生してくるようになった。

日本列島についで「海の神」が誕生

◎八百万の神の系譜①

伊奘諾尊と伊奘冉尊は、日本列島を構成する島々を生んだすぐあとに、海と川をつくった。このときに海の神が生まれた。つぎに陸地を山と平地とに分けた。このときに山の神があらわれた。

志賀島《しかのしま》の海人を率いる阿曇《あづみ》氏の祖先神

日本の古代人は、海のはての世界にあこがれていた。中国、朝鮮や南方からの新しい文化が、海をわたって伝わってきたからだ。

そのため、海外との交易に従事する航海民が勇気ある人びととして尊敬された。大和朝廷に仕えた航海民を支配したのが阿曇《あづみ》氏である。この阿曇氏の祖先神が大綿津《おおわたつ》見神《みのかみ》（綿津見三神と同一。くわしくは154ページ参照）であった。

「トモ」とよばれる王家直属の家臣として大王《おおきみ》の支配を助けたのが、連《むらじ》の姓《かばね》（古代の豪族が氏《うじ》の下につけた称号）をもつ豪族であった。

それゆえ、138ページの表に示した綿津見三神などの連姓をもつ有力豪族の祖先神は、日本神話のなかで、重要な役目をになうことになった。

阿曇氏は、もとは朝鮮半島との交易の拠点であった航海民の長《おさ》であったとされる。

志賀島《しかのしま》には、現在でも綿津見三神をまつる志賀海《しかうみ》神社がある。そして、その近くに、紀元五七年の中国の後漢朝との交易でもたらされた金印の出土地をあらわす石碑がみられる。

航海民が、なぜ山の神をまつるのか

古代人の世界観では、人里《ひとざと》に近い往来が可能な「里山」と、「奥山」「深山《みやま》」などの人里離れた山とは、異なる世界だとされていた。奥山は、戦国時代のころまで「山の民《たみ》」などとよばれる中央政権の支配下に属さない人びとの居住地であっ

たのだ。

　日本神話の山の神は、そのような奥山の神ではなく、農民や漁民に身近な里山の神であった。大山《おおやま》祇神《つみのかみ》をまつる神社は日本全国に一万余社あるが、そのなかの総本社が、愛媛県大三島《おおみしま》町の大山祇神《おおやまつみ》社である。そこは、古くから瀬戸内海沿岸の水軍の信仰をあつめた。そこの宝物館には、瀬戸内海を往来した武将が奉納《ほうのう》した国宝級の鎧兜《よろいかぶと》が多くのこっている。

　阿曇《あづみ》氏は北九州から瀬戸内海沿岸に勢力をのばし、やがて本拠地を大阪湾沿岸に移すのだが、その過程で、この大山祇神社や綿津見三神をまつる神戸市の海《かい》神社がつくられた。

　阿曇氏とその配下の航海民は、森林の豊かな山の下の海は魚介類が豊富で、荒れ地のそばの海ではろくな獲物がとれないことを経験で知っていた。ゆえに、彼らは生活の場である海の神とともに、山の神をまつったのである。このような阿曇氏の山の神、海の神の信仰が王家に取り入れられたのだ。

志賀海神社と「連」姓の有力豪族

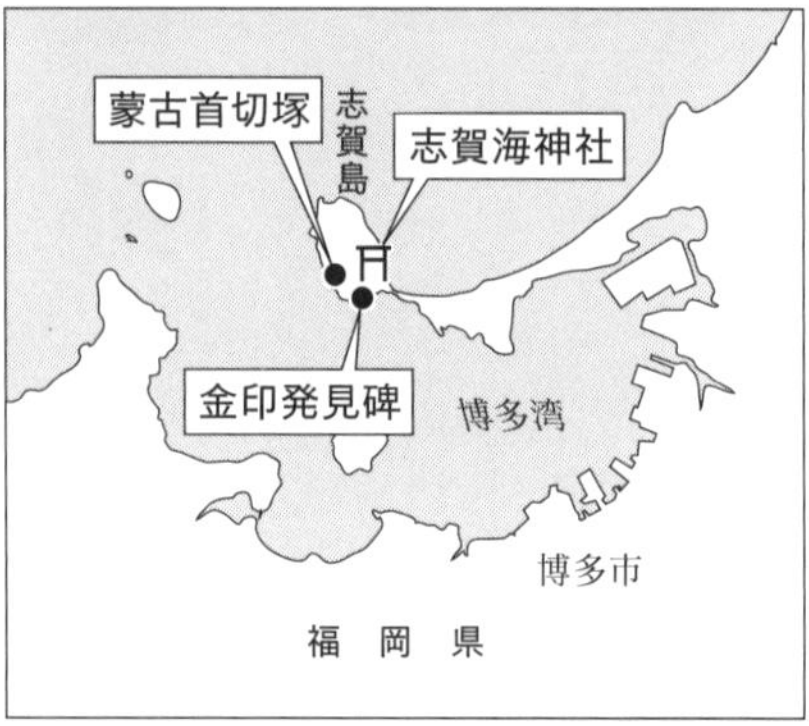

豪族名	祖神	職務
物部《もののべ》	饒速日命《にぎはやひのみこと》	鎮魂祭、裁判
大伴《おおとも》	天忍日命《あめのおしひのみこと》	宮廷の警備
佐伯《さえき》	天忍日命	宮廷の警備
中臣《なかとみ》	天児屋命《あめのこやねのみこと》	祭祀
安曇《あづみ》	綿津見《わたつみ》三神	水軍の指揮
土師《はじ》	天穂日命《あめのほひのみこと》	葬礼

大山祇神をまつる大山祇神社

国生み後、次々に生まれる神々

◎八百万の神の系譜②

伊奘諾尊《いざなぎのみこと》と伊奘冉尊《いざなみのみこと》は、国生みのあと、木の神、草の神、風の神、穀物の神など、地上で人びとが生活するうえで欠かせない神々をつぎつぎに生んだ。

夫婦神が生んだ八百万《やおよろず》の神

日本では、きわめて多くの神がまつられているが、系譜の確かでない自然現象をあつかう神は、すべて伊奘諾尊と伊奘冉尊とのあいだに生まれた子神だと考えてさしつかえない。

この神々の誕生について、『日本書紀』の本文は、海の神、川の神、山の神、木の神、草の神といった重要な神を例示的にあげたのちに、自然現象をつかさどる神の誕生のあとに、もっとも格の高い神である太陽の神があらわれたとする。

自然神の出現に関する異伝

自然神があらわれた順番についての記述は異伝によってまちまちである。これは、大八洲《おおやしま》がつくられたあとに多くの神が生まれたとする言い伝えが、さまざまなかたちの話に発展していったことを示すものである。

『日本書紀』の第六の一書に、神々の出現の順序について、もっとも整理されたかたちの伝えが記されている。また、『古事記』は、大《おお》事忍男神《ことおしをのかみ》という大事を成しおえることを示す神を最初においている。

これは伊奘諾尊と伊奘冉尊が、大事忍男神のあとに石や土の神、戸口の神などのほかに、いろいろな役割をもつ数多くの神を生んだことを暗示するものである。

自然神があらわれた順番については多様な伝えがあるが、その誕生の話の終わりには、次項で述べる火の神の出現がかならずおかれていることに注目しておきたい。

火の神の出現と母・伊奘冉尊の死

◎八百万の神の系譜③

伊奘冉尊《いざなみのみこと》は多くの神々が誕生したのちに、火の神軻遇突智《かぐつち》を生んだ。ところが、彼女は火の神が生まれるときに、子神のもつ熱に焼かれて亡くなった。

火の神は、なぜ〝最後〟に生まれたか

父神伊奘諾尊は伊奘冉尊を死なせてしまったことを責めて、軻遇突智を斬り殺した。すると、斬られた軻遇突智の体や血から多くの神が生まれた。

人びとを守る自然神の最後に火の神が生まれたとする神話は、恐れと敬《うやま》いとが入り交じった古代人の火に対する複雑な感覚をもとにつくられた。

彼らは、自分たちが火を得たことによって文明をつくり、人間を上回る体力をもつ猛獣にもうちかつ力を得たことをよく知っていた。古代の日本人は、聖なる者を「ひ」とよんだが、「火」は「日」と同じく人間の生活に欠かせないものとして「ひ」とよばれた。

しかし、火のあつかいを誤ると、あらゆるものが焼かれてしまう。そこで火災を恐れた古代人は、人間の知恵が火を上手にあつかえる段階にまで発展した時点に火の神の出現をおこうとして、火の神の誕生を自然神の誕生の物語の終わりにもってきたのである。

母神の死が意味するもの

オセアニアや南米のあちこちに、神聖な女性が最初の火を生んだとする神話がみられる。これは古代人が使った火鑽臼《ひきりうす》と火鑽杵《ひきりぎね》で火をおこす作業が、人間が誕生するありさまを連想させたことによるとされる。

神聖な女性が火を得たことによって、人間は動物より偉くなった。動物でも山や森林や海がもたらす

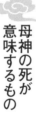

自然の恵みにあずかれるが、人間だけが火を利用できる。

　こう考えた古代人は、母神が火にまさる何かをサルやクマに与えないように、火をつくったのちに母神にはすみやかに別世界に行ってもらいたいと考えた。

火の神の子孫がもたらす“恵み”とは

『日本書紀』は、軻遇突智が生まれてすぐに、埴山姫《はにやまひめ》という土の神と結婚したと記す。そして、軻遇突智の没後に埴山姫が稚産霊《わくむすひ》という女神を生んだとされる（『古事記』は稚産霊を伊奘冉尊の子とする）。

　父神が母神を看病し、その最期をみとるあいだに、軻遇突智の子づくりがなされたことになる。

火の神の子孫たち

軻遇突智《かぐつち》＝埴山姫《はにやまひめ》（土の神）

- 五百箇磐石《いおついわむろ》（岩の神）…経津主神《ふつぬしのかみ》（雷の神）
- 甕速日命《みかはやひのみこと》（雷鳴の神）…武甕槌神《たけみかつちのかみ》（雷の威力の神）
- 熯速日神《ひのはやひのかみ》（雷火の神）
- 磐裂神《いわさくのかみ》（雷鳴の神）
- 根裂神《ねさくのかみ》（雷鳴の神）
- 磐筒男命《いわつつをのみこと》（岩を砕く神）
- 稚産霊《わくむすひ》（穀物の神）

※父である伊奘諾尊《いざなぎのみこと》によって斬り殺された軻遇突智の体からは多くの神々が生まれたとされる

　軻遇突智の娘の稚産霊は、蚕《かいこ》と桑《くわ》、五穀《ごこく》をつくりだして人びとの生活を豊かにしたとされる。この話は、火の霊と土の霊とが力をあわせて豊穣《ほうじょう》をもたらすとする信仰からつくられたもので、農耕神をまつるときに火をたく火祭りは、この信仰からくるものだ。

　さらに、軻遇突智の体から多くの岩石の神や雷《かみなり》の神、雨の神が生まれたとする話もある。これは、火山の噴火や暴風雨は、殺された火の神の怒りによって起こるものだとする考えにもとづいている。

　軻遇突智の子孫の神は、本来は恐ろしい神であったが、のちには農耕神としてまつられるようになった。火の神は殺されても、その神の子孫は古代人の農耕生活に多くの恵みを与えたとされたのだ。

伊奘諾尊、黄泉《よみ》の国を訪れる

◎黄泉の国との対立①

妻にひと目会いたいと、伊奘諾尊《いざなぎのみこと》は死者の住む黄泉《よみ》の国を訪れた。伊奘諾尊が黄泉の国の入り口に妻をよびだして地上に戻るよう頼んだところ、伊奘冉尊《いざなみのみこと》は「私はすでに黄泉の国で調理された料理を食べてしまいました」と言い、さらに「黄泉の国の神々に相談してきます」と言って黄泉の国の奥に入っていった。

かつて、あの世との行き来は自由だった

古代の日本人には、人間の霊魂は不滅で、死者の霊は人びとの身近なところで生活していると考えていた。そのため、村落の近くの姿のきれいな山を祖霊《それい》のあつまる山として尊ぶ習俗が、近年まであちこちに残っていた。

日本神話には、黄泉の国とこの世との境《さかい》は「黄泉津比良坂《よもつひらさか》」であると記されている。そしてそこは、出雲《いずも》国の伊賦夜坂《いふやさか》という実在の土地だとある。かつて、日本のあちこちに伊賦夜坂のような死後の世界に通じる特別な土地があった。

日本の古代人は、祖先の霊魂は自由にこの世を訪れることができるが、生きている者はかんたんには死者の世界をみられないとする世界観をもっていた。

ところが、日本神話では、伊奘諾尊と伊奘冉尊とが国生みをしていた時代には、あの世とこの世との行き来は自由であったとされている。

そこで、人間が自由に死者の世界に行けなくなった理由を説明するために、伊奘諾尊と伊奘冉尊との争いの話がつくられたのだ。

死者への恐れと「黄泉戸喫《よもつへぐい》」のまつり

黄泉の国の人間になるために、そこの食物を食べることを「黄泉《よもつ》戸喫《へぐい》」という。

古代の日本人は、悪意をもった死者が生き返って災いを起こすことを大いに恐れていた。そこで大

黄泉の国への入り口「黄泉津比良坂」

日本神話に記された「黄泉津比良坂」は、島根県の松江市にある(写真提供:東出雲町)

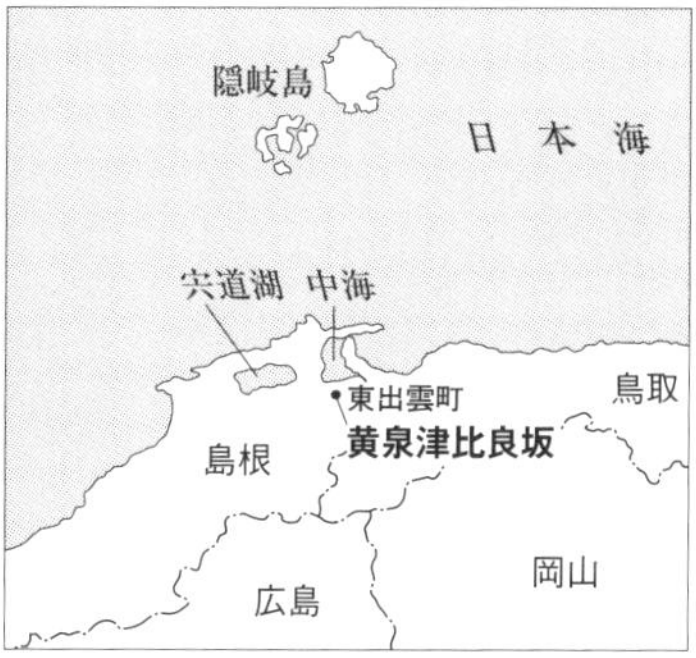

和朝廷では、死者の災いを避けるために、死体に食物を供える黄泉戸喫の習俗がつくられた。

じっさいに、古墳の石棺《せっかん》の前で、黄泉戸喫の祭りに用いたと思われる土器が出土した例がいくつかみられる。

各地で異なる死者の国の食物

死後の食事を忌《い》む習俗は、世界のあちこちにみられる。

ギリシャ神話には、女神ペルセオネが死者の国のザクロを食べたために地上に戻れなくなった話がある。

彼女は、死者の国の王であるプルトンにさらわれたが、母神のデメテルに助けだされた。しかし、プルトンが与えたあの世の食物を口にしたために、一年の半分を死者の国で過ごさざるをえなくなる。

こういった話は、ヨーロッパ、アジア、オセアニアの各地に分布している。しかし、そういった話に出てくる食物の多くは、ザクロ、バナナ、リンゴなどの生の果物である。いっぽう、日本神話は、黄泉の国の火で炊いた食物を穢《けが》れたものとする。

このことは、死者の国の食物を忌む考えと、死者の国の穢れた火への恐れとが合わさって、黄泉戸喫によって伊奘冉尊が黄泉の国の神になったとする話が生まれたことを示している。

黄泉戸喫をした妻は黄泉の国の住人となって、次項に述べるように、伊奘諾尊の恐ろしい敵になってしまう。

黄泉の国の住人となった伊奘冉尊

◎黄泉の国との対立②

伊奘諾尊《いざなぎのみこと》はついにしびれをきらし、黄泉《よみ》の国に入っていった。まもなく彼は、ウジがたかって腐った妻の体と、そこから生まれた八柱《やはしら》の雷神をみつけた。自分の恥ずかしい姿をみられたことを怒った伊《い》奘冉尊《ざなみのみこと》は、泉津醜女《よもつしこめ》という醜い女性たちに夫を捕らえさせようとした。このとき、伊奘諾尊は、冠と櫛《くし》を投げて醜女の追跡から逃れた。

「オルペウス神話」に似た地上と黄泉の国の対立

黄泉戸喫《よもつへぐい》をすませた伊奘冉尊は、黄泉の国の住人になりきってしまったのである。彼女は黄泉の国で、人びとにさまざまな災いをもたらす雷神を生んだ。

日本神話の筋《すじ》にそって読むかぎり、伊奘諾尊が黄泉の国を訪ねていく前にすでに、伊奘諾尊が支配する地上と伊奘冉尊が治める黄泉の国とは、相容れない関係になっていたと考えざるをえない。

じつは、この黄泉の国訪問の話は、ギリシャのオルペウス神話と似たつくりをしている。

オルペウス神話は、オルペウスが亡くした妻を連れ戻すために死者の国に行く物語である。死者の国の王プルトンは、オルペウスに妻を返すが、「地上に着くまで妻の姿をみてはならない」と言う。

しかし、途中で妻が自分の後ろにいるかどうか不安になったオルペウスが振り返ったために、妻は死者の国に戻されてしまう。

このようなオルペウス型神話は、きわめて限定された範囲に分布する。それは、北アメリカとポリネシアには広くみられるが、その他の地域では、日本とギリシャでしかみられない。

巫女《みこ》が死者の霊をよびだして、遺族と話をさせるシャーマニズム（神託《しんたく》）の習俗がみられるところで、オルペウス型神話が生みだされたのではないかとする説もある。そうするとその神話は「巫女の口をつうじて死者の知恵をかりるの

伊奘諾尊が逃走時に投げたもの

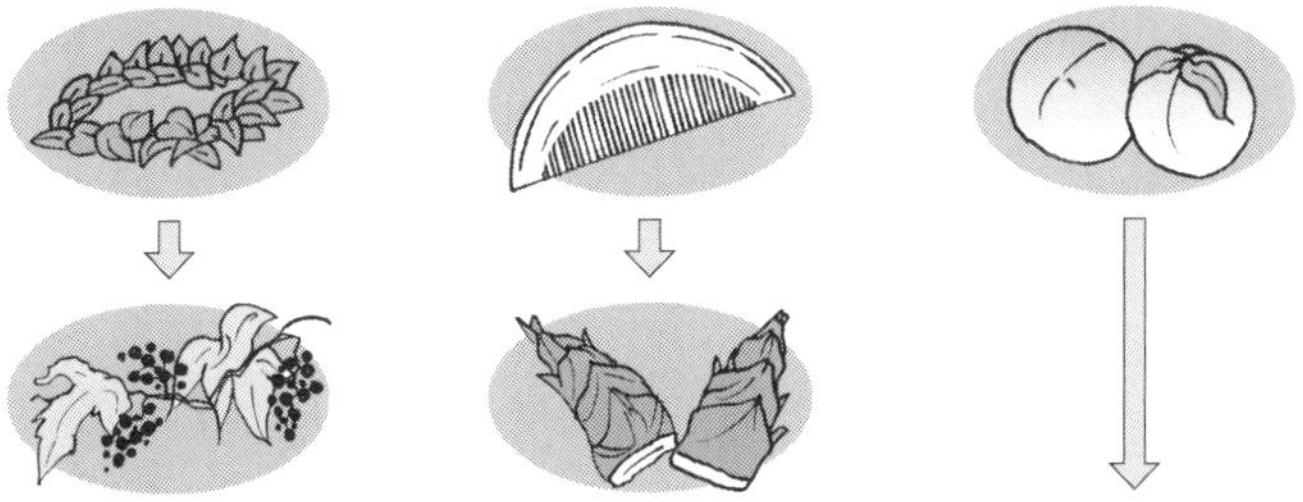

冠の蔓草《つるくさ》が**ヤマブドウ**に、櫛《くし》の歯が**タケノコ**に変わり、泉津醜女を足止めした

雷神には**桃の実**を投げて撃退した（詳細は次項参照）

はよいが、死者をよび戻そうとしてはならない」と教えるためにつくられたことになる。

投げたものが食べ物に変わる

伊奘諾尊が冠にしていた蔓草《つるくさ》がヤマブドウになったので、醜女《しこめ》は夢中になってヤマブドウの実をむしり取って食べたという。

そして、ヤマブドウを食べ終わった醜女が迫ってくると、伊奘諾尊は櫛の歯を投げた。すると、それがタケノコに変わった。醜女はタケノコもむさぼり食ったが、タケノコは何枚もの皮におおわれている。そこで、醜女がタケノコの皮むきに手こずっているあいだに、伊奘諾尊は遠くに逃げきってしまったという。

このような話は「呪的逃走の説話」とよばれる。

世界中にみられる「呪的逃走」の説話

呪的逃走の説話は、南北アメリカからアフリカに至る広い範囲に分布する。

日本神話の呪的逃走の説話は、中国の江南《こうなん》（長江流域）から日本に伝わったのではないかとされる。中国の古典に、妻の一族に追われる呪的逃走の説話がみられるからだ。

こうした呪的逃走には、かならず追跡者をはばむ障害物が三つ出てくる。そして、伊奘諾尊による黄泉の国からの逃走の物語では、冠と櫛のほかに、次項にあげる桃の実が出てくる。

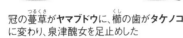

桃の実を投げて雷神を追い払う

◎黄泉の国との対立③

泉津醜女《よもつしこめ》のあとに、伊奘冉尊《いざなみのみこと》の体から生まれた八柱《やつはしら》の雷神が、伊奘諾尊を追ってきた。それをみた伊奘諾尊が、黄泉津比良坂《よもつひらさか》のふもとに生えていた桃の実を投げると、雷神は恐れて逃げ帰った。このあと、黄泉津比良坂で伊奘冉尊と伊奘諾尊との絶縁の誓いがなされた。

陰陽五行説の説く「桃の呪力」とは

黄泉《よみ》の国からの逃走の物語のなかの桃の実は、食べ物ではなく邪悪なものを退《しりぞ》ける呪物であるとされている。泉津醜女の追跡は食べ物でごまかせても、悪神である雷神を買収することはできない。

そのため、伊奘諾尊は呪力を用いて彼らを追い払った。中国から伝わった陰陽五行説《いんようごぎょうせつ》では、桃の実のような堅い木の実や堅い豆は、「木火土金水《もっかどごんすい》」の五行《ごぎょう》のなかの、堅さという特性を有する「金《きん》」に属し、邪悪なものに打ち勝つ力をもつとされる。

葬礼のときの魔よけに金属でつくった刀剣やかみそりが用いられることや、節分の行事で堅い豆をまいて鬼を退けることも、桃が邪悪なものを退けるとする発想と同じ陰陽五行説から出されたものである。

夫妻神の永遠の決別

伊奘諾尊が桃の実を用いたために、黄泉の国の住人は、伊奘諾尊に手を出せなくなった。そこで、伊奘冉尊は自ら黄泉津比良坂に出むき、夫をうまく言いくるめて黄泉の国に引きこもうとする。

これに対し、伊奘諾尊は巨大な岩を坂の途中において道をふさぎ、妻に「言戸《ことど》を渡した（夫婦の関係を破棄すると宣言した）」。

このことによって、人びとが住む日本列島と死者のいる黄泉の国との、未来永劫《えいごう》にわたる対立がはじまったという。

このような話は、南方に広く分

地上と黄泉の国が対立するまで

❶変わり果ててしまった妻伊奘冉尊の姿に恐れをなした伊奘諾尊は、黄泉の国を逃げ出す

❷伊奘冉尊は、泉津醜女に追わせたが、伊奘諾尊はさまざまな物を投げつけて足止めをする

❸伊奘諾尊は、追ってきた雷神と黄泉の国の軍隊に「桃の実」を投げつけて撃退する

❹伊奘諾尊は黄泉津比良坂の途中に大岩を置いて道をふさぎ、伊奘冉尊に永遠の別れを告げる

日本列島と黄泉の国との未来永劫にわたる対立が始まる

「死」と「人類繁栄」の関係

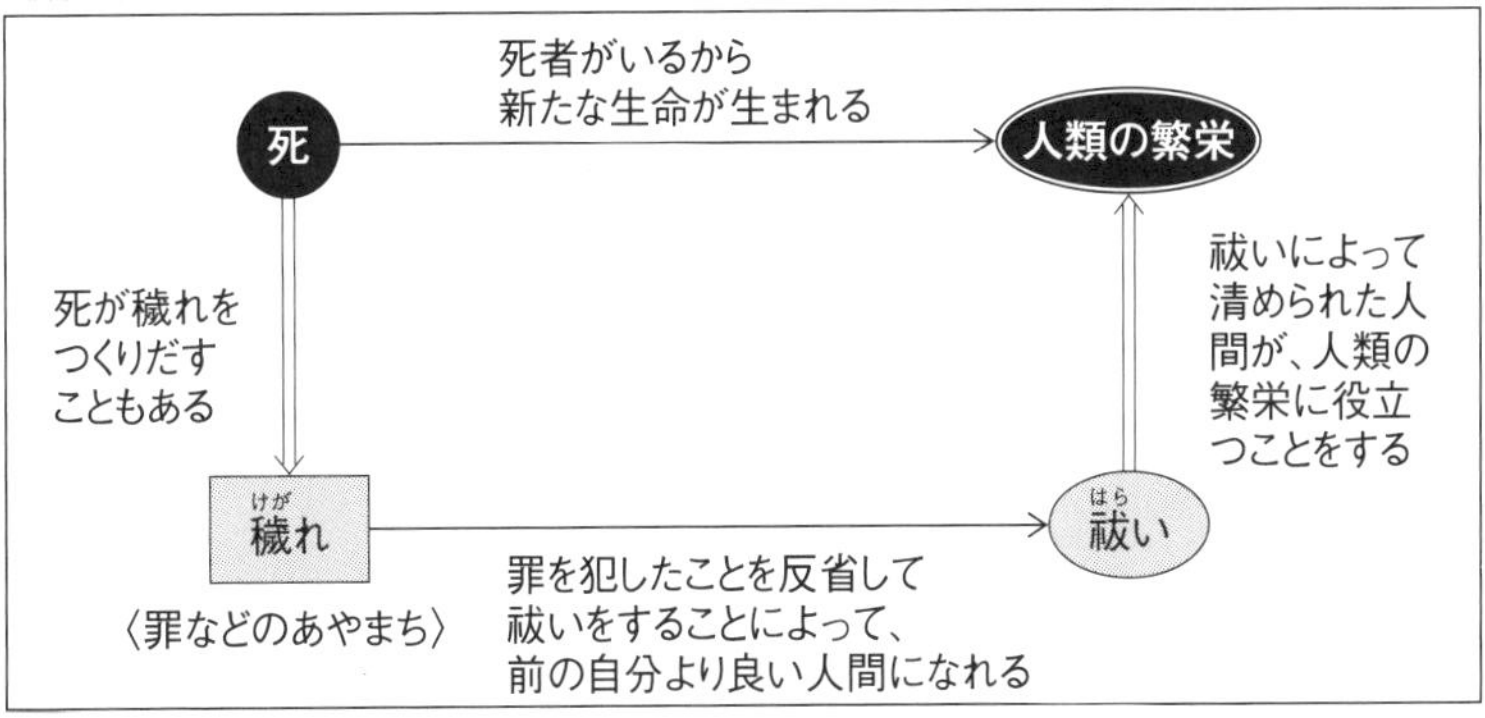
死
死者がいるから新たな生命が生まれる
人類の繁栄
死が穢れをつくりだすこともある
穢《けが》れ
〈罪などのあやまち〉
罪を犯したことを反省して祓いをすることによって、前の自分より良い人間になれる
祓《はら》い
祓いによって清められた人間が、人類の繁栄に役立つことをする

布する。

たとえば、ニュージーランドのマオリ族には、つぎのようなタネ神と彼の妻であるヒネ神との争いの話がある。

ヒネ神が、タネ神を嫌って死者の国に行って夜の女神になった。タネ神は、ヒネ神を連れ戻そうとして地下に降《くだ》ったが、ヒネ神は、つぎのように言って夫を受け入れようとはしなかった。

「あなたは日光のなかで子孫をふやしなさい。私は下界にとどまって、あなたの子たちを暗黒の世界に引き下ろします」

死があるから人類の繁栄がある

「言戸《ことど》渡し」に怒った伊奘冉尊は、「これから一日に一〇〇〇人あなたの国の人間を殺しましょう」と言った。

これに対して、伊奘諾尊は「私は一日に一五〇〇屋の産屋《うぶや》を建てよう」と返した。

日本神話では、このときから、毎日、死者の数にまさる新たな生命が誕生するようになったとする（147ページの図参照）。

このような死の起こりについて、日本神話は、死への恐れを強調するものではなく「死があるから人類の繁栄がある」とする考えを説く。この発想は、次章でくわしく説明する穢《けが》れと祓《はら》いとの関係をふまえてつくられたものである。

日本神話　4

伊奘諾尊《いざなぎのみこと》の禊《みそぎ》から生まれた神々——

清らかな姉神・天《あま》照《てらす》大《おおみ》神《かみ》と穢《けが》れた弟神・素戔嗚尊《すさのをのみこと》の誕生

黄泉《よみ》の国から逃げ帰った伊奘諾尊《いざなぎのみこと》は「私は死者の国で穢《けが》れてしまった」と言い、海水につかって禊祓《みそぎはらい》をすることで体を清めようとした。このため、伊奘諾尊は禊祓をするのにふさわしい土地を探して日本列島をめぐり、筑紫《つくし》の日向《ひむか》で清らかな海岸をみつけた。

そこは、太陽に向かう運命のひらける土地であった。伊奘諾尊が、禊祓のために服をぬぐと、何柱かの旅人を守る神（道祖《どうそ》神《じん》）が生まれた。

ついで、伊奘諾尊は「上の瀬は速く、下の瀬は流れが弱いので、中の瀬で禊祓を行なおう」と言って、水に入った。すると、一柱の穢れの神と二柱の穢れを清める神があらわれた。

これによって清らかになった伊奘諾尊は、海のなかで六柱の海神をつぎつぎに生んだ。

そして最後に両目と鼻を洗ったが、このときに天照大神《あまてらすおおみかみ》、月読尊《つくよみのみこと》、素戔嗚尊《すさのをのみこと》の、いわゆる三貴子《さんきし》が出現した。この三貴子が、伊奘諾尊・伊奘冉尊の世代の神が生んだ最後の子神にあたる。

伊奘諾尊は三貴子の誕生を大いに喜び、彼らに世界の支配を委《ゆだ》ねて、別世界に去っていった。

黄泉の国の穢れを負った伊奘諾尊

◎伊奘諾尊の生んだ神々①

地上に戻った伊奘諾尊は「私は穢らわしい国に行って穢れてしまった」と言い、身を清めるため、筑紫の日向の橘《たちばな》の小戸《おど》の阿波岐《あわぎ》原におもむいた。そして禊祓をするために身につけたものを脱いでいくと、岐神《ふなとのかみ》など五柱の神があらわれた。ついで、水中にもぐって身を洗いすすぐと、穢れの神と穢れを清める神があらわれた。

区分としての穢れと祓い

日本神話は「世界は、はるか昔の混沌《こんとん》とした状態から、さまざまな区分がなされて今がある」とする考え方にもとづいて構成されている。

まず、神々の世界である天と、人びとが住む地の世界との区分が生まれた。

ついで、伊奘諾尊と伊奘冉尊《いざなみのみこと》との対立によって、清らかに保つべき生者の世界と、穢れた死者の世界とが分かれたと説明するのである。

それゆえ人間は、祓いを行なって穢れを落とし、つねに清らかな体でいなければならない。

現在の神事で用いられる「祓《はらえ》詞《ことば》」（92ページ参照）は、そのような祓いの起源に、伊奘諾尊の禊祓のいわれを説くことからはじまっている。この禊祓は、祓いの根本とされる。

祓いの基本は「禊《みそぎ》」から

古代人は、海水はすべてのもの

「阿波岐原」の地に鎮座する江田神社

を清めるはたらきをもつと考えていた。

これは、生活のなかで出るごみなどの汚れたものが、すべて川をへて海に流れこんで消えていくことをもとにした発想である。そのため、古代人は穢《けが》れを落とすべく、しばしば海水につかる禊祓《みそぎはらい》を行なった。

のちには禊祓をかんたんにした、水、塩、火などを用いる祓いなどもつくられた（左上のイラスト参照）。

また日本神話は、あらゆるものの前提として天地の区別と、清らかなものと穢れたものとの区別という、日本人の思想の基礎となる考えの起こりを記している（左下の図参照）。

そののちに、天つ神と国つ神とのあいだの尊卑《そんぴ》、王家（皇室）が地上を統治する由来についての説明に入っていく。

旅人の神が生まれた理由

伊奘諾尊の禊祓のときに、地上を清らかに保つために必要な神々が生まれていることにも注目しておきたい。

岐神《ふなとのかみ》などは、旅人を守る神々である（155ページの図参照）。

古代人の多くは、自分が生まれた集落のなかで自給自足の生活をしていた。そして、自分たちの居住地で得られないものを交易で手に入れる必要があるときにかぎって、苦しい旅行をして遠方に出むいた。

古代人は、集落の守り神のもとでふだんと同じ生活をしていれば予想もつかない穢れを背負わされることはないと考えていた。しかし、旅先ではどんな穢れにあうかわからない。そこで、旅行中の穢れから守ってくれる道祖神《どうそじん》をまつったのである。

伊奘諾尊の禊祓のとき、まず八十《やそ》枉津《まがつ》日神《ひのかみ》という穢れの神が生まれた。そして、そのあとに神直日神《かむなおひのかみ》、大直日神《おおなおひのかみ》という穢れを清める神があらわれ、この二柱の神の力を合わせて穢れの神をしずめたとされる。

この話は、あやまちを犯さない人間はいないが、あやまちを反省することによって、人間はあやまちを犯す前よりきれいな心をもつようになるという古代人の考えを示すものである。

さまざまある祓い

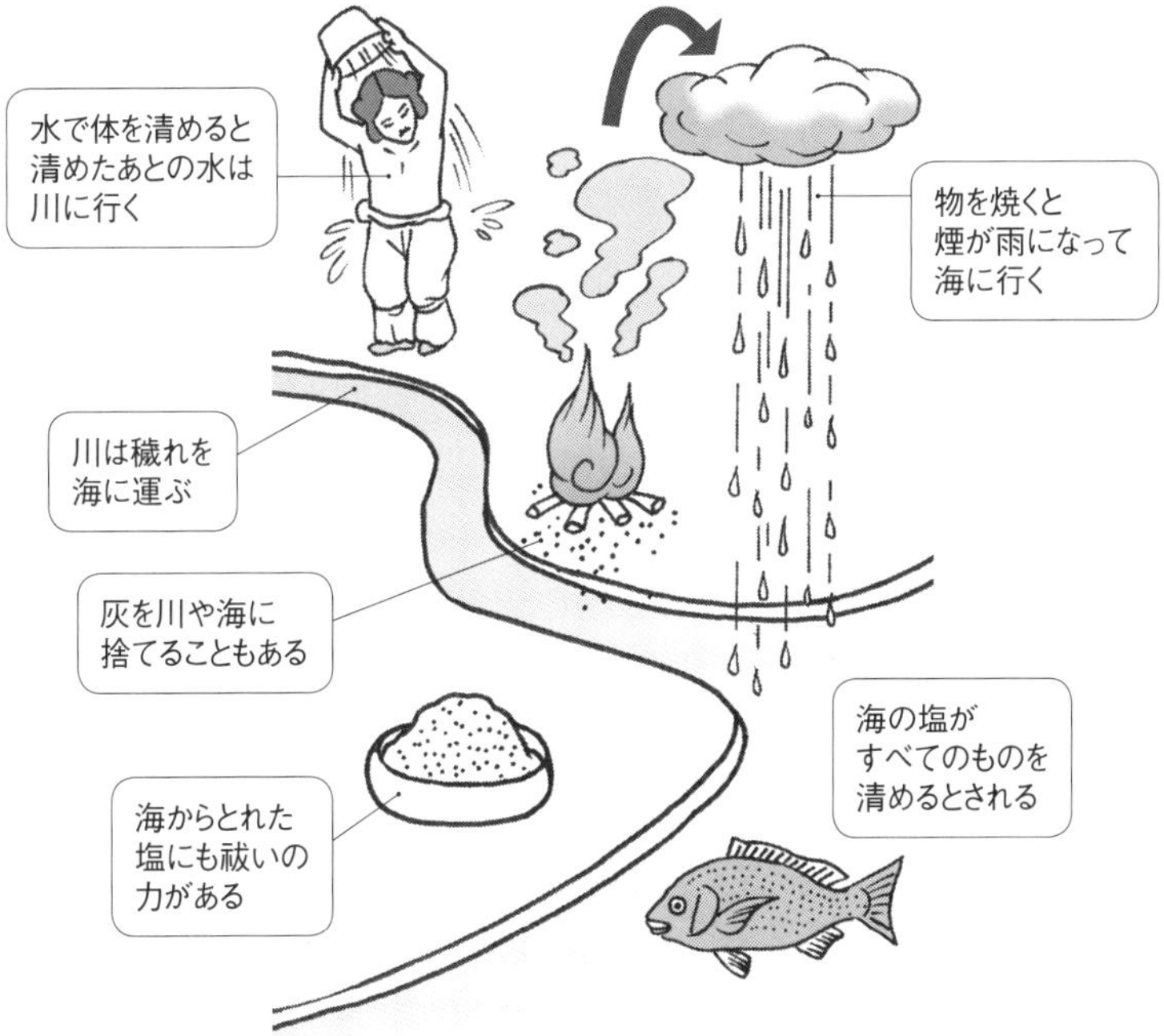

水で体を清めると
清めたあとの水は
川に行く
物を焼くと
煙が雨になって
海に行く
川は穢れを
海に運ぶ
灰を川や海に
捨てることもある
海の塩が
すべてのものを
清めるとされる
海からとれた
塩にも祓いの
力がある

日本神話の構成

※ ［網掛け］は穢れをもたない存在を示す

天地が分かれる
→ 国生みが行なわれる
→ 生者の世界と死者の世界が分かれる
→ 穢れが忌み嫌われるようになる
→ 天つ神と国つ神の区別ができる
→ 国つ神が地上を治める
→ 天つ神の正統をうける王家（皇室）の祖先が国譲りをうける
→ 大王（天皇）の下の身分制が確立する

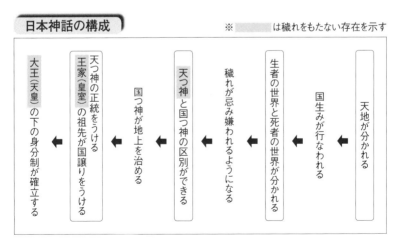

豪族たちを守る海神の誕生

◎伊奘諾尊の生んだ神々②

伊奘諾尊《いざなぎのみこと》は、祓《はら》いの神を生んだあとで、もう一度水の底にもぐった。そのときに、底津少童《そこつわたつみの》（綿津見）命《みこと》と底筒男命《そこつつのをのみこと》が生まれた。そこから水のなかほどに浮かび上がったときに、中津少童命《なかつわたつみのかみ》と中《なか》筒男命《つつのをのみこと》があらわれた。さらに水面近くに来たときに、表津少童《うわつわたつみの》命《かみ》と表筒男命《うわつつのをのみこと》が出現した（『日本書記』による）。

綿津見神《わたつみのかみ》をめぐる矛盾

底津少童命などの三柱の神は阿《あ》曇《づみ》氏（137ページ参照）の祖神《おやがみ》とされ、底筒男命などの三柱は津守《つもり》氏の祖神とされている。

「綿津見《わたつみ》三神」とよばれる底津少童命などの三柱の神は、大綿津見《おおわたつみの》神《かみ》と同一の神である。しかし、日本神話の前の部分では、この大綿津見神は、伊奘諾尊と伊奘冉尊《いざなみのみこと》とのあいだの子供であると記されている。

このことは、綿津見神の出現について、たがいに矛盾《むじゅん》する異伝があったことを物語る。

もとは、阿曇氏の祖神と津守氏の祖神とが、ともに伊奘諾尊の禊祓のときに生まれたとするかたちがとられたのだろう。しかし、阿曇氏は五世紀末から六世紀はじめにかけて、大きく勢力をのばして大和朝廷の水軍を統轄《とうかつ》するようになった。

そののちに、阿曇氏がまつる海神（大綿津見神）が山の神などとともに早い時期にあらわれたとする新しい伝承がつくられたとみられる。

このように、阿曇氏の新旧二件の伝承をくみ入れてしまったために、日本神話のなかに矛盾が生じたのである。

津守《つもり》氏と住吉神社との関係とは

津守氏は、大阪湾沿岸にまつられた全国の住吉《すみよし》神社の元締めである住吉大社の神職の家である。左の地図に示したように、住吉系の有力な神社が、福岡市博多区と山口県下関市にもある。

　このことは、津守氏の本拠がもとは、阿曇氏の本拠であった志賀《しかの》島《しま》の対岸にあたる儺《な》の津（のちの博多）にあったことを物語る。

　彼らは、もとは阿曇氏と連携して大陸との交易に従事していたが、大和朝廷に従ったのちに、その本拠を儺の津から関門海峡へ、さらに大阪湾沿岸へと移したのである。

住吉神社の分布

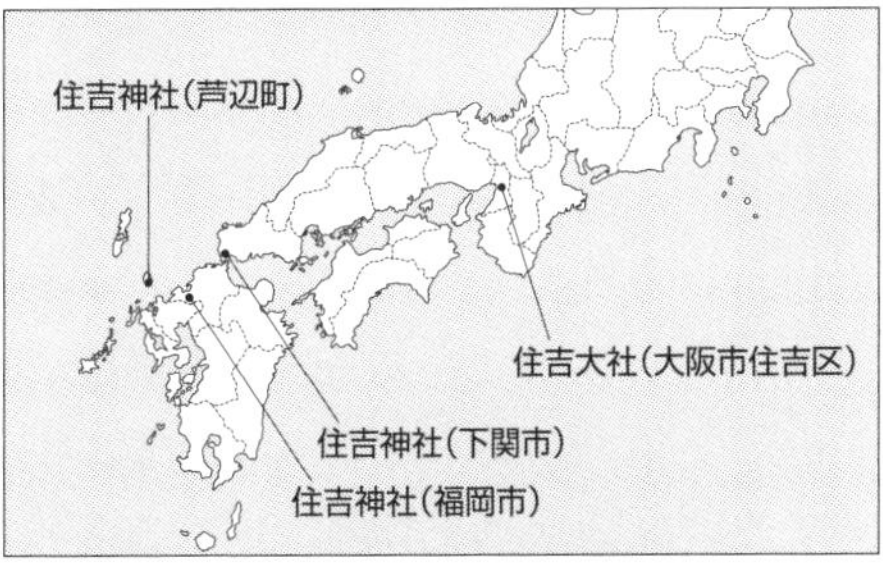

伊奘諾尊の禊で誕生した神々

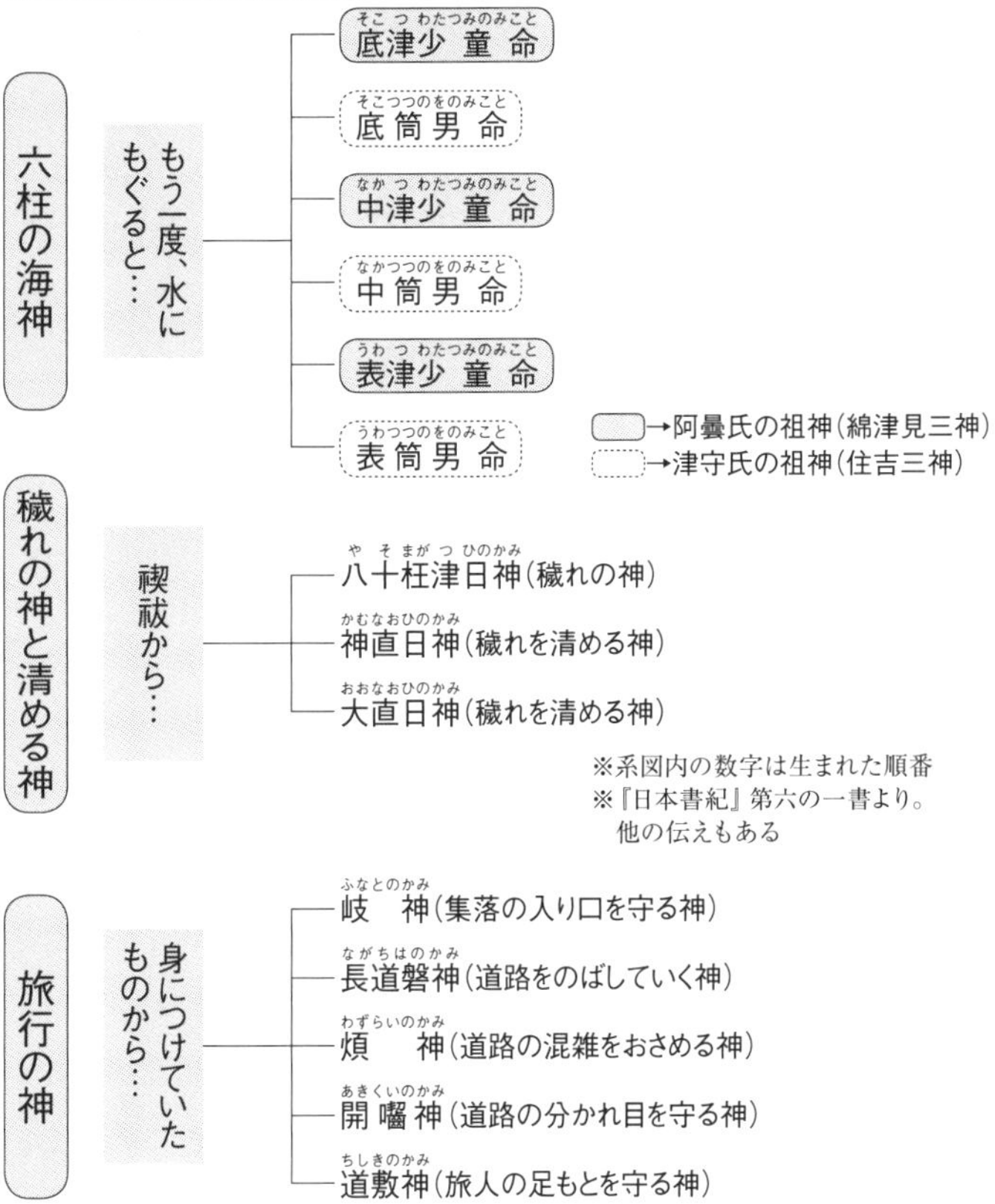

※系図内の数字は生まれた順番
※『日本書紀』第六の一書より。他の伝えもある

天照大神《あまてらすおおみかみ》と月読尊《つくよみのみこと》の誕生

◎三貴子の登場①

伊奘諾尊《いざなぎのみこと》は海水にもぐって身を清め、海神を生んだあとに、顔をきれいに清めようと考えて、まず左目を洗った。すると、左目から天照大神《あまてらすおおみかみ》が生まれた。さらに右の目を洗うと月読尊《つくよみのみこと》が生まれた。

文明社会を暗示する〝小さな〟太陽神の誕生

天照大神の誕生によって、巨大神の時代は終わった。天御中主尊《あめのみなかぬしのみこと》にはじまる別天地の神々も、伊奘諾尊と伊奘冉尊《いざなみのみこと》の夫婦も、海、山、森林、川、火などの自然現象の神々も、人びとの想像を超える巨大な姿をもっていた。

しかし、巨大神である伊奘諾尊の目から、巨大神の目とほぼ同じ大きさの天照大神が生まれ、神々の指導者とされた。こうなると、海の神も、山の神も、森林、川、火などの神も、自分より小さい天照大神の言いつけに従わざるをえなくなった。

このような神話は、強大な自然からみれば小さな存在にすぎない人間が、知恵を用いて自然のありのままの状態に手を加えて文明をつくってきたことを象徴するものである。

天照大神は男性神だった?!

「天照」の名をもつ太陽の神は、古くは男神とされていた。これは、平安時代に地方で天照御魂神《あまてるみたまのかみ》、天照神《あまてるかみ》などの名をもつ男性の太陽神がまつられていたことからもうかがうことができる。

中世の伊勢神宮には、天照大神が夜な夜な斎宮《さいぐう》（天皇家が伊勢神宮をまつるために送った皇女）のもとに通い、蛇のうろこを落としていくという伝承があった。

また、『日本書紀』が天照大神の別名とする「大日孁貴《おおひるめのむち》」は、本来は「偉大な太陽の妻」をあらわす神名であった。

三貴子が誕生するまで

黄泉の国を逃げだした伊奘諾尊が穢れを祓うために禊をすると、次々に神が生まれた

→

続いて顔を洗うと、目と鼻から三貴子が生まれた

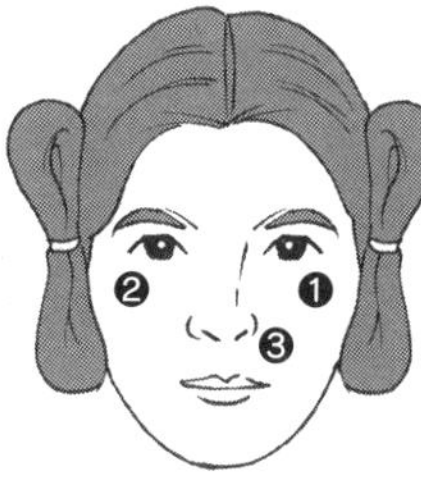

❶天照大神は伊奘諾尊の左目から誕生

❷月読尊は右目から誕生

❸素戔嗚尊は鼻から誕生

日本神話の完成期である七世紀末に、天照大神が男性の神から女性の神に変わったのだ（その理由は164ページで説明する）。そして、そのとき天照大神の妻であった大日孁貴が格上げされて、天照大神と同一の最高神とされるようになったのである。

ただし、それ以前にあった男性神である天照大神の物語とは無関係な、太陽神と嵐の神との争いの要素（170ページ参照）も、完成形の天照《あまてらす》神話に取り入れられている。そのことが、天照大神を男性的であり女性的でもある複雑な神にした。

したがって本書の六世紀から七世紀なかばまでの天照大神についての記述は、男性神としての天照大神をあらわすことになる。以下、混乱を避けるために天照大神は男性神として記述をつづける。

月の神をまつる人びと

平安時代につくられた「延喜式《えんぎしき》」に、山城《やましろ》国葛野《かどの》郡と対馬《つしま》国上県《かみあがた》郡に月読《つくよみ》神社があったと記されている。そこは、いずれも「卜部《うらべ》」とよばれた卜占《ぼくせん》に従事する豪族の居住地であった。

葛野郡の月読神社は、現在の京都市の松尾《まつお》大社の南にある。その神社には、月読尊が地上の神聖な桂《かつら》の樹に降り立ったとする伝承がある。このことによって、古代に月読神社のあたりが「桂の里」とよばれたという。

この桂の地名は、いまでも京都市西京区の桂として伝わっている。

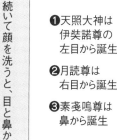

嵐の神・素戔嗚尊《すさのをのみこと》の誕生

◎三貴子の登場②

伊奘諾尊《いざなぎのみこと》は天の世界を治める太陽と月の神を生んだのちに、鼻を洗った。すると、素戔嗚尊《すさのをのみこと》があらわれた。

“荒ぶる神”は、なぜ生まれたのか

人間が息をする鼻から生まれた素戔嗚尊は、嵐の神とされる。

「太陽神が昼の世界を、月の神が夜の世界を治める」ということなら話はわかりやすい。しかし、日本神話では、太陽と月の「二貴子」が世界を統治するのではなく、「三貴子」が天地を治めるかたちがとられた。いったい、なぜなのだろうか？

これは、古代の人びとが「太陽と月と台風（嵐）」の力があわさって、自然のさまざまなはたらきが生みだされる」という自然観をもっていたからではない。

つねに自然の猛威《もうい》にさらされて生活していた縄文人は、実りを奪ってしまう暴風雨を大いに恐れていた。そのため、彼らはもっとも強い力をもつ神として嵐の神をまつったのだ。

神話に取り込まれる出雲の神

日本神話が整えられた七世紀にも、各地で縄文時代以来の嵐の神の祭りが行なわれていた。そこで、王家はそのような神をすべて自家の祖先神の下におこうとして、嵐の神が太陽神に屈服する天岩戸《あまのいわと》の物語（次章で詳述）をつくった。

この嵐の神の名前に、出雲《いずも》の飯《い》石《し》郡の須佐郷《すさごう》でまつられていた神名がつけられた。これは「須佐」の地名の音が、暴れるありさまをさす「荒《すさ》ぶ」の音と共通するものだったからである。

そんな素戔嗚尊は、次項で述べるように、父神伊奘諾尊から、太陽神や月神より格の低い役目を与えられることになる。

伊奘諾尊、三貴子に役割を課す

◎三貴子の登場③

伊奘諾尊は三柱のすぐれた子どもを得たことを大いに喜んだ。そして、天照大神《あまてらすおおみかみ》に高天原《たかまがはら》を治めよと言い、月読尊《つくよみのみこと》に夜《よる》の食国《おすくに》を支配せよと命じた。ついで父神は、素戔嗚尊に海原《うなばら》を統治せよと言った。

南方からきた分治の思想

北アジアの神話には、世界を天上、地上、地下の三界に分ける世界観にもとづいてつくられたものが多い。これは、天上を神の住むところ、地下を死者の世界とするものである。

それゆえ、日本の三貴子の分治の神話は北方から来たものではなく、あとで述べるように、南方の日食神話にともなうかたちで南方からもたらされたものと考えられている。

素戔嗚尊が父に反発したもっともな理由

三貴子が治めた場所にかんしては160ページの図に示すような、さまざまな異伝がある。このことは、分治の話が、新しい時期に日本神話に取り入れられたことを示している。

太陽神と月神が、天の世界もしくは天地を治めることは明らかである（月が潮の干満をつかさどることから月が海原を治めるとする異伝はあるが）。しかし、その二柱の神の勢力圏に匹敵する魅力をもつところはない。

太陽の神と月の神が、昼の世界と夜の世界とを分治するという考えは、ひとつの完結した世界観である。そのため、そこにもう一柱の神を入れようとしても、彼の行き場はない。

日食や月食に絡めて、三人目のできの悪い神が、日食や月食を起こすという神話が東南アジアに存在する（176ページ参照）。それがかたちを変えて伝わり、日本の天岩

古代人と三貴子のかかわり

三貴子の住む世界

出典／神名	『古事記』	『日本書紀』				
		本文	第一の一書	第二の一書	第六の一書	第十一の一書
天照大神	高天原	天上	天地		高天原	高天原
月読尊	夜の食国《おすくに》	＊日に配《なら》ぶ	天地		海原	＊日に配ぶ
素戔嗚尊	海原	追われて根の国へ行く	根の国	根の国	天の下（人間が住む世界）	海原

＊太陽と一緒に空の世界を治めるという意味

戸の神話に連なっていったのであろう。

　しかし、三貴子の分治を決めるところで、素戔嗚尊に「日食と月食のときに限って、世界を治めよ」とは命じにくい。だから父神は、素戔嗚尊に海を治めよと言ったのである。

　だが、天の世界より劣《おと》る海原を治めよと言われた素戔嗚尊は、父神の命令に反発した。このことが次章に記すように、天照大神と素戔嗚尊の姉弟争いを引き起こすことになる。

日本神話 5

天《あま》照《てらす》大《おおみ》神《かみ》の岩戸隠れは何をあらわしているのか

戦う姉弟神と高《たか》天《まが》原《はら》の神の活躍――

素戔嗚尊《すさのをのみこと》は、父神の命令に背《そむ》き、海原《うなばら》を治めようともせずに、気ままに過ごしていた。彼は、鬚がみぞおちの前にまでのびる立派な大人になっても、しばしば泣いて父神を困らせた。

伊奘諾尊《いざなぎのみこと》が泣く理由をたずねると、素戔嗚尊は「自分は母神のいる地下の根《ね》の国へ行きたい」と答えた。そこで、父神は素戔嗚尊を根の国に追い払うことにした。

素戔嗚尊は、根の国に行く前に姉の天照大神《あまてらすおおみかみ》に別れを告げようと高天原《たかまがはら》に向かったが、この行為が、天照大神の怒りをかう。「自分の許しを受けずに高天原に来るとは何事だ」というのだ。そこで、素戔嗚尊は姉神とともに子供を生む誓約《うけい》という神事を行なって、身の潔白《けつぱく》を証明した。

このあと素戔嗚尊は、姉神のすすめで高天原にとどまるが、そこで農耕を妨《さまた》げる乱暴をはたらいた。弟のふるまいに怒った天照大神は天岩戸《あまのいわと》に隠れてしまう。太陽神がいなくなると、世界はたちまち闇《やみ》になった。

神々は、岩戸の前で大がかりに神楽《かぐら》を舞い、太陽神の怒りをしずめて岩戸の外によびだした。これによって、ようやく世界はもとのように明るくなった。これ以来、天の世界はつねに明るく罪穢《けが》れのない状態に保たれてきたという。

姉神に会いにきた素戔嗚尊

◎素戔嗚尊、高天原へ①

素戔嗚尊は、姉神天照大神に、父神の言いつけに背《そむ》いて根の国に行かねばならなくなった訳を申し上げようとして高天原《たかまがはら》を訪れた。

「天つ神」と「国つ神」の起こり

素戔嗚尊による高天原訪問は、天《あま》つ神と国《くに》つ神との区別の起こりを物語るために構想されたものである。

朝廷は、天上にある高天原にいる天つ神を、地上を治める国つ神の上位におく方針をとっていたからである。

王家は、大和朝廷の発祥《はっしょう》時（三世紀はじめ）には三輪山《みわやま》にいる大《おお》物主神《ものぬしのかみ》をまつっていた。しかし、六世紀はじめに地方豪族がまつる土地の神と同格の国つ神である大物主神に代わって、天つ神の指導者とされる天照大神を自家の祖神《おやがみ》とした。

このときから国つ神を、よりすぐれた天つ神に屈服した神とする話が多くつくられた。

さらに六世紀末に、宮廷に、天を陽、地を陰とする「陰陽五行《いんようごぎょう》説《せつ》」が広がる。すると、明るい性質をもつ太陽神と、それに従う天つ神が陽の性質をもつ神、そして太陽に照らされる地上の国つ神が陰の性質をもつ神とされるようになった。

天照大神を権威づける高皇産霊尊《たかみむすひのみこと》

日本神話を整備していくときに、王家は造化《ぞうか》三神のなかの高皇産霊《たかみむすひの》尊《みこと》の権威をかりて、天照大神を国つ神より上位にもってくる試みも行なっている。

この発想にもとづいて、あとで述べる国譲りの物語がつくられることになる。つまり、高皇産霊尊と天照大神との二柱の神が、大国《おおくに》主命《ぬしのみこと》に地上の支配権を王家に譲らせることにしたのだ。

武装して素戔嗚尊を待つ天照大神

◎素戔嗚尊、高天原へ②

素戔嗚尊《すさのをのみこと》がやってくると、天の世界に嵐が起こった。そこで、天照大神《あまてらすおおみかみ》は、弟神が高天原《たかまがはら》を奪いにきたと思い、男装し、武器を身につけて彼を待ち受けた。

天照大神は男性の戦闘神だった

『古事記』では天照大神が、頭のうえで結う女性の髪のかたちを、男性が用いるみずらの髪形に変えて、弟神を迎えたという。

このように、七世紀末にまとめられた日本神話の完成形では、天照大神が男装したとする。しかし、前（156ページ）に記したように、六世紀の朝廷では、太陽神は大王《おおきみ》を助けて、地方豪族の守り神である国つ神と戦う強い男性神であるとされていた。

大和朝廷は、六世紀前半に急速に地方豪族に対する支配を強化しており、それに不満をもつ豪族の反乱（五二七年の築紫国造《つくしのくにのみやつこ》による「磐井《いわい》の乱」など）が起きている。北九州全体が戦場になった長期におよぶ磐井の乱時に、大王（継体《けいたい》天皇）が自家の祖神に戦勝を祈る場面がしばしばみられたのだろう。

三輪山でまつられる天照大神

大和朝廷が三輪山の大物主神《おおものぬしのかみ》のまつりをはじめたころ、大和の土地の守り神としての大物主神にかかわる祭りのなかのひとつとして、三輪山の山頂で太陽の祭りも行なわれた。

現在、この祭りが行なわれたところには高宮《こうのみや》神社がある。

そして、大和朝廷が太陽神を祖神とした六世紀はじめに、祭りの場は三輪山の祭場の中心部に近い大神《おおみわ》神社の拝殿の南の御子森《みこのもり》に移された。そこには現在、神坐日向《みわにますひむかい》神社がある。

さらに、六世紀なかばに太陽神

が三輪山から分離され、王族の女性が斎宮《さいぐう》となって三輪の北方の笠《かさ》縫邑《ぬいむら》で天照大神（男性神）をまつるようになった。この段階で、もとは大物主神の配下の神とされた太陽神が、大物主神よりはるかに格上のものとされた。

古代に笠縫邑とよばれた地には、天照大神をまつる檜原《ひばら》神社がある。

「女神」へと変わった経緯とは

笠縫邑でまつられていたときの天照大神は、武神としての性格を強くもっていた。しかし、七世紀末の壬申《じんしん》の乱に勝利して即位した天武天皇は、安定した政権下で国内の争いごとをなくす方針をとり、この考えから、天照大神が女神とされるようになった。

このことは、政治に有能な皇后鸕野皇女《うののひめみこ》（のちの持統《じとう》天皇）の助けがあったことと深くかかわっている。

素戔嗚尊が高天原に向かうまで

素戔嗚尊は海原を任せられるが、その役目を果たさず泣いてばかり

↓

伊奘諾尊に理由を問われ、「母のいる根の国に行きたい」と答える

↓

怒った伊奘諾尊は、素戔嗚尊を根の国へと追い払う

↓

素戔嗚尊は根の国へ行く理由を姉神の天照大神に告げるため、高天原へ向かう

素戔嗚尊を追放したのちに、伊奘諾尊が鎮まったとされる多賀大社（写真提供：多賀大社）

三輪山周辺の神社

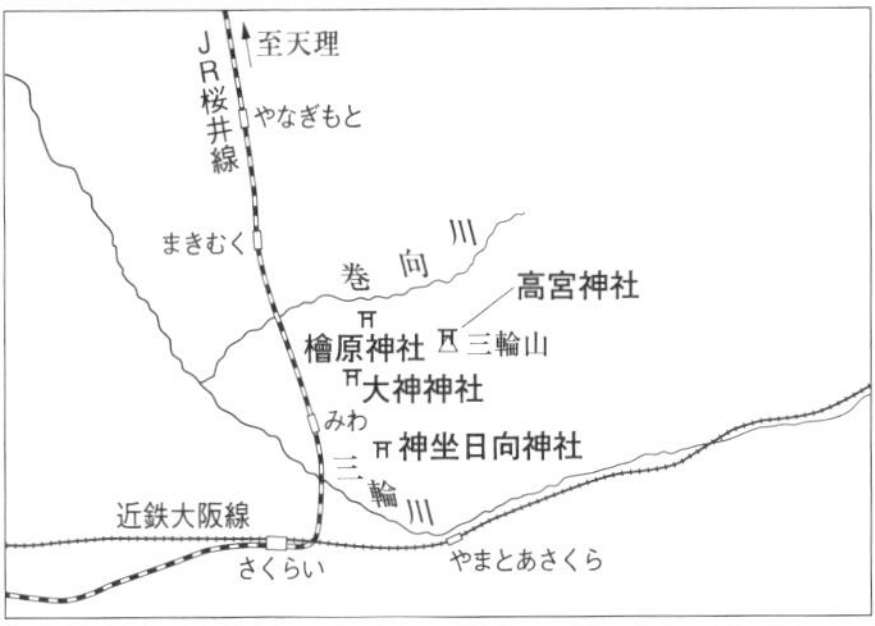

天照大神と素戔嗚尊の誓約《うけい》

◎誓約で生まれた子神①

天照大神《あまてらすおおみかみ》が大いに怒って待ちうけているのをみた素戔嗚尊《すさのをのみこと》は「私は姉神の領地を奪うつもりはありません。その証拠に、子供を生むかたちの誓約《うけい》を行ないましょう」と言った。

「誓約」とはなにか

誓約とは、二分の一の確率で起こることを試み、その結果によって神意を判断する占いである。赤い球と白い球を一個ずつ、計二個の球を入れた袋のなかから一個の球を引き、赤が出れば吉、白が出れば凶とするようなものだ。

このとき素戔嗚尊は、生んだ子が女性（穢《けが》れのない処女）なら、自分がきれいな心をもっていることになると宣言して子供を生んだ。

ペルシアからきた誓約の神話

天照大神と素戔嗚尊は、高天原にある神聖な川、天《あめ》の安《やす》の河《かわ》の両岸に立って誓約を行なった。このような神が川をはさむ位置に立って子を生む話はペルシアの神話にもみられる。

ペルシアのガヨーマルト神話は、ダイーティという河の右岸に最初の人間ガヨーマルトがおり、左岸に最初の牛がいたと記す。そして、ガヨーマルトと牛のもつ火の種子の力が地上にふりそそいで多くの人間を生みだしたとする。

オセット人にも、羊飼いの男性が河向こうにいる半神半人の美女サタナを見たところ、ソスランという半神半人の勇者が生まれたという話もある。

「神々のいた時代には、男女がふれ合わなくても子ができた」とする話がペルシアを中心に広まっていたのだろう。

このようなペルシア神話は六世紀に、朝鮮半島を経由して日本にもちこまれたものだ。

二神はどのように子を生んだか

◎誓約で生まれた子神②

天照大神は、素戔嗚尊がもつ長い剣をもらい、それを三つに打ち折って三柱《みはしら》の女神を生んだ。素戔嗚尊は、天照大神が身につけた勾玉《まがたま》をもらい、天忍穂耳尊《あめのおしほみみのみこと》、天穂日命《あめのほひのみこと》などの五柱の神を生んだ。

呪具が子を生む秘密

日本神話は、誓約で生まれた子神は、天照大神と素戔嗚尊とのあいだに生まれた子どもとする。ここに出てくる女神は、母神がみずからのもつ呪力を、父神の呪具に与えることによってできた子神である。

素戔嗚尊の剣から生まれた子神

は、北九州の航海民がまつる海神で、宗像《むなかた》三神とよばれている。

宗像三神誕生に象徴される航海民の活躍

宗像三神は、儺《な》の津（福岡市）の北方の宗像と、宗像の沖合《おきあい》にある大島と、朝鮮半島の航路上の沖ノ島とでまつられている（169ページの図参照）。

このなかの沖ノ島につくられた巨石のそばの祭場から、大和朝廷がささげたと思われる多くの祭器が出土した。

宗像の航海民は、志賀島《しかのしま》の航海民（津《つ》守《もり》氏）や儺の津の航海民（阿曇《あづみ》氏）とは別の集団で、四世紀から六世紀にかけて朝廷の朝鮮経営に欠かせないはたらきをした。しかし、宗像の航海民の首長である宗像氏は九州にとどまり、阿曇氏や津守氏のようなかたちで中央に進出しなかった。

このことによって、宗像三神が綿津見《わたつみ》三神や住吉《すみよし》三神（155ページ参照）とは異なるあつかいを受けたのであろう。

つまり、伊奘諾尊の禊祓《みそぎはらい》の場面にすべての海神が出現したとされずに、宗像三神だけが誓約の部分に登場させられたのだ。

皇室の祖神の弟とされた出雲氏の祖神

素戔嗚尊《すさのをのみこと》の呪力と天照大神《あまてらすおおみかみ》の呪具が、五柱の男性の神を生んだ。この神々は、父神の強さと母神のやさしさを受け継ぐ優れた神々であった。

　このとき生まれた天忍穂耳尊《あめのおしほみみのみこと》が、皇室の先祖になった。そして、彼の弟の天穂日命《あめのほひのみこと》は、のちに出てくる国譲りの神話に登場する。彼は、出雲大社の神職を代々つとめる出雲氏の祖先であるとされる。

　出雲大社にまつられた大国主《おおくにぬしの》命《みこと》と、王家が五世紀以前にまつってきた三輪山の大物主神《おおものぬしのかみ》は、同一の神とされている。大国主信仰は、二世紀なかばの出雲で起こった。それが大和に伝わり、三世紀はじめに三輪山のまつりが整えられたのであるが、前に述べたように、王家は六世紀に天照大神を自家の守り神とした。

　それ以来、天照大神などの天つ神をまつる大和的信仰と、大国主命などの国つ神を尊ぶ出雲的信仰との対立がはじまった。日本神話の誓約《うけい》の話は、出雲的信仰の指導者である出雲氏の祖神を皇室の先祖の弟とすることにより、大和的なものが出雲的なものより優位にあることを示すものである。

河内国と天津彦根命《あまつひこねのみこと》との関係とは

天穂日命の弟とされる三柱の神が日本神話で活躍する場面はみられない。また、その三柱の神のなかの天穂日命のすぐ下の天津彦根《あまつひこね》命《みこと》は、凡河内《おおしこうち》氏の祖先とされているが、ほかの二柱の神の子孫だと名のる豪族もない。

　凡河内氏は、王家の本拠地に近い河内の守り神である河内国魂《かわちのくにたま》神社をまつる家である。王家がそこの神は国つ神のなかの有力なものであると評価したことによって、凡河内氏の祖神が出雲氏の祖神の弟とされたのだろう。

　七世紀後半に摂津《せっつ》、八世紀はじめに和泉《いずみ》が河内から分かれているが、それ以前の河内国はのちの河内、摂津、和泉の三国を合わせた広大な領域をもっていた。

　そのころの王家は、大和と河内を本拠地としていた。仁徳《にんとく》天皇陵古墳などの河内の巨大古墳は、そのことを物語るものである。

　この点からみて、河内の国魂の

神が、大和の国魂である三輪山の大物主神に次ぐ地位を与えられていた時期があったと推測できる。

　素戔嗚尊の剣から宗像三神が生まれていることからみて、天照大神の勾玉《まがたま》からは三柱より多くの神が生まれたにちがいない。こういった考えから、天忍穂耳尊の兄弟神の数が、このうえの奇数五にちなむ五柱とされ、その数を整えるために活津彦根命《いくつひこねのみこと》と熊野櫲樟日《くまのくすび》命《みこと》ができたのであろう。

宗像三神がまつられた場所

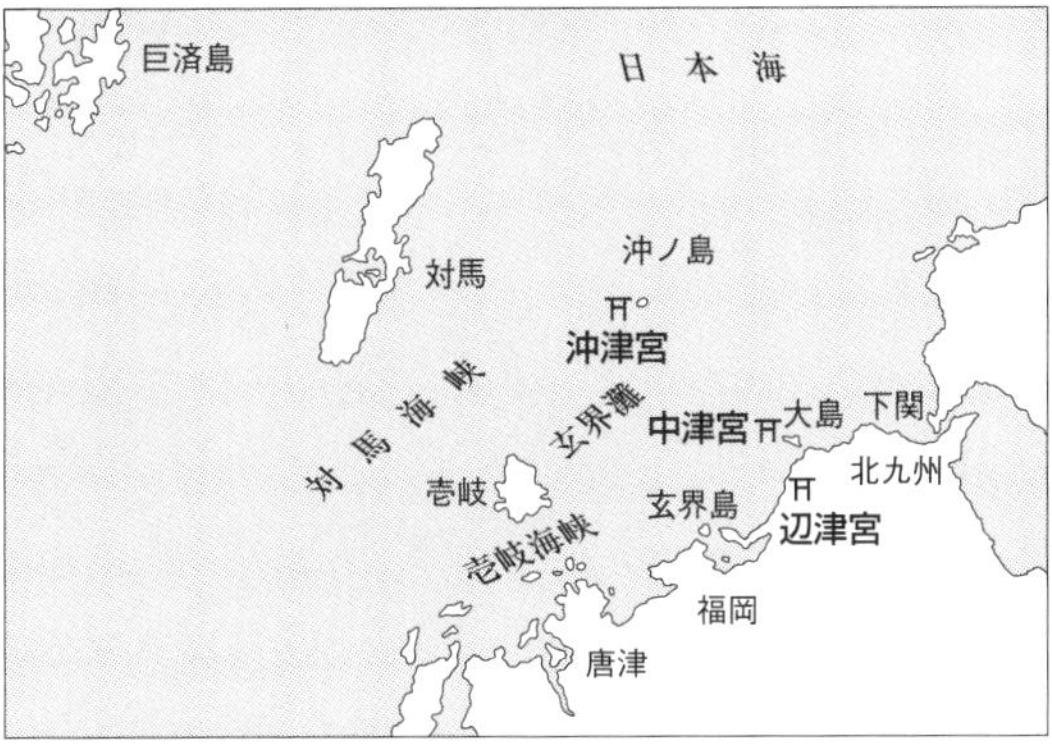

北九州の航海民は、地図の三つの宮で素戔嗚尊の剣から生まれた宗像三神をまつった。彼らは朝廷に協力したが、阿曇氏や津守氏のように中央へは進出しなかった

誓約で生まれた神々

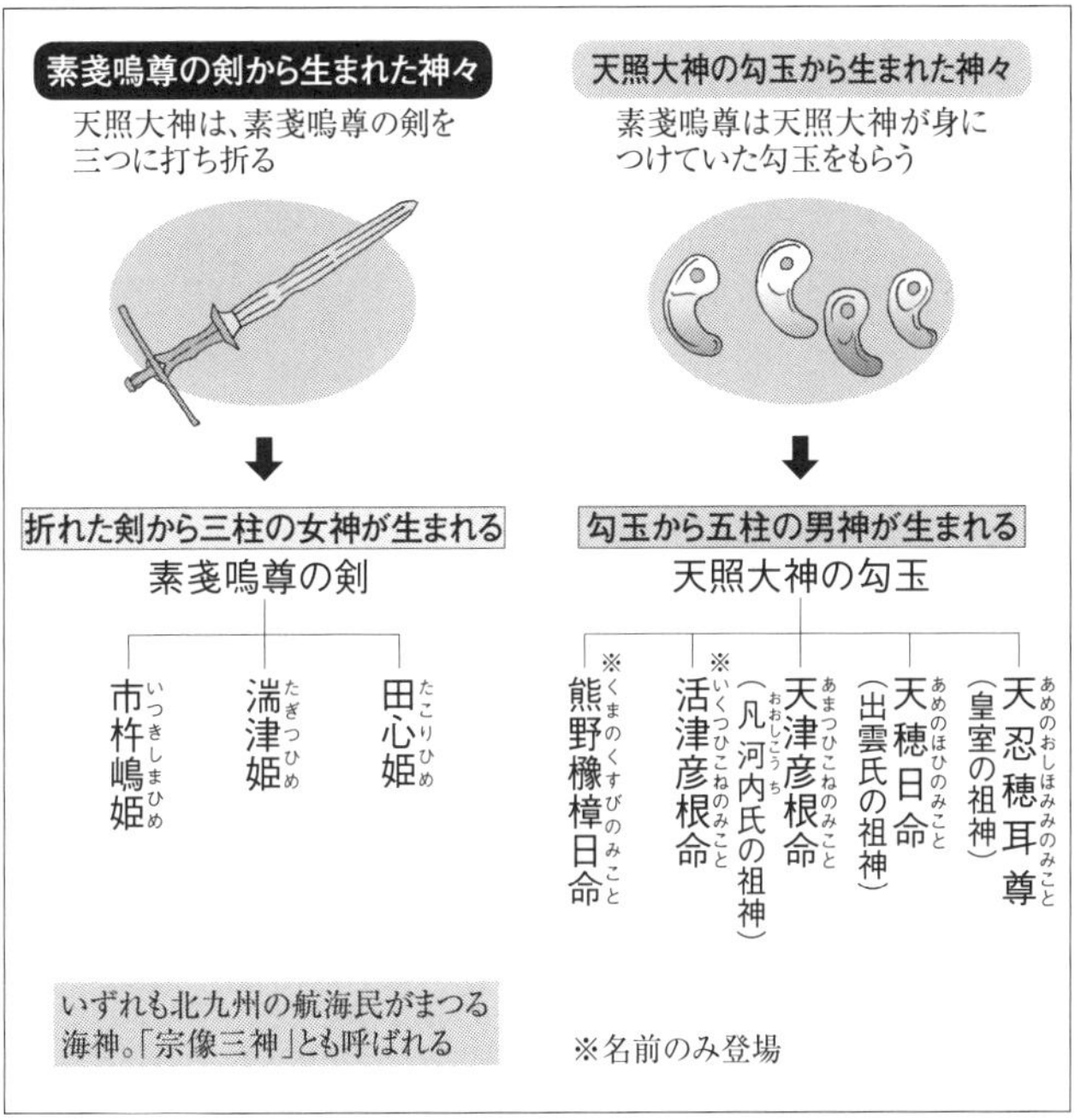

無実を証明した素戔嗚尊の乱暴

◎姿を隠した太陽神①

誓約《うけい》のあと、素戔嗚尊《すさのをのみこと》は高天原《たかまがはら》で暮らすようになるが、さまざまな乱暴をはたらき、最後には馬を機織《はたお》り場に投げこんで天照大神《あまてらすおおみかみ》に仕える天《あま》の機織り女《め》を殺す。天照大神は乱暴に怒って天岩戸に隠れた。太陽神が姿を隠したために、このとき、高天原も地上も闇《やみ》になった。

高天原に住みついた素戔嗚尊

誓約の話には多くの異伝があるうえに、それらの説明はきわめて不明瞭《ふめいりょう》である。素戔嗚尊の呪具が生んだ子を男性とする話もあり、彼はきたない心をもっていたともいえる。

このあいまいさは、古いかたちの日本神話が誓約の話をもたず、素戔嗚尊が強引に高天原におしかけて住みつくかたちをとっていたことを示す。

天岩戸神話のもっとも古いかたちのものは、嵐の神素戔嗚尊が、予告もなしに高天原にやってきて、農耕を妨《さまた》げる乱暴をはたらく物語であったらしい。これによって太陽神が天岩戸のなかに隠れたが、神々のまつりによって嵐は去り、ふたたび太陽があらわれたというのである。

天岩戸神話に隠された縄文人の信仰

日本神話の天岩戸《あまのいわと》の物語は、皇室の尊厳性を説く話として構想された。

それは「天皇の怒りをかえば、人間の生活に欠かせない太陽の恵みが失われてしまう」と主張するもので、このような天岩戸の話は、古い時代から受け継がれた素朴な伝承から発展した。

縄文時代にはすでに「明るい気持ちをもって神をまつれば、輝く太陽のもとで豊かな生活を送れるようになる」と、台風を恐れる人びとを励ますつぎのような物語があったにちがいない。

「台風で太陽が隠されてしまい、

『この嵐が永遠につづくのではないか』と脅《おび》えている人びとに、昔のすぐれた首長が『神をまつって繁栄を願おう』と説いた。そこで、みんなが心をあわせてまつりを行ない大いに笑って楽しんだところ、風雨がおさまって太陽が姿をみせた」

　こうした話があちこちで自然に生まれ、そのなかのいくつかは神事《しんじ》に用いる演劇（御神楽《おかぐら》の原型）に発展していったのだろう。

　大和朝廷が太陽信仰を重んじるようになった六世紀に、それまで民間で受け継がれてきた縄文時代の流れをひく神事に用いる演劇をもとに、天岩戸の話がつくられた。そして、そのときに天照大神（男性神）と素戔嗚尊の兄弟争いの要素が加えられたのだ。

素戔嗚尊は悪神か

　六世紀につくられた古い天岩戸神話は『古事記』などに記されたものより、はるかに単純なつくりをとっていたと思われる。なぜなら、天岩戸神話全体の流れと前にあげた誓約《うけい》の話は矛盾するからだ。

　誓約の話は、素戔嗚尊が清らかな心をもって高天原に来たとする。しかし、そうであるなら、なぜ清らかな心をもつ素戔嗚尊が誓約のあとで、つぎつぎに重い罪を犯したとされるかが説明できなくなる。

　それゆえ、素戔嗚尊がはじめからきたない心をもって高天原におしかけたとする、誓約の話を欠いたつくりが、神話のもとのかたちに近いのではないかと考えられる。

　前に伊奘諾尊《いざなぎのみこと》の禊祓《みそぎはらい》のはじめに、一柱の穢《けが》れの神と二柱の穢れを清める神が生まれたとする話を記した。伊奘諾尊の禊祓の話の終わりに生まれた三貴子も、もとはそれと同じ二柱の清らかな神と一柱の穢れた神との組み合わせではなかったろうか。

　そうなると、太陽神天照大神（男性神）と月の神月読尊《つくよみのみこと》が善神であり、素戔嗚尊が悪神となる。

天照大神は殺された？

　素戔嗚尊を悪神とみれば、素戔嗚尊が天照大神（男性神）の支配権を侵すために高天原に昇ったとみるのが自然である。

　素戔嗚尊は、海原《うなばら》を治めよという父神の命令に逆らって泣きつづ

天照大神が岩戸に隠れるまで

誓約に勝利した素戔鳴尊は、高天原で田を荒らしたり、機織り女を死なせるなど乱暴を働くようになる

↓

素戔鳴尊の行ないに怒った天照大神は、天岩戸に身を隠してしまった。そのため太陽が沈み、さまざまな災厄が巻き起こってしまう

天の安河原（あまのやすかわら）。天照大神が姿を隠した際に、神々が集まって相談した場所と伝わる（写真提供：天岩戸神社）

伊奘諾尊の禊祓で生まれた神の構成

穢れた神
- 八十枉津日神《やそまがつひのかみ》
- 素戔鳴尊《すさのをのみこと》

清らかな神
- 神直日神《かむなおひのかみ》
- 大直日神《おおなおひのかみ》
- （六柱《むつはしら》の海神…154ページ以降参照）
- 天照大神《あまてらすおおみかみ》
- 月読尊《つくよみのみこと》

けた。

　このとき、彼は母神を偲《しの》ぶという名目で天照大神《あまてらすおおみかみ》（男性神）に争いをしかける機会をうかがっていたのである。

　六世紀の天岩戸の物語では、素《す》戔鳴尊《さのをのみこと》が馬の呪力を用いて、いったん天照大神（男性神）を殺すかたちをとっていたらしい。これがのちに、天照大神の死が機《はた》織《お》り女《め》の死に置き換えられた。

　天照大神（男性神）は、いったん死んだ。そして、母の代わりとなる天岩戸のなかで育てられ、新生児として復活した。これが天岩戸神話のもっとも古いかたちのものであったらしい。そして、次項に述べるように、それはペルシアなどの神話と共通する性格をもつものであった。

岩戸の前で行なわれた神事

◎姿を隠した太陽神②

神々は、天岩戸に隠れた天照大神をよび戻そうとして、岩戸の前で祭りを行なった。供え物がならべられ、祝詞《のりと》がよまれたのちに、天鈿女命《あめのうずめのみこと》の踊りがはじまった。

素戔嗚尊が用いた「天班駒《あめのふちこま》」とは

前項で、素戔嗚尊が機織り場に馬を投げこんだ記述を扱ったが、このとき投げ込んだとされる馬は「天班駒《あめのふちこま》」だという。

この馬は、神事に用いる白馬と異なる、まだらのある見なれない姿をした馬であった。それは、朝鮮半島から輸入された良馬、あるいは宮廷の人びとが大陸からの噂に聞いたペルシアの名馬であったかもしれない。

ペルシアやインド、それにヨーロッパのゲルマン民族、ケルト民族などの神話に、呪力をもつ馬が女神に害をおよぼすものが多くみられる。そういったものが、ペルシア、中国、朝鮮を経由して、天岩戸神話に取り入れられたのであろう。

祝詞《のりと》の起こりは天岩戸神話から

外国からもたらされた馬を用いた呪術を破るためには、日本古来の祭りを行なう必要がある。こういった発想によって、岩戸の前の神事の記事が書かれた。

神事に欠かせない祝詞《のりと》の起源は、このまつりで天児屋命《あめのこやねのみこと》がよんだ祝詞に求められている。

祝詞は、神職《しんしょく》が神に代わって人びとに教えを述べる「宣《の》る」形式のものと、神に語りかける「白《もう》す」形式のものに分かれるが、岩戸の前では、なかにいる天照大神に白す形式の祝詞がよまれた。

そして、人びとがいっせいに笑ったときに、太陽神が姿をあらわすことになる。

神々を楽しませた天鈿女命《あめのうずめのみこと》の活躍

◎姿を隠した太陽神③

天鈿女命《あめのうずめのみこと》の楽しい踊りによって神々が大いに笑うと、天照大神《あまてらすおおみかみ》は「何か楽しいことが起きたのか」と不思議に思い、岩戸の扉をあけた。そのとき、天手力雄神《あめのたじからをのかみ》が手をとって岩戸の外に引っぱりだした。そして二度と岩戸に入れないように、太玉命《ふとたまのみこと》が岩戸の入り口に注連縄《しめなわ》を張った。

神道が教える「笑い」の意義とは

世界は、太陽が姿を消す大きな不幸にみまわれたが、その不幸は、神々の笑いによって消え去り、世の中はふたたび明るくなった。

この話は、明るい気持ちで過ごすことをすすめる神道の思想にもとづいて記されたと考えられる。

日本神話はこのようなかたちで「どんな苦境にあっても、笑えば運がひらけていく」と人びとに語りかけているのだ。

天鈿女命の舞と鎮魂祭との関係

天鈿女命は、朝廷の祭りで舞う巫女《みこ》を出す猨女《さるめ》氏の祖神《おやがみ》で、その舞のなかでもっともよく知られたものが、鎮魂祭《ちんこんさい》で行なわれる勇壮な舞である。

鎮魂祭は太陽の輝きがもっとも弱まる冬至《とうじ》のころに行なわれる。冬至は、前年に地上を照らした太陽がいったん死に、つぎの年の若い太陽となってよみがえってくる日だとされる。

それに応じるかたちで、鎮魂祭でも呪力の衰えた天皇に新たな呪力を与える神事がなされていた。このような鎮魂祭の主役となる猨女氏の祖神は、太陽神をこの世によびもどした神にふさわしい神であったろう。

おのおのの職務を果たす神々

とはいえ、天鈿女命だけのはたらきが、天照大神を天岩戸の外に

「岩戸神楽」での神々の役割

天手力雄神《あめのたじからをのかみ》
岩戸のわきに隠れて天照大神を引き出す
太玉命《ふとたまのみこと》
ささげ物を持つ
※ほかに石凝姥命《いしごりどめのみこと》（鏡をつくる）、玉屋命《たまのやのみこと》（勾玉をつくる）も協力した
天児屋命《あめのこやねのみこと》
祝詞を唱える
思兼神《おもものかねのかみ》
祭りの手順を考える。常世の長鳴き鳥を鳴かせる
天鈿女命《あめのうずめのみこと》
神楽を舞う

連れだしたのではない。

力の弱い女神である天鈿女命に代わって、力自慢の天手力雄神が力ずくで天照大神を外に連れだした。そのあと、太玉命が呪力を用いて天岩戸の入り口をふさいだ。

このような神話は、天《あま》つ神の子孫である豪族たちが力を合わせて天皇に仕え、人びとの生活を豊かにしていかねばならないと説くものである。

神話では、天つ神たちは天照大神を天岩戸から出すための相談を行なったとする。そして、知恵の神思兼神《おものかねのかみ》の計画に従って「岩戸神楽」の準備にあたった。

祭りの準備にあたった天児屋《あめのこやね》命《みこと》などの四柱の神と天鈿女命は、のちに瓊々杵尊《ににぎのみこと》に従って地上に降りて、「五伴緒《いつとものを》」とよばれたとされる。

「五伴緒」は宮廷の祭りを担当する豪族の祖先たちだが、この神々の中心となる天児屋命の子孫とされる中臣《なかとみ》氏は、七世紀なかばの大化の改新後、急成長している。

世界中にある「隠された太陽」の物語

この中臣氏によって、太陽神がいったん殺されたのちに再生する神話が、現在知られているようなかたちに変えられたのではあるまいか。

そこでは、太陽神は死なずに天岩戸にこもり、中臣氏の祖神がひらく祭りによって岩戸の外に招きだされたとされる。

天岩戸神話に似た、洞窟《どうくつ》や箱に隠れた太陽神をおびきだす物語は世界中に広くみられ、その分布は、インドからアメリカのカリフォルニアにおよんでいる。

この物語の太平洋をはさむ広まりは、南方の航海民が「隠された太陽」の神話を広めたことを示すものであろう。

江南から伝えられた日食神話

さらに、太陽神や月の神と悪神とを、兄弟もしくは姉妹とする要素をともなう「隠された太陽」の神話が、ラオス、タイ、カンボジアに分布する。

ラオスの日食《にっしょく》神話は、アチト、チャン、ラウの三人の兄弟を主人公とするものである。アチトとチャンは父神から光を出す能力を得て、ふたり連れ立って逃げた。そこで、光をもたない弟のラウは兄たちのあとを追った。

このラウがふたりの兄をつかまえると日食が起こり、兄たちがラウの手を振り払って逃げると日食が終わるというのである。

このような東南アジアの日食神話が、南方と九州とを往来した江《こう》南《なん》（中国の長江下流域）の航海民によって日本に広まったのであろう。そして、それが縄文時代以来受け継がれてきた祭りによって嵐の神を退ける話と結びつけられ、天岩戸神話が発展していった。

この神話は、最後には人びとの笑いと楽しい踊りが世界を明るくしたと主張する。そして、次章で述べるように、太陽神を怒らせた素戔嗚尊《すさのをのみこと》には罪のつぐないが科《か》されることになった。

日本神話 6

素戔嗚尊《すさのをのみこと》、出雲へ降り立つ――

素戔嗚尊の追放と八岐大蛇《やまたのをろち》退治が意味するもの

天照大神《あまてらすおおみかみ》が天岩戸《あまのいわと》から出てきたあと、神々の手で素戔嗚《すさのを》尊《みこと》の裁判が行なわれた。このとき、素戔嗚尊は祓《はら》いを命じられ、髪や鬚《ひげ》、爪《つめ》を切って身を清め、多くのささげ物を差しだすことになった。

素戔嗚尊はこの祓いによってきれいな体になったが、罪のつぐないをするために高天原《たかまがはら》から追放された。このとき、彼はあれこれ考えたのちに、人びとの役に立つことをするために地上に向かうことにした。

このあと、素戔嗚尊は高天原から出雲《いずも》国に降《くだ》った。そして、斐伊川《ひいかわ》の川上で、八岐大蛇《やまたのをろち》という怪物の生贄《いけにえ》にされそうになっていた奇稲田姫《くしなだひめ》と出会った。

素戔嗚尊は姫を助けようと、八岐大蛇と対決した。そして、酒に酔った八岐大蛇を剣で斬りきざみ、出雲の地に平和をもたらした。これによって素戔嗚尊は奇稲田姫を妻に迎え、出雲の支配者になる。そして妻のために立派な御殿をつくり、出雲国を治めた。

のちに素戔嗚尊は、出雲の支配権を自分の子孫に譲って、根《ね》の国に去る。素戔嗚尊のはたらきによって、混沌《こんとん》としていた日本列島の社会が、ようやく秩序をもつ方向に動きはじめたのだ。

岩戸隠れで何もできなかった素戔嗚尊

◎裁かれる素戔嗚尊①

天照大神が天岩戸にこもって世界が闇《やみ》におおわれたときに、強い力をもつ素戔嗚尊は何もできなかった。地上を明るくしたのは天鈿女《あめのうずめ》命《みこと》という、従来は弱い立場におかれていた地位の低い女神であった。

天つ神は、なぜ素戔嗚尊を助けたか

素戔嗚尊は、高天原を揺るがすほどの威力をもつ巨大な神だったが、天照大神が岩戸に隠れたあと、彼は何もできなかった。代わって、高天原の天《あま》つ神たちが知恵を出しあって事態を解決したのだ。

日本神話のこのようなつくりは「あやまちを犯したときはひとりで悩まずに、みんなで解決しよう」という教えを語る。それは、集落や一族の団結が重んじられた古代人の生活から生みだされたものだ。

兄弟神の関係が象徴する古代の統治のかたち

弥生《やよい》時代末（三世紀はじめ）ごろまでの小国では、神意をきく巫《み》女《こ》と、巫女を補佐する男性とが国を指導するかたちがとられていた。『魏志倭人伝《ぎしわじんでん》』にみられる邪馬台《やまたい》国《こく》の女王卑弥呼《ひみこ》と彼女の「男弟《だんてい》」との共同統治がこれにあたる。外部の者からみれば、卑弥呼の意向をうけて国政にあたる男弟は、一国の王のようにみえたであろう。

しかし、彼は、巫女が亡くなるか、人びとの巫女への信頼が失われると、たちまち権力を失う。巫女の弟が王として、自分に都合のいい者を巫女にすることはできない。小国の有力者の会議が新たな巫女を決め、その巫女の一族から補佐役の男性が選ばれた。

天岩戸神話における素戔嗚尊の立場は、有力な巫女の弟のそれに近い。つまり、素戔嗚尊の追放の話は、大和朝廷の支配が確立する直前の巫女が重んじられた時代の記憶が記されているのだ。

素戔嗚尊の祓いと追放

◎裁かれる素戔嗚尊②

高天原《たかまがはら》の神々は、素戔嗚尊《すさのをのみこと》が重大な穢《けが》れを犯したことが天照大《あまてらすおおみ》神《かみ》を怒らせたと考えた。そして、素戔嗚尊に「千座置戸《ちくらおきど》」とよばれる多くの品物を差しださせ、鬚《ひげ》と手足の爪《つめ》を切って身を清めさせた。そのあと、彼らは素戔嗚尊を高天原から追放した。

罪や穢れを清める大祓《おおはらえ》の神事

素戔嗚尊の裁判の記事は、古代の朝廷で行なわれた大祓《おおはらえ》の神事と深いかかわりをもっている。この大祓は、六月と一二月の晦日《みそか》に、それまでの半年間に国中で生じた罪や穢れを清めるものだとされている。

大祓によって天《あま》つ罪、国《くに》つ罪をはじめとするあらゆる罪や穢れが許されるという。素戔嗚尊が高天原で犯したさまざまな罪は、すべて天つ罪だとされる。

天つ罪と国つ罪とは

古代には天つ罪がもっとも重い罪とされた。この天つ罪は、田のあぜを壊したり、田に水を引く溝を埋めたり、樋《ひ》（堤などから排水するための門）を壊したり、他人の農地を奪ったりするといった罪からなる。それは、古代人の生活に欠かせない稲作を妨《さまた》げるものであった。

そして、それにつぐのが国つ罪である。

この国つ罪は、害虫や鳥による農作物の大がかりな被害、原因のわからない家畜の大量死、古代人の想像を超える要因で生じた不吉なことなどをあらわしている。古代人は、誰かが犯した穢れが人びとに予想不可能な災厄をもたらすと考えていた。

古代人がふつうに生活していれば天つ罪を犯すことはないが、日本神話はうっかり天つ罪にかかわっても、祓いをすれば素戔嗚尊のように許されると説いている。

天つ罪と国つ罪

※罪の内容の詳細には諸説ある

国つ罪	天つ罪
生膚断《いきはだだち》…人に傷を負わす **死膚断**《しにはだだち》…遺体を傷つける **白人**《しろひと》…皮膚病の流行 **胡久美**《こくみ》…こぶができる病気 **己が母犯せる罪、己が子犯せる罪** **母と子と犯せる罪、子と母と犯せる罪** **畜**《けもの》**犯せる罪**…獣姦 **昆虫**《はうむし》**の災**《わざわい》…害虫の被害 **高津神**《たかつかみ》**の災**…落雷などの天変地異 **高津鳥**《たかつとり》**の災**…鳥による被害 **畜仆**《けものたお》**し蠱物**《まじもの》**せる罪**…家畜を殺し、その死体で呪う	**畔放**《あはなち》、**溝埋**《みぞうめ》、**樋放**《ひはなち》、**頻蒔**《しきまき》…水田に水を張れなくする **串刺**《くしざし》…田に串をさす **生剥**《いきはぎ》、**逆剥**《さかはぎ》…家畜の皮をはいだり殺したりする **屎戸**《くそべ》…糞尿を撒き散らす

ささげ物に込められた意味

「千座置戸」とは、多くの台に盛ったささげ物をさす言葉である。これは賠償の品物ではない。神道は、物や金銭に自分の穢れをつけて神前に差しだせば、穢れが清められるとする考えをとる。神に差しだされたものは、祭りなどに用いられる。

それとともに、鬚や爪を切り、体を洗うことによって、体についた穢れが落ちる。素戔嗚尊は、このような祓いによって罪を清めて清らかな神になったのである。

なぜ素戔嗚尊は高天原を去ったか

神道の考えにもとづいてつくられた古代の社会では、祓いによって罪を清められた者は、前のように自分が属する集団の人びとと交わることが許された。

しかし、素戔嗚尊は、もはや高天原にとどまって、前のように天照大神の弟として偉そうにふるまおうとはしなかった。

素戔嗚尊は、高天原を去って新たな生活の場を得ようと考えた。古代人は、このような潔さを好んだのだろう。

このあと、地上に降《くだ》った素戔嗚尊は、出雲で怪物・八岐大蛇《やまたのをろち》を退治したことで人びとに慕《した》われる神になる。

しかし日本神話では、次項にあげるように、素戔嗚尊が地上に行く直前に穀物神を殺した話が記されている。

穀物神・大気都比売《おおけつひめ》あらわる

◎裁かれる素戔嗚尊③

高天原を追われた素戔嗚尊《すさのをのみこと》は、さまよう道中で大気都比売《おおけつひめ》に食べ物を求めた。すると、彼女は体のあちこちから食べ物を出してもてなした。これをみた素戔嗚尊は、きたならしいものを食べさせたと怒って大気都比売を斬り殺した。

食べ物を生む女神の異伝

素戔嗚尊に斬られた大気都比売だが、このとき、彼女の体のあちこちから、穀物などがあらわれたという（左上の図参照）。この話には三通りの異伝があり、素戔嗚尊ではなく月読尊《つくよみのみこと》が食物の女神を殺す話もある（左下の図参照）。

巨大な穀物神の体から、人間の生活に必要なさまざまなものがあらわれたとする話は、南太平洋を中心に広く分布する。それは「ハイヌヴェレ型穀物神話」とよばれる。これは、ドイツの民族学者A・E・イェンゼンによって名づけられた。

稲作とともに広まった「穀物起源神話」

イェンゼンがインドネシアのセラム島で採取した話が「神の少女」という話である。

はるか昔にココヤシの木から生まれた神の少女が祭りの夜に殺され、その死体を切りきざまれてあちこちに分けて埋められたという物語である。この少女の体の断片から、いろいろなイモ類ができたという。

こういった話が稲作地帯に伝わり、米と雑穀が女神の体から生じたという神話に変わった。そのような穀物起源神話のなかの中国南部のものは、米のつぎに粟《あわ》を重んじるかたちをとる。

そこで、粟が米のすぐあとにおかれる大気都比売殺しの神話は、長江下流域（江南《こうなん》）から稲作とともに広がったものではないかとされる。

大気都比売が生んだもの

穀物起源神話とその広まり

神の少女がココヤシの木から生まれる

↓

祭りの夜に殺される

↓

死体が切り刻まれて各地に埋められる

↓

死体の断片からいろいろなイモ類ができる

↓

上記の話が稲作地帯に伝わる

↓

イモではなく、米と雑穀が女神の体から生じる話に

穀物起源神話の異伝

出典	殺された神	殺害者	女神の体から生じたもの	穀物などをとった者
記	大気都比売《おおけつひめ》	素戔嗚尊《すさのをのみこと》	蚕・稲・粟・小豆・麦・大豆	神産霊日神《かみむすひのみこと》
紀一書の十一	保食神	月夜見神《つくよみのかみ》	牛馬・粟・蚕・稗・稲・大豆・小豆	天照大神（天熊人《あまのくまひと》）
紀一書の二	稚産霊《わくむすひ》		蚕桑・五穀	

※伊藤清司作成『シンポジウム出雲神話』（学生社刊）の表に加筆

八《や》岐《またの》大蛇《をろち》退治に向かう素戔嗚尊

◎素戔嗚尊の活躍①

素戔嗚尊《すさのをのみこと》は、若い娘をなかにして泣いている老夫婦と出会う。素戔嗚尊の来訪をうけた老人は「私は大山祇神《おおやまつみのかみ》の子で脚摩乳《あしなつち》といい、妻を手摩乳《てなつち》といいます」と名のった。そして、彼らの話を聞いて八《や》岐大蛇《またのをろち》を倒して生贄《いけにえ》にされかけていた奇稲田姫《くしなだひめ》を救おうとした。

勇者の怪物退治物語のルーツ

八岐大蛇退治のような勇者が怪物を倒して美女を助ける物語は、ヨーロッパから東アジアまで広く分布する。それらは、ギリシャ神話の勇者ペルセウスが海の怪物を倒して海岸の岩に縛《しば》られていたアンドロメダを助ける話にちなんで「ペルセウス・アンドロメダ型神話」と名づけられている。

このかたちの神話は、ペルシアあたりでつくられて、やがて遊牧民の手で各地に伝えられたのであろう。日本の周辺にも八岐大蛇退治に似た神話が多くみられる。

素戔嗚尊は、なぜ斐伊川《ひいかわ》をさかのぼったか

高天原を去った素戔嗚尊は、斐《ひ》伊川《いかわ》のほとりの鳥髪《とりかみ》の峰《みね》に降りてきた。そして、川上から箸《はし》が流れてくるのをみて、上流に人間が住んでいると知って川をさかのぼっていったという。

鳥髪の峰は、古代出雲の素戔嗚尊の信仰圏のなかにある、神霊が天降《あまくだ》る地とされていた山である。古代人は、神は山深い地におり、川をくだって人里を訪れるとする考えをもっていた。

ところが、素戔嗚尊は川を上っていった。これは、八岐大蛇がもとは山に住む神とされていたことにもとづく。素戔嗚尊は、神聖な地に向かっていったのである。

国つ神を助け、自らもその一員となる

素戔嗚尊が助けた老夫婦の神は、山を支配する大山祇神の子神とさ

ペルセウス・アンドロメダ型神話の分布

『神話から歴史へ』（井上光貞著、大林太良作図、中央公論社刊）に加筆

海の怪物への生贄として、海辺の岩につながれた王女アンドロメダ。右上に、助けに入るペルセウスが描かれている。
（ユテヴァール　1611年）

八岐大蛇退治のいきさつ

素戔嗚尊《すさのをのみこと》が、泣いている脚摩乳《あしなつち》、手摩乳《てなつち》の老夫婦と、その娘奇稲田姫《くしなだひめ》に会う

→

泣いている理由を尋ねると、八つの頭をもつ大蛇八岐大蛇《やまたのをろち》がやってきて、娘を食べてしまうのだという

→

素戔嗚尊は、娘を嫁にもらうことを条件に、八岐大蛇退治を約束する

→

素戔嗚尊は、老夫婦に屋敷を垣根で囲ませて、八つの門をつくらせた。そして、それぞれ門のなかによい酒を満たした桶を置くように指示する

→

酒の匂いにひかれてやってきた八岐大蛇は、素戔嗚尊の思惑どおり、酒を飲んで眠ってしまう

→

素戔嗚尊は、眠った八岐大蛇を剣で切り刻《きざ》むと、尾から立派な剣（三種の神器のひとつ、草薙《くさなぎ》の剣）がでてくる

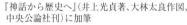

〝素戔嗚尊の祓い〟が意味するもの

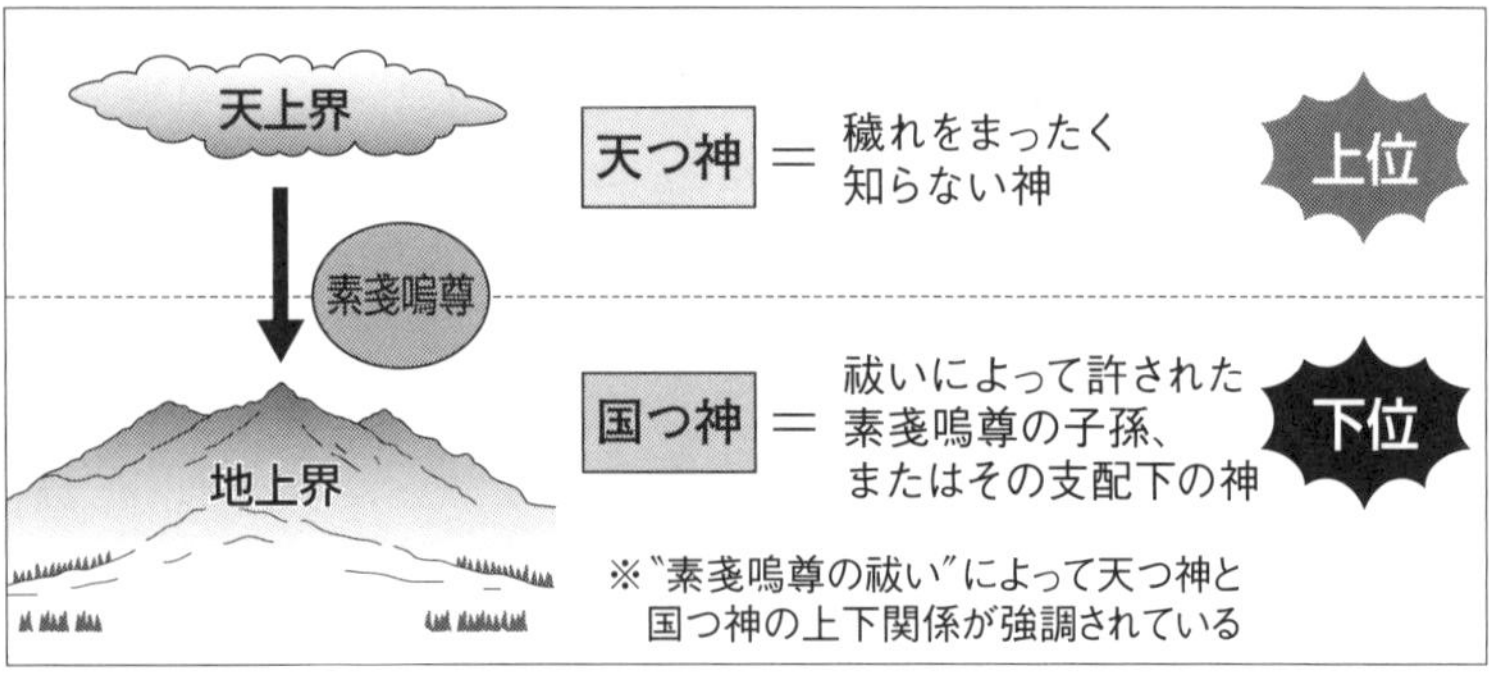

れる。また『日本書紀』の本文では、彼が「吾《やつかれ》はこれ国《くに》つ神なり。号《な》は脚摩乳《あしなつち》」と名のったとする。

日本神話は、素戔嗚尊《すさのをのみこと》は八岐《やまたの》大蛇《をろち》から国つ神を救うことによって彼らの指導者となり、自らも国つ神の一員になったとする。このような話の背景には、高天原《たかまがはら》の神を天《あま》つ神とし、地上の神を国つ神とする世界観がある。

そして「天に住もうが、地上に住もうが神に変わりはない」といった見方を排除するために、素戔嗚尊の祓《はら》いの話がつくられた。

それによって、天つ神は穢《けが》れを知らない神であり、国つ神はいったん穢れたのちに祓いによって許された、素戔嗚尊の子孫や彼の支配下の神だという内容の上下関係がつくられたのである。

脚摩乳《あしなつち》・手摩乳《てなつち》の神名は何を意味するか

脚摩乳、手摩乳《てなつち》という神名のなかの「足（脚）」や「手」の語は、土地を支配することをあらわす。

インドネシアに、土地を人体に似た姿をもったものとしてとらえる習俗があり、アロール島では村落をつくるさい、その頭の部分と尻尾の部分を決める習慣がある。かつて、人が生活する空間を巨大な土地の神としてとらえる習俗が南方に広まっていたのであろう。

そして、そのような発想を受け継ぐかたちで、山をひらいてつくられた集落の守り神で、集落の足の部分にまつられる脚摩乳の神と、手の部分でまつられる手摩乳の神が考えだされたのであろう。

酔った八岐大蛇を剣で切り刻む

◎素戔嗚尊の活躍②

素戔嗚尊は、脚摩乳と手摩乳に、八か所の門のなかによい酒を入れた桶《おけ》をおかせた。娘を食べに来た八岐大蛇は、酒をすべて飲みほして酔いつぶれる。素戔嗚尊は、眠ってしまった八岐大蛇の体を長い剣を用いてずたずたに斬りきざんだ。このため、斐《ひ》伊《い》川《かわ》は八岐大蛇の血で染まり、いまでも斐伊川を赤い水が流れることになった。

素戔嗚尊が八岐大蛇に酒を勧めた真の意味

八岐大蛇は、もとは山から来る田の神、水の神であったと思われる。『日本書紀』第二の一書は、素戔嗚尊が八岐大蛇につぎのように語りかけたと記す。

「あなたは可畏《かしこ》い神である。大いにおもてなししたい」

素戔嗚尊がこう言って差しだした八つの桶の酒を飲んで、八岐大蛇は酔いつぶれたという。

しかし、この話は、もとはすぐれた祭司が酒をそなえてまつることによって、乱暴な神をしずめるかたちをとったものではないだろうか。

古代人は山や原野をひらいて水田をつくったときに、自分たちが神の領域を侵したのではないかと恐れた。

それゆえ、彼らは暴風雨や洪水を「神の怒り」ととらえ、神の怒りをしずめるために土地の神の祭りを行なったのだ。

八岐大蛇退治の物語の源流

自分たちの子孫が土地の神の祭りを怠《おこた》らないように願って、すぐれた指導者が、神をもてなして災害をしずめたとする神話がつくられた。そして、それがペルセウス・アンドロメダ型神話とあわさって、八岐大蛇退治の物語がつくられたのであろう。

田の神サンバイをまつる習俗が、山陰地方に広くみられる。このサンバイは、蛇の姿をしているとさ

八岐大蛇退治のルーツ

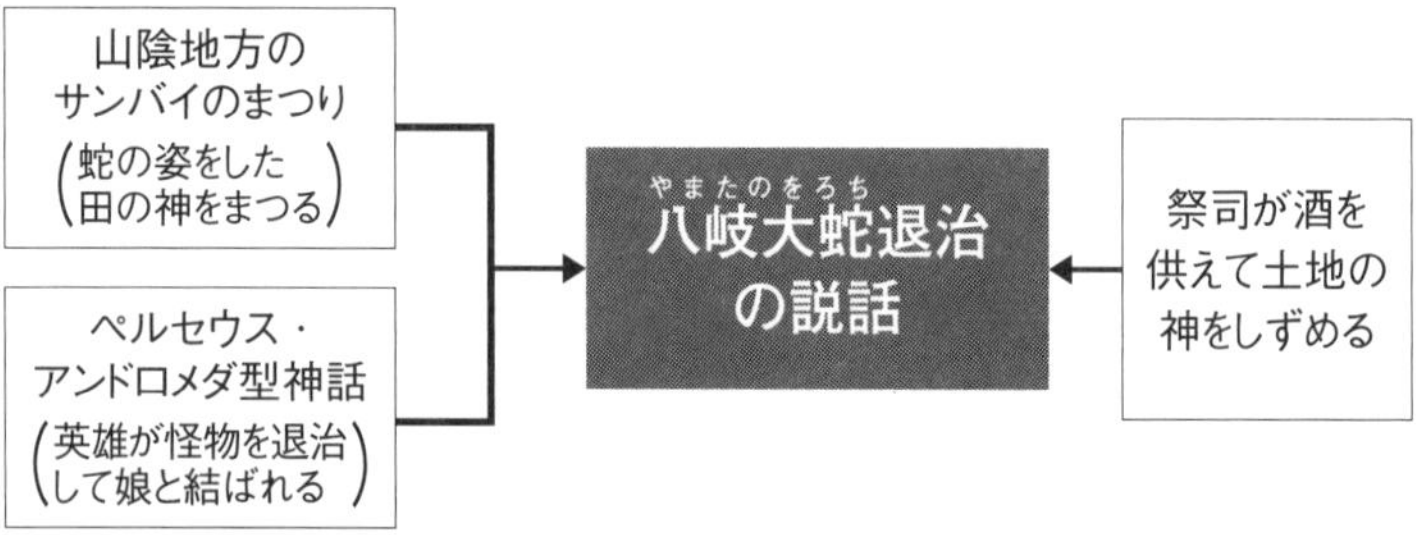

脚摩乳と手摩乳の別名

出典		神名 アシナツチ	神名 テナツチ
『古事記』		足名椎 足名鉄神	手名椎
『日本書紀』	本文、第三の一書	脚摩乳	手摩乳
	第二の一書	脚摩手摩	稲田宮主《いなだのみやぬしの》簀《す》狭《さ》八《や》箇《つ》耳《みみ》＊

⬇ 素戔嗚尊《すさのをのみこと》が夫婦に新しい名前を与える

『古事記』		稲田宮主《いなだのみやぬし》須《す》賀《が》之《の》八耳神《やつみみのかみ》
『日本書紀』	本文	稲田宮主神《いなだのみやぬしのかみ》
	第一の一書	宮主《みやぬし》簀《す》狭《さ》之《の》八《や》箇《つ》耳《みみ》

＊この神名には混乱があるらしい

古代出雲の鉄生産地と製鉄遺跡

「製鉄神としてのスサノヲ信仰」（武廣亮平著、『別冊歴史読本』21巻5号より）に加筆

銅剣の大量出土が意味するもの

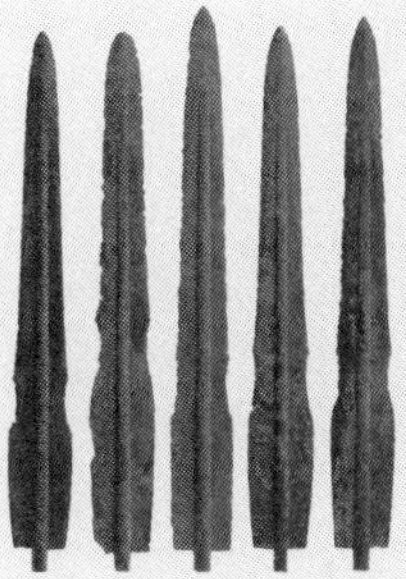

（文化庁所蔵／写真提供：島根県立古代出雲歴史博物館）

荒神谷遺跡で出土した358体の銅剣

⇦ 出雲の首長たちが銅剣をもちよって祭りを行なった？

⇦ 古代出雲でさかんだった剣の神（素戔嗚尊）への信仰

れている。

　このサンバイの祭りは、八岐大蛇退治の神話のもとになった信仰の流れを引くものであろう。

荒神谷《こうじんだに》遺跡から出土した銅剣

　出雲では、古くから剣の神にたいする信仰がさかんだった。島根県斐川《ひかわ》町荒神谷《こうじんだに》遺跡から、二世紀なかばの銅剣が三五八体まとまって出土している。

　この荒神谷遺跡は、大国主《おおくにぬし》信仰がつくられたころの出雲の各地の首長が銅剣を一本ずつもちよって行なった祭りの跡ではないかといわれる。

　出雲大社の御神体《ごしんたい》も剣である。

　こういった点からみて、出雲でまつられていた段階の素戔嗚尊が剣《つるぎ》神《がみ》であった可能性は高い。

製鉄で栄えた古代出雲

　古代出雲には、多くの鉄生産地が存在した（右の地図参照）。

　銅剣をまつっていた出雲の首長は、大陸から製鉄技術を得た五世紀以降、自らの手で祭器としての鉄剣をつくるようになったのであろう。素戔嗚尊の信仰圏である須佐《すさ》からも、製鉄遺跡がみつかっている。

　製鉄によって有力になった首長の守り神が、素戔嗚尊であった。そのことによって、素戔嗚尊が剣でもって悪神八岐大蛇を倒す話や、素戔嗚尊のもつ剣から三柱の女神が誕生する話がつくられたと思われる。

奇稲田姫《くしなだひめ》との結婚、そして根の国へ

◎素戔嗚尊のその後

素戔嗚尊《すさのをのみこと》は八岐大蛇《やまたのをろち》を倒したあと壮大な宮殿をつくり、奇稲田姫《くしなだひめ》を迎えて妻とした。そして、脚摩乳《あしなつち》を召して、彼をその宮殿づきの執事に任命し、稲田宮主神《いなだのみやぬしのかみ》の名を与えた…（中略）…素戔嗚尊は、子孫を多くのこした。やがて、そのなかから大国主命《おおくにぬしのみこと》という有力な指導者があらわれた。

戦士の神を迎え入れる生産者の神

188ページの真ん中の図に示した脚摩乳、手摩乳《てなつち》の別名からかんがみて、素戔嗚尊が与えた稲田宮主神の名は、脚摩乳と手摩乳のふたりに同時に与えられたものであるとみられる。

重要なことは、この命名によって、土地の神が稲田の神に変わったことである。

奇稲田姫の名も「すばらしい稲田」をあらわすものである。

こういった点からみて、八岐大《やまたのを》蛇《ろち》退治の神話をつぎのように意味づけできよう。

つまり、生産者である国つ神の脚摩乳らが、異なる世界からやって来た戦士の神である素戔嗚尊の力をかりて、自然の猛威を象徴する八岐大蛇を倒したとするものである。

戦士から司祭者となり、民衆を守る指導者へ

八岐大蛇退治の神話は、国をつくるためには、戦士の力と生産者の労働が必要であると説くものである。

しかし、八岐大蛇のような敵がいなくなれば、剣は祭器になり、戦士は司祭者として民衆を指導するように変わっていく。

左ページの「八雲《やくも》立つ」の和歌は、素戔嗚尊が夫として妻の奇稲田姫をいつくしむとともに、国という大きな家を経営して民衆の生活を安定させたことを祝福するものである。

八岐大蛇退治が象徴する意味

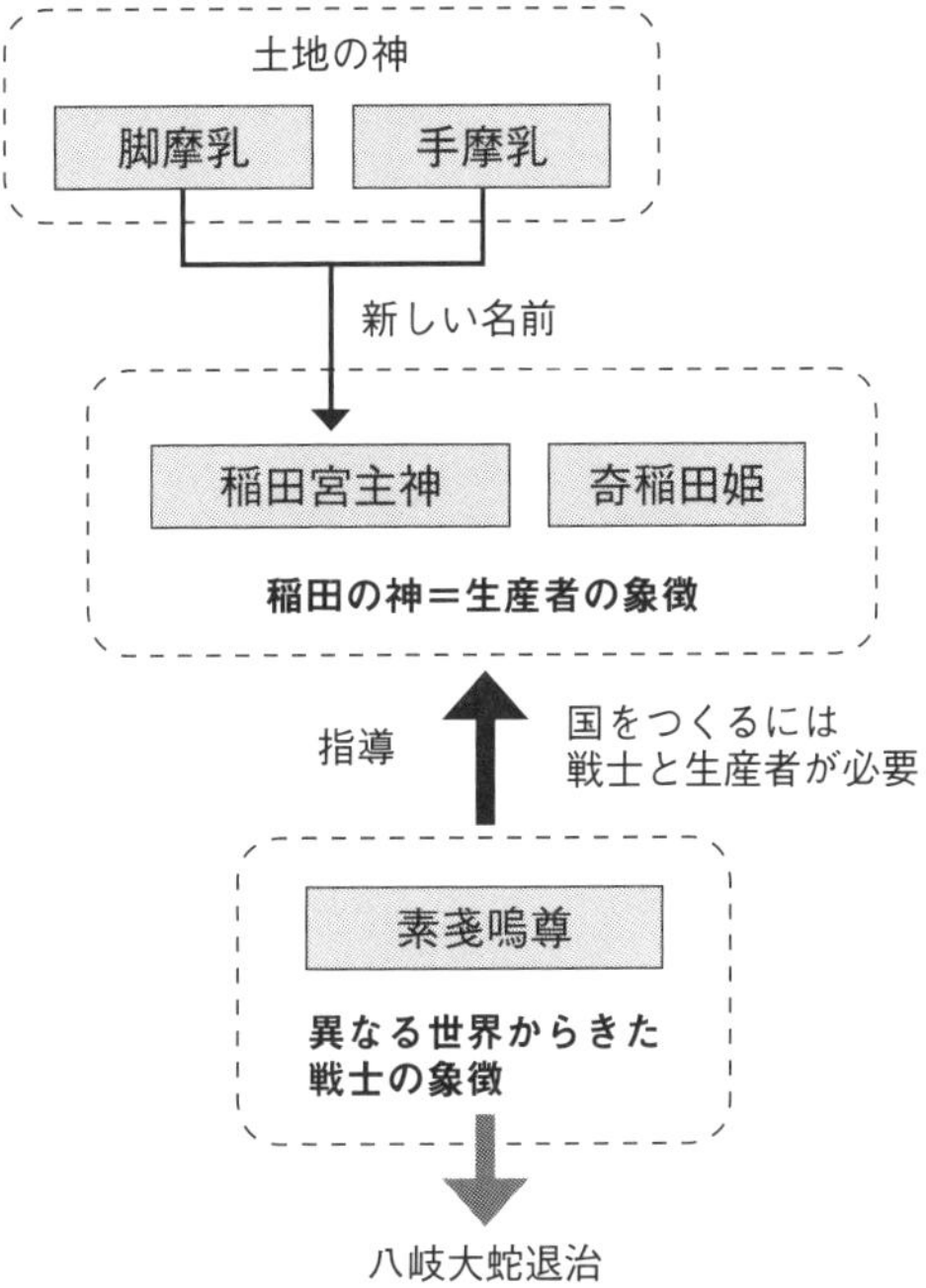

「八雲立つ」の和歌

●素戔嗚尊が須賀宮《すがのみや》をつくられたときに詠《よ》まれた和歌

八雲《やくも》立つ　出雲《いずも》八重垣《やえがき》　妻籠《つまご》みに　八重垣つくる　その八重垣を

訳　美しい雲に守られた出雲の国の屋敷よ　妻のためにつくった屋敷よ　すばらしい屋敷よ

解釈　愛する妻のために手間をかけて立派な屋敷をつくる行為が　すばらしいと語りきかせる和歌

古代人の世界観

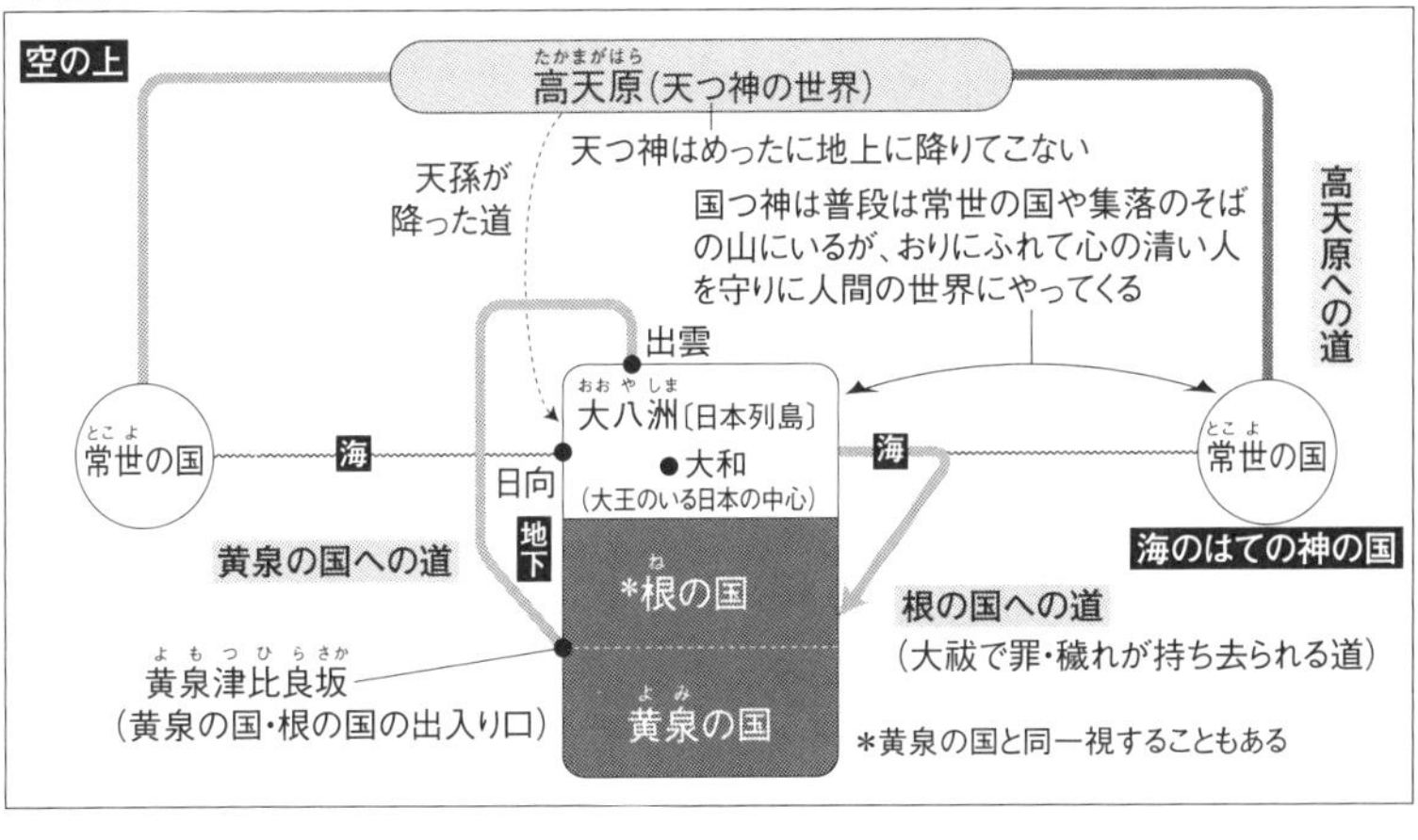

世代交代する神々

『古事記』は、素戔嗚尊《すさのをのみこと》と大国主《おおくにぬしの》命《みこと》とのあいだの系譜と、大国主命の物語のなかの大国主命が根《ね》の国にいる素戔嗚尊を訪ねる話だけを記すかたちをとる。

素戔嗚尊は後進に出雲の支配権を譲って根の国に去ったのであろうが、そのことをはっきり記した文献はない。『日本書紀』の第五の一書だけに、素戔嗚尊が紀伊国《きいのくに》の熊野から根の国に行ったとする記事がみえるだけである。

海のはての「根の国」とは

あとで記すように、地上と根の国とは黄泉津比良坂《よもつひらさか》でつながっていたとされている。

この点からだけみれば、根の国とは、伊奘冉尊《いざなみのみこと》がいる黄泉《よみ》の国と同じもののようにみられる。しかし、素戔嗚尊が住む根の国とは、黄泉の国のような恐ろしい世界ではない。

根の国の「根」は、生命の根源をあらわす語である。つまり「根の国」は「生命《いのち》の国」にあるが、古代日本にはそれに似た語意をもつ「常世《とこよ》（生命が永久に絶えない）の国」とよばれる世界もある。

前ページの図に、古代人の世界観を記しておいたので参考にしてほしい。

さらに、沖縄の人びとが、海のはてにある神々が住む美しい土地をあらわす言葉として用いた「ニライカナイ」の語は、「根の国」と同じ概念をあらわすとされている。沖縄で「ネ」が「ニ」に変わっていったといわれている。

つまり、常世の国ともよばれる根の国は、高天原《たかまがはら》とは別の神々の住む地であった。素戔嗚尊は、海のはての根の国から時折訪れて、人びとを助ける神としてまつられたのである。

死者を穢《けが》れたものとして嫌悪すれば、死後の世界は恐ろしい黄泉の国になるが、死者をあつくまつれば、死者は常世の国の神になるのだ。

次章からは、素戔嗚尊が根の国に去ったあとの地上を治めた大国主命の活躍をみていこう。

日本神話 7

幾度となく死に直面する大国主命の受難の秘密

――素戔嗚尊《すさのをのみこと》の子孫・大国主命《おおくにぬしのみこと》の死と再生――

大国主命《おおくにぬしのみこと》には八十神《やそがみ》とよばれる多くの兄弟の神がいたが、八十神たちは地上の支配権を大国主命に譲った。それは、つぎのようないきさつによるものである。

八十神は大国主命に自分たちの荷物をもたせて、因幡国《いなばのくに》の八《や》上比売《かみひめ》を妻にめとりにみなで出かけた。その途中、彼らは鰐《わに》に皮をむかれて苦しんでいる稲羽之素兎《いなばのしろうさぎ》に出会う。しかし、彼らはウサギを助けず、意地悪をした。

このあと、重い袋を背負わされたために遅れてやってきた大国主命が、稲羽之素兎を助ける。このウサギの力添えによって、大国主命は八上比売の愛を得た。

しかし、大国主命が八上比売を妻にしたことに腹を立てた八十神は、大国主命にさまざまな迫害を加える。そこで彼は、母神のすすめで、兄たちの攻撃を避けるために根《ね》の国の素戔嗚《すさのを》尊《みこと》を訪ねた。

素戔嗚尊は大国主命にいくつもの試練を課したが、大国主命は素戔嗚尊の娘の須世理毗売《すせりひめ》の助けで、みごとそれを克服した。

このあと、大国主命は彼女を妻に迎え、根の国の神宝をもって地上に帰った。そして、神宝の力で八十神を従えて出雲の支配者になった。

素戔嗚尊の子孫とされた大国主命《おおくにぬしのみこと》

◎多くの別名をもつ神・大国主命

国づくりをした神とたたえられる大国主命は、いくつもの名前をもった偉い神であった。素戔嗚尊は多くの子孫をもうけたが、そのなかで彼の嫡流《ちゃくりゅう》の六代目にあたる大国主命が、とくにすぐれていた。

大国主命のもっとも古い名前とは

大国主命の別名は多く伝えられるが、もっとも古い大国主命の神名は、土地の守り神をあらわす「国魂《くにたま》」であったと考えられる。

のちに、さまざまな敬称が加えられて「すぐれた国の守神」をあらわす「大国主」や、「すぐれた神々の指導者」をあらわす「大物主《おおものぬし》」の名がつけられた。

「国魂《くにたま》」がもたらす恵み

弥生時代の農耕生活から、土地の守り神である国魂をまつる習俗が発展していった。そのような信仰は祖霊信仰《それいしんこう》とよぶべきものである。

農業を営む集落で生活する人びとは、田畑をひらいた先祖に大そう感謝した。そして、亡くなった先祖の霊が自分たちの土地の守り神となって子孫を見守ると考えた。

そのような祖霊は、ふだんは集落の近くの山にいる山の神だとされ、農業に必要な山から流れでる川の水は、山の神の贈り物だと考えられた。

素戔嗚尊の流れをくむ六代の神

『古事記』では、大国主命を素戔嗚尊の六代目の子孫とする。そして、196ページの系図に示すように、素戔嗚尊と大国主命とのあいだに、出雲で信仰された有力な神や「国魂」の性格をもつ神が多くみられる。この系図は有力な国つ神を集めて、その上に素戔嗚尊をおくかたちでつくられたのであろう。

いっぽう、『日本書紀』では大国

大国主命の別名

『古事記』
- 大穴牟遅神《おおあなむちのかみ》……たいそう貴い神
- 葦原色許男神《あしはらしこおのかみ》…日本の強い男性の神
- 八千戈神《やちほこのかみ》………有力な武器の神
- 宇都志国玉神《うつしくにたまのかみ》…この世を守る国魂*の神

『日本書紀』
- 大物主神《おおものぬしのかみ》………すぐれた物*のあるじの神
- 国作大己貴命《くにつくりのおおあなむちのみこと》
- 葦原醜男《あしはらしこお》
- 八千戈神
- 大国玉神《おおくにたまのかみ》………すぐれた国魂の神
- 顕国玉神《うつしくにたまのかみ》

*「国魂」「物」は、神と同じ概念をあらわす

大国主命と天照大神の序列

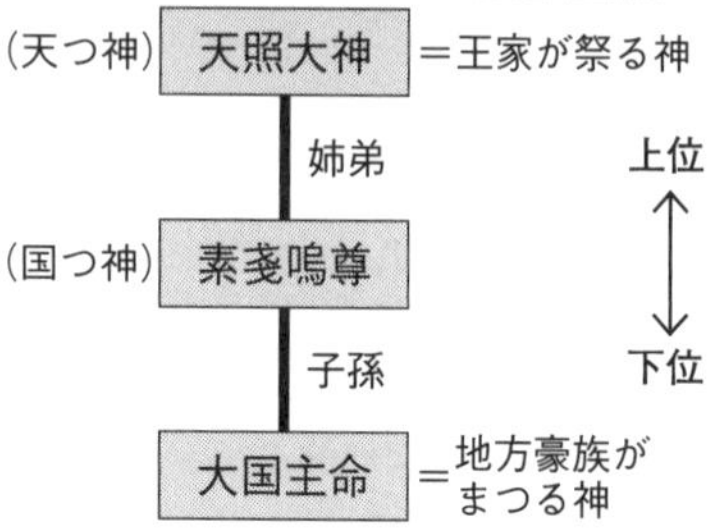

大国主命を素戔嗚尊の子孫とすることで、王家の権威を高める意味がある

素戔嗚尊の子孫たち

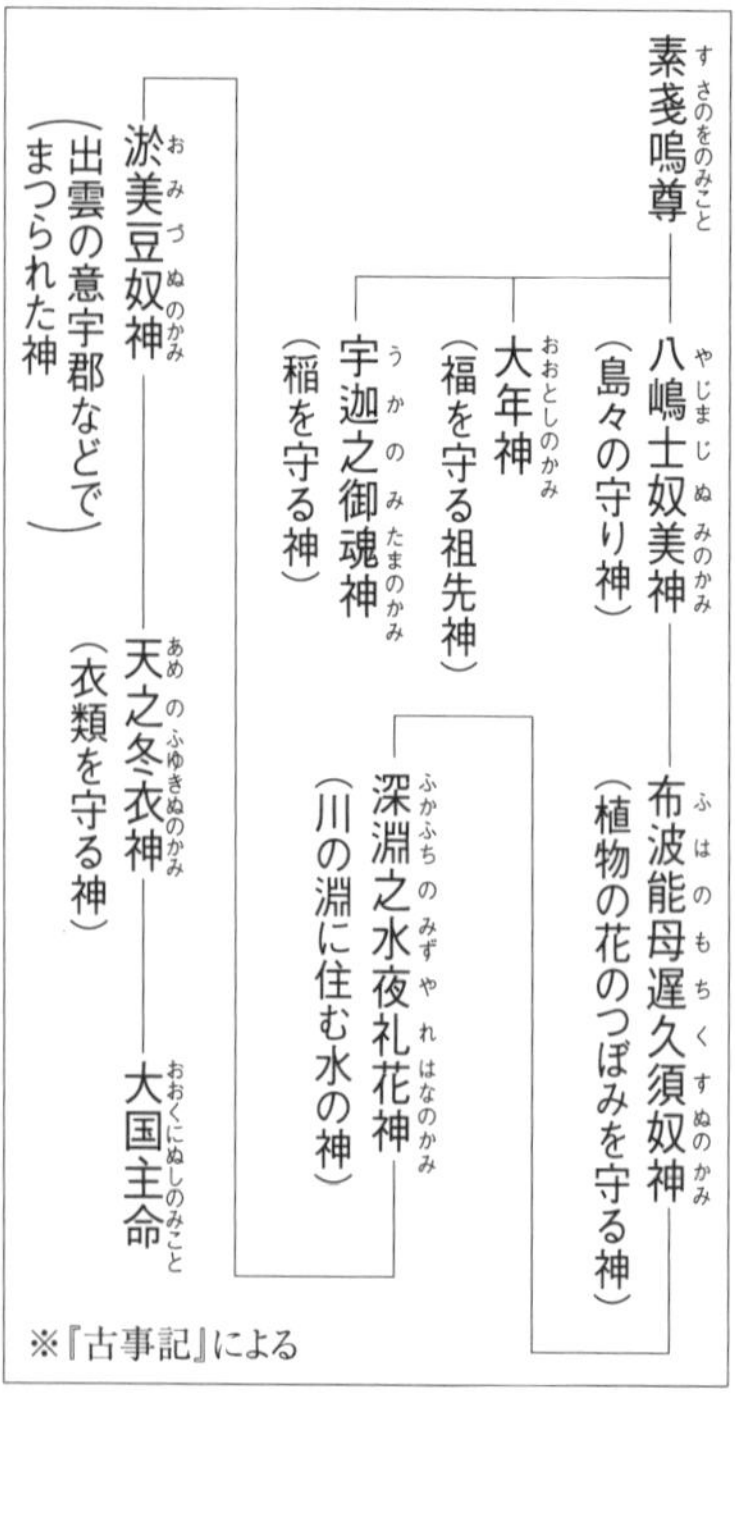

※『古事記』による

主命を素戔嗚尊の子とするが、その系図は出雲の信仰にかかわりなく便宜《べんぎ》的に書かれたものといえる。

王家につくられた〝穢れた神〟の系譜

日本神話が整えられた七世紀には、多くの地方豪族が大国主命《おおくにぬしのみこと》を自家の守り神としてまつっていた。彼らからみれば、もっとも権威の高い神が大国主命であった。

それゆえ、王家は地方豪族より優位にたつべく、大国主命を自家の祖先神である天照大神《あまてらすおおみかみ》の下にもってこようとし、大国主命を素《す》戔嗚尊《さのをのみこと》の子孫とする系譜がつくられた。これによって、大国主命は、いったん穢《けが》れを受けたのちに祓《はら》いを行なって許された素戔嗚尊の子孫とされたのである。

本土に渡ろうとした稲羽《いなば》之《の》素《しろ》兎《うさぎ》

◎大国主命と白ウサギ①

隠岐島《おきのしま》にいた稲羽《いなば》之《の》素兎《しろうさぎ》は、なんとかして本土に行きたいと考え、海面にならばせた鰐《わに》たちの背中をつたって因幡国《いなばくに》に向かった。

ウサギを襲った「鰐《わに》」とは何か

稲羽之素兎の不幸が、大国主命に幸運をもたらし、彼を国づくりを行なった偉大な神にした。

ウサギは「私の一族とあなたの一族と、どちらが多いか確かめるために、鰐《わに》の数を数えましょう」と言って鰐をならばせた。しかし、鰐たちの背中をつたって陸地にたどりつく寸前にウサギの悪だくみがばれてしまい、ウサギは鰐に皮をむかれてしまう。

あと（236ページ以降）でくわしく述べるように、古代人は巨大なサメを海神のつかいとみて「鰐」とよんで恐れていた。そして、海のそばで生活する人びとは、子供たちに「鰐に近づいてはならない」と教えた。

そのような古代人は、神のつかいである鰐を口先でだますような悪事をはたらいた稲羽之素兎は、海神の罰をうけて当然だと考えたのだろう。

稲羽之素兎の〝故郷〟は本土だった？

『塵袋《ちりぶくろ》』という後世の文献に、興味深い伝承がある。

稲羽之素兎は、もとは因幡国の竹林のなかにすんでいたが、その竹林は洪水で流されてしまったとするものである。

このときウサギは、竹の根に乗って流されて島根県の隠岐島に着いたという。ウサギの故郷は、本土であったのだ。

隠岐島は、かつて古代人が石器に用いた黒曜石《こくようせき》の産地であった。この黒曜石でつくられた石器は、縄文時代の山陰地方に広く分布している。

「石器の道」が生んだ稲羽之素兎伝説

山陰地方の縄文人にとって、隠《お》岐島《きのしま》は貴重な石器の産地であるとともに、容易に渡れない遠隔地であった。

それゆえ、彼らのあいだで石器を求めて隠岐に行ったまま帰ってこなかった者や、命がけの航海をして隠岐島から帰ってきた者の言い伝えが長く受け継がれたとみられる。縄文時代のそのような伝承が、稲羽之素兎の神話につながったのだろう。

日本神話は、稲羽之素兎は「兎《うさぎ》神《がみ》」という神であったとする。かつて、台風などにあいながら思いがけない幸運によって隠岐島から因幡国に帰りついた人がいたのかもしれない。

彼は、のちに航海安全の神としてまつられたのだろう。

そして、そのような冒険家の苦難の話が、鰐の背中を渡って本土にたどりつく話へと発展していったのだろう。

稲羽之素兎の進路

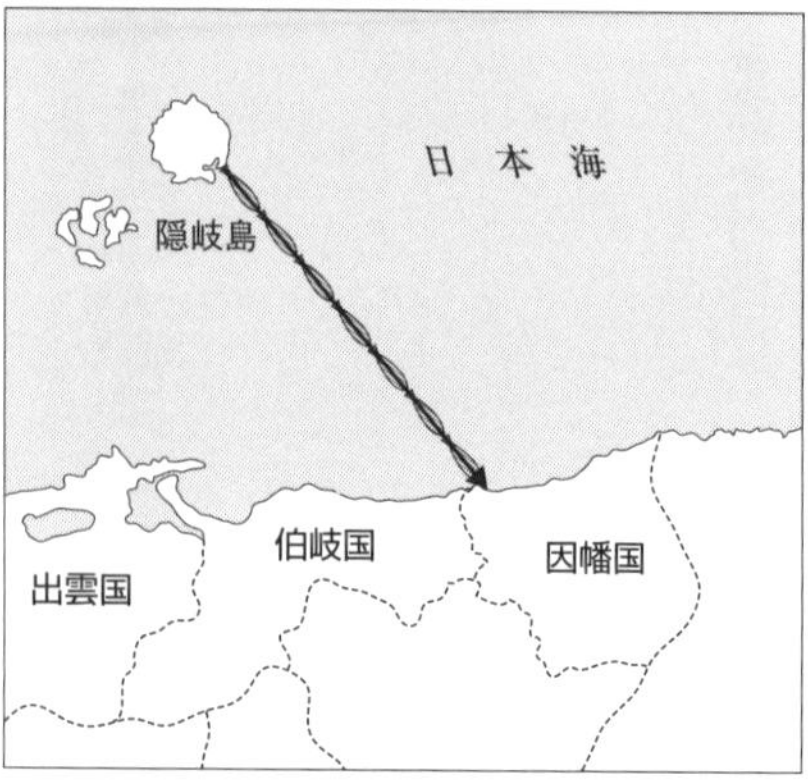

旧石器・縄文時代の黒曜石の産地

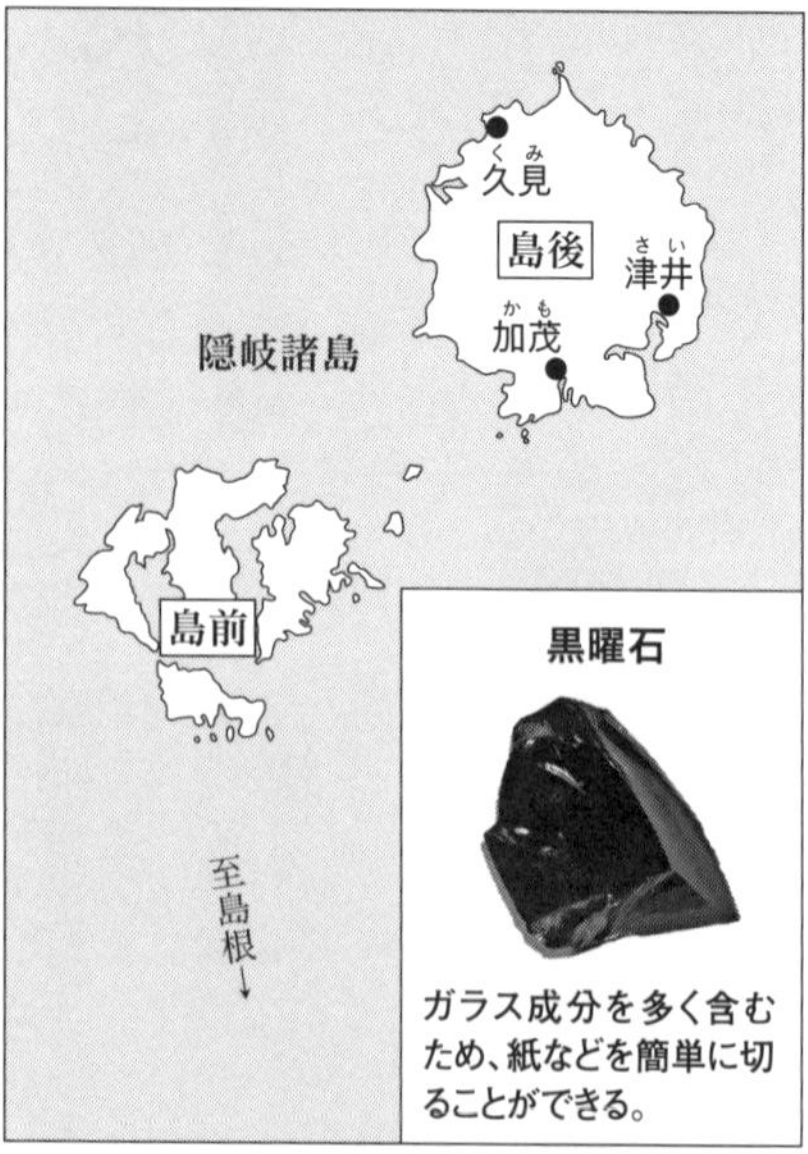

ガラス成分を多く含むため、紙などを簡単に切ることができる。

とくに、久見産の黒曜石は島根県内だけでなく、西は山口県から、東は滋賀県までで確認されている

大国主命、稲羽之素兎を救う

◎大国主命と白ウサギ②

大国主命《おおくにぬしのみこと》が八十神《やそがみ》のお供として因幡国《いなばのくに》の八上比売《やかみひめ》のところに向かっていたときに、鰐《わに》に皮をむかれた稲羽之素兎《いなばのしろうさぎ》に出会った。大国主命がウサギに、体を洗ってガマの穂にくるまるように教えると、そのとおりにしたウサギはもとのきれいな毛並みに戻った。

幸運をもたらす「まれびと」とは

じつは、稲羽之素兎の物語は、民話に多く出てくる「まれびとの来臨《らいりん》の話」のひとつであるとされている。

それは、神が不幸な生き物の姿になって人びとの前にあらわれ、自分にやさしくしてくれた者に幸運をもたらすというかたちをとっている（「舌切り雀《すずめ》」の話などがその仲間である）。

『古事記』には、皮をむかれたウサギが「兎神」であったとする記事もある。大国主命はウサギを助けたことをきっかけに、さまざまな苦難にあいながら、それを乗り越えて成功者になる。

この意味で兎神は、助けてくれた大国主命に良い運を与えたといえるだろう。

医術の神としての大国主命

あとに記す大国主命の国づくりの仕事のなかに、病気をしずめることがある。このことは、大国主命が呪医的性格をもつ神であったことを示している。

日本神話がつくられた時期には、ガマの穂は切り傷に効く民間薬として用いられていた。そのため、神話のよみ手は、ガマの穂の効用を知る大国主命を古代の医術に通じた神とみていた。

したがって、ここにあげた稲羽之素兎を救う話は、大国主命が若いときからすでに、国づくりの神となるのにふさわしい能力をもっていたことを示す意味もあったと考えてよい。

八上比売《やかみひめ》をめぐる争い

◎八十神と大国主命①

稲羽之素兎《いなばのしろうさぎ》は、大国主命《おおくにぬしのみこと》にこう言った。「八十神《やそがみ》は八上比売《やかみひめ》を手に入れられないでしょう。荷物もちをしていても、あなた様が八上比売にふさわしいお方です」。この言葉は、お告げ神の神託《しんたく》のようなものであった。この言葉どおりに、八上比売は大国主命を選んだ。

意地悪な八十神とやさしい大国主命

八十神は、古代の小国の若者をあつめた戦士の集団をあらわすものではないかと考えられている。

このような戦士集団の構成員は、誰もが「将来は小国の首長にのし上がってやろう」とか「戦士の指揮官になろう」と考え、たがいに激しく競いあう。

動物好きで心のやさしい若者は、そうした競争から取り残されてしまう。仲間の荷物運びをさせられた大国主命の姿は、そのような脱落者のありさまをあらわす。

八十神は、皮をむかれた稲羽之素兎をみて、イタズラしてやろうと考えた。そしてウサギに「海水を浴びて、風通しのよい山の上で寝ているとよいぞ」と言った。

この言葉に従ったウサギは、海水の塩分で肌が真っ赤にただれ、さらに苦しむことになる。

大国主命の〝勝因〟とは

勝ち残るためにまわりと競いあう日々を送っていると考えがかたよってくる。強者に媚《こ》びて、弱者を叩くのが当たり前だと思えてくるのだ。このような八十神は、ウサギを救う心のゆとりがなかった。

しかし、大国主命は、人間らしいやさしい心を失わずにいた。このことによって、彼は兎神の助けを得た。八上比売も、生き物を愛する大国主命を、八十神よりすぐれた人間だと思えたのであろう。

稲羽之素兎の物語は、やさしい心をもつ者が成功者になることを教えているといえる。

八十神《やそがみ》の逆襲で死んだ大国主命

◎八十神と大国主命②

八十神は八上比売をとられたことを怒り、大国主命を殺そうとする。そして、彼を山のふもとに連れて行って「おれたちがこの山の赤いイノシシを追い落とすから、下でつかまえろ」と命じると、岩を真っ赤になるまで焼いて山から落とした。大国主命は焼けた岩に押しつぶされて亡くなった。

大国主命憎しで団結する八十神

八十神は、それまで八上比売を取り合ってたがいにいがみ合っていた。しかし、日頃から見下している大国主命が八上比売の愛を得る予想外の事態にあい、心をひとつにした。

こうなると怖い。平凡な人間が群集心理で予想もつかないような乱暴をはたらくからだ。大国主神話には、いつの時代でも変わらない人間の心理が描かれている。

いっぽう、古代の社会には、ひとつの集団の構成員がそろって若者を苦しめるかたちの「成年式」が多くみられた。この成年式が、八十神の怒りの話のもとになったとする見方もある。

「死と再生」は成年式に不可欠だった

若者は成年式の場で、年長者が課した種々の試練をやりとげねばならなかった。これができてはじめて成年としてあつかわれ、一人前に人びとと交流し、嫁をもらう資格を得る。まわりから反感をかっていた若者は、成年式のときに意地悪をされて大いに苦労する。

オーストラリアのウイラブリ族の成人式には、成人を迎える若者の身代わりとなる人形を森のなかで焼く儀式があるが、これは、未熟な成人前の若者が成人式でいったん死に、新しい人間として蘇《よみがえ》ることを象徴するものだ。

このような発想は、かつて南方に広くみられたと思われる。

天つ神・神皇産霊尊《かみむすひのみこと》の助けによる蘇《よみがえ》り

◎大国主命の再生①

大国主命《おおくにぬしのみこと》の母神は、わが子の死を悲しみ、高天原《たかまがはら》に行って神皇産《かみむす》霊尊《ひのみこと》に救いを求めた。そこで、神皇産霊尊はふたりの娘を地上に送り、大国主命を生き返らせた。

貝の女神に救われた大国主命

八十神《やそがみ》によって殺された大国主命だったが、彼はまもなく蘇《よみがえ》ることになる。

神皇産霊尊の娘蚶貝比売《きさがいひめ》は、焼けた岩にへばりついた大国主命の体を、貝のからで岩からはがした。ついで、神皇産霊尊の娘の蛤貝比《うむがいひ》売《め》が母神の乳に薬をまぜて、大国主命の体に塗った。

この二神のはたらきによって、大国主命はもとのような美しい男性に戻ったという。

真っ赤な石と貝とは何をあらわすか

蚶貝比売は赤貝の精であり、蛤貝比売は蛤《はまぐり》の精であるとされる。この二柱の貝の神は出雲国の島根郡でまつられていた。いずれの神も貝が多くとれる土地を守る海神である。

山から来る悪神八岐大蛇《やまたのをろち》は赤い目をしていたとされ、大国主命は山から落ちてきた真っ赤に焼かれた石によって殺された。このような話のなかの「赤い」色は、山の不吉なものをあらわすものであった。

そして、山の悪い力によって殺された大国主命が、生命の源《みなもと》である海に生きる貝の神の力によって救われたとされたのである。

出雲的な神の性格をもつ天つ神・神皇産霊尊

日本神話には、神皇産霊尊が蚶貝比売と蛤貝比売とを送って大国主命の命を救い、のちに少彦名《すくなひこな》命《みこと》に大国主命の国づくりを助けるように命じたと記されている。
　これに対し、神皇産霊尊と対《つい》になる高皇産霊尊《たかみむすひのみこと》は、国譲りの手助けをするなど皇室寄りの動きをとったとされる。

　これは、日本神話のなかに、中立の神、大和《やまと》的な神（陽の性質の神）、出雲的な神（陰の性質の神）をあわせて造化《ぞうか》三神とする図式があったことを示す。

　大国主命は、このあとふたたび八十神に殺されるが、このときも蘇《よみがえ》る。そして母神のすすめで、次項以下に記す根《ね》の国への冒険旅行に出かけたとされる。

造化三神の役割

大和的な神——高皇産霊尊《たかみむすひのみこと》
中立の神——天御中主尊《あめのみなかぬしのかみ》
出雲的な神——神皇産霊尊《かみむすひのみこと》

大国主命にまつわる地

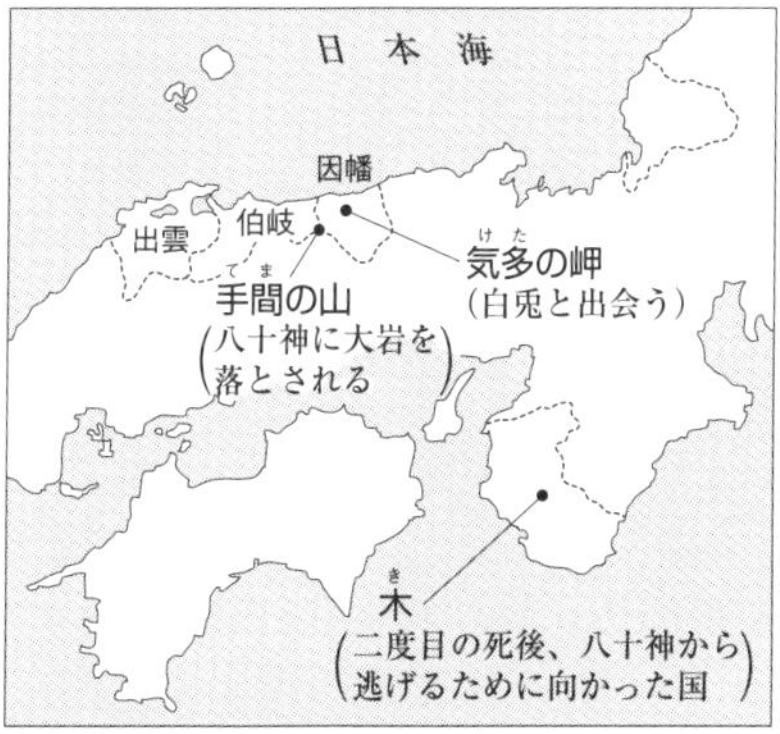

大国主命の2度目の死

八十神が大国主命《おおくにぬしのみこと》を山に連れていく

↓

大きな木を切り、その割れ目に大国主命を入れてはさみ殺す

↓

母神が木を裂いて大国主命を助ける

↓

母神のすすめで大国主命は木《き》の国（紀伊国）の大屋毘古神《おおやびこのかみ》のもとに逃れるが、八十神が追ってくる

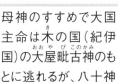

大国主命、根の国の素戔嗚尊を訪ねる

◎大国主命の再生②

大国主命《おおくにぬしのみこと》が根《ね》の国の素戔嗚尊《すさのをのみこと》の御殿を訪れたとき、素戔嗚尊の娘須世理毗売《すせりひめ》が彼を迎えに出てきた。このとき、大国主命と須世理毗売は強くひかれあった。

再生するたびに成長する王者

「美しい男の方がいらっしゃいました」という娘の言葉を聞いた素戔嗚尊は、地上からの客を歓迎しなかった。彼は、大国主命を夜中に蛇の群れが出てくる恐ろしい蛇の室屋に通したのだ。

根の国は、死者の住む国である。日本神話は、大国主命は地上で二度死んで二度蘇《よみがえ》り、さらにふつうの者ならとうてい生きて戻れない根の国に行って、そこから生還したという。

このような物語は、王者は再生することによってすぐれた能力を身につけるとする発想からつくられた。アフリカから東アジアにいたる広い範囲で、王者が即位式に「死と再生」をあらわす儀式を行なう習俗がみられる。

あとでくわしく紹介するが、天皇が即位したときに行なわれる大《だい》嘗祭《じょうさい》のなかの真床追衾《まとこおうぶすま》の儀式は、皇族のひとりであった人間としての新帝がいったん死に、天皇という神として蘇ることを象徴するものである。

国作りの指導者に課される試練

大国主神話は、大国主命が何度も殺されることにより、殺された数だけ偉大になり、国づくりをする能力を身につけたと主張するものである。

207ページの表に示したように、大国主命は根の国でも多くの苦難にあった。しかし、彼は須世理毗売の助けによって、それを乗り切っていく。

やまない大国主命の苦難

◎大国主命と素戔嗚尊①

須世理毗売は父に内緒で、蛇の室屋に入れられた大国主命に蛇の領《ひ》布《れ》（蛇よけの長い布）を渡した。そして、蛇が襲ってきたらそれを振るように教えた。蛇が出てきたときに大国主命が領布を振ると、蛇はおとなしくなった。

東南アジアに伝わる「服役婚」の習俗とは

大国主命の根の国での苦難の物語は「服役《ふくえき》婚」の習俗と深くかかわるものではないかとされている。東南アジアには、結婚に先立って花婿が花嫁の実家に住みこみ、一定期間働く服役婚の習俗が広くみられる。

いつの時代でも、父親は娘を奪っていく若い男に強い反発を感じる。そこで、求婚者が娘の育った家の家長《かちょう》である父親のもとで一定期間働いて過ごし、自分が娘にふさわしい人間であることを父親に認めてもらう習俗がつくられたのである。

素戔嗚尊は、大国主命に過酷な試練を課したとされているが、それは娘を思う親心からなされたものであった。

「難題婿」の物語への発展

服役婚の習俗のなかから、難題《なんだい》婿《むこ》の物語がつくられた。それは、娘の父親が求婚者に難題を課し、求婚者が娘の助けをうけてそれを乗り切るものである。

大国主命の根の国訪問の神話が、古代日本にあった服役婚の習俗のなかからつくられたことは、間違いない。

さらに東南アジアの宗教団体のなかに、入信者に蛇や蜂《はち》のいる部屋で過ごす度胸試しを課すものがあった点にも注目したい。こういった習慣の伝聞をもとに、大国主命の難題婿の話が蛇や蜂が登場する恐ろしげなものになったのであろう。

大国主命、三つの宝を得る

◎大国主命と素戔嗚尊②

大国主命《おおくにぬしのみこと》は、素戔嗚尊《すさのをのみこと》が眠っている隙《すき》をついて、須世理毗売《すせりひめ》を連れ、生太刀《いくたち》などの神宝をもって逃げだした。

大国主命が得た根の国の呪術

鎮魂祭にあたる神職は、このように主張する。

「このとき大国主命が、策略で素戔嗚尊の動きを封じて根の国の宝をもってこなければ、人間の生死は根の国の神に握られていた。しかし、彼のはたらきによって、鎮魂という呪術を用いて寿命をのばすことができるようになった」

大国主命は、素戔嗚尊の髪の毛を屋敷の屋根裏にわたした垂木《たるき》に結びつけて身動きできなくし、逃げだしたという。

このように策略を用いて恐ろしいものを身動きできなくして逃げるという話は、インドネシアなど南方に広くみられる。

死者をも蘇《よみがえ》らせる鎮魂祭の呪具

大国主命が根《ね》の国からもってきた生太刀・生弓矢《いくゆみや》と天《あめ》の沼琴《ぬごと》は、皇室の重要な祭りのひとつである鎮魂祭《ちんこんさい》で用いる呪具であった。それらの呪力によって、死んだ者も生き返るといわれるほどの呪具である。

この鎮魂祭は、大和朝廷の発祥時に三輪山《みわやま》の大物主神《おおものぬしのかみ》の祭りとして行なわれていたと思われる。

そして、四世紀に鎮魂祭の場が北方の石上《いそのかみ》神宮に移り、物部《もののべ》氏がその神事を受けもつようになった。さらに、七世紀末の宮廷儀礼の整備のなかで、鎮魂祭が朝廷で行なわれるようになった。

これらのことから、大国主命の根の国訪問の話は、もとは大国主命と同一の神である大物主神のための鎮魂祭をはじめた由来を説くものであったと思われる。

根の国での大国主命の苦難

蛇の室屋に入れられる →	須世理毗売《すせりひめ》にもらった蛇の領布《ひれ》を振って蛇をしずめる
⇩	
ムカデとハチの室屋に入れられる →	須世理毗売にもらったムカデとハチの領布を振ってムカデとハチをしずめる
⇩	
野原にいたところ、まわりから火をかけられる →	ネズミの教えでほら穴に入って助かる
⇩	
素戔嗚尊《すさのをのみこと》の頭にたかったムカデを取らされる →	須世理毗売にもらったムクの木の実と赤土を口に含んで吐き、ムカデを嚙みつぶしたふりをする
⇩	
素戔嗚尊がムカデ取りをしてもらっていると思い、気分をよくして眠ったすきに、素戔嗚尊の髪の毛を屋敷の屋根裏にわたした垂木に結びつける。こうして素戔嗚尊を身動きできないようにして逃げだす	

根の国の宝

生太刀《いくたち》………強い呪力をもつ祭器
生弓矢《いくゆみや》………強い呪力をもつ祭器
天の沼琴《あまのぬごと》……神をよぶ琴

➡ 医療やまじないの力で八十神《やそがみ》をしたがわせる

素戔嗚尊の後継者となる大国主命

◎大国主命と素戔嗚尊③

素戔嗚尊《すさのをのみこと》は、垂木《たるき》に結ばれた髪の毛をほどいて大国主命《おおくにぬしのみこと》と須世理《すせり》毘売《ひめ》のあとを追い、大国主命に「根《ね》の国の呪具を用いて地上の王者になれ」とよびかけた。

古代人の理想のリーダー像とは

素戔嗚尊が根の国のはずれに駆けつけたとき、大国主命たちはすでに、根の国と地上とを結ぶ黄泉《よも》津比良坂《つひらさか》を越えていた。そこで、素戔嗚尊は娘を取り返すことをあきらめ、大国主命を娘の結婚相手として認めて、彼を祝福した。

このとき、素戔嗚尊はこう言ったという。

「生太刀《いくたち》、生弓矢《いくゆみや》を用いて、そなたの兄たち、弟たちを従えよ」

この言葉は、武器を使って兄弟たちを討つことを意味するものではない。生太刀、生弓矢は、病気を治すなどして人間の寿命をのばす呪具であり、古代人は、医療やまじないを行なう者を自分たちの首長としてあがめた。

八十神は、大国主命が役に立たない者だと考えていじめてきたが、大国主命が病気を治す力をもっていると知ると、万一のときに大国主命に助けてもらおうとして、彼を立てるようになった。

首長を支える巫女《みこ》の呪力

とはいえ、大国主命は、生まれつきの呪術師ではない。大国主命の呪力が、須世理毘売から与えられたものである点に注意したい。

古代の巫女《みこ》は、病気治療の呪術を行なうときに領布《ひれ》を用いた。それを振ることによって、他界に迷いこんだ病人の魂をよび戻したのである。

前に記したように、日本神話は、大国主命が須世理毘売から借りた領布のおかげで、蛇の室屋と百足《むかで》と蜂《はち》の室屋の災難を避けることができた。

こういった話は、首長が自分の一族の女性のもつ巫女としての呪力によって、人びとを指導していた社会でつくられたとみられる。

前に天照大神《あまてらすおおみかみ》と素戔嗚尊との組み合わせが、卑弥呼《ひみこ》と彼女の男《だん》弟《てい》との関係に近いことを指摘したが、大国主命と須世理毗売の夫婦も、これに似たものといえる。『古事記』や『日本書紀』に、呪力をもつすぐれた女性に支えられた男性がすぐれた指導者になったという話が多く出てくる。

日本の人びとは、縄文時代から、大和《やまと》朝廷の誕生後まもない時期（三〇〇年ごろ）までの長期にわたって、巫女が語る神託《しんたく》に従って生活していたのである。

「英雄求婚譚」からみえる他国との違い

大国主命の根《ね》の国訪問の話を、

巫女に支えられた男性指導者の例

巫　女	男性の首長
天照大神《あまてらすおおみかみ》	素戔嗚尊《すさのをのみこと》
須世理毗売《すせりひめ》	大国主命《おおくにぬしのみこと》
倭迹迹日百襲姫命《やまとととひももそひめのみこと》	崇神《すじん》天皇
神功《じんぐう》皇后	仲哀《ちゅうあい》天皇

英雄求婚譚の類型

英雄が他界に行く

↓

数々の試練を受ける

↓

他界の王女を妻にして宝物を持ち帰る

外国型：宝物を財産にして、二人は豊かに暮らす

日本型：須世理毗売《すせりひめ》の呪力を大国主命《おおくにぬしのみこと》が得た宝とする

世界に広く分布する「英雄求婚譚《たん》」のひとつとする説もある。それは、英雄が他界に行き、さまざまな試練を乗り切ったのちに他界の王女を妻にして、他界の宝物を持ち帰るかたちをとる。

ところが、外国の英雄求婚譚の多くは、他界の美女は恋愛の対象であり、英雄が得た宝物はふたりが豊かな生活を送るための財産だとするかたちをとる。

対して、日本神話は、須世理毗売のもつ呪力を大国主命が得た宝としている。

このような日本的英雄譚が、巫女が尊敬された社会でつくられたことはまちがいない。

次章では、須世理毗売のもつ根の国の呪具を得たあと、大国主命の国づくりがどのようになされたかをみていこう。

日本神話　8

国づくりと天の神々の来訪——

平穏をもたらした地上の神が「国譲り」を強《し》いられた謎

大国主命《おおくにぬしのみこと》は、根《ね》の国から戻ると、生太刀《いくたち》と生弓矢《いくゆみや》をもって兄の八十神《やそがみ》を従えた。ここから、大国主命の国づくりがはじまった。

このとき、須世理毗売《すせりひめ》が大国主命の正妻とされたために、八《や》上比売《かみひめ》は子供を残して因幡国《いなばのくに》に帰ってしまった。

このあと、小さな体をした少彦名命《すくなひこなのみこと》が海の向こうから大国主命のもとを訪ねてきた。彼は神皇産霊尊の子神で、父神の指のあいだから地上に落ちてきたのである。

この少彦名命が父神の言いつけによって、大国主命の仕事を助けることになった。少彦名命の知恵に支えられて、国づくりの事業は大いに進んだ。

少彦名命が常世《とこよ》の国に去ると、今度は大物主神《おおものぬしのかみ》があらわれて、大国主命の国づくりを助けてくれた。やがて大国主命の子孫の神が多く生まれ、国つ神の支配のもとで、人びとは平和に過ごした。

しかしあるとき、高天原《たかまがはら》の天照大神が「日本はわが子孫の治める国である」と言いだした。そのため、高天原の使者の言いつけに従って、大国主命は身を隠し、地上の統治権を皇室に差しだすことになった。

知られざる〝小さな神〟の来訪

◎大国主命の国づくり①

出雲の美保《みほ》の岬《みさき》に、小さな神がやってきた。神は、ガガイモ（マメ科の植物）でつくった舟に乗り、蛾《が》の羽でつくった衣服を着ていた。大国主命が久延毗古《くえびこ》に彼の名を聞くと「神皇産霊尊《かみむすひのみこと》の子の少彦名《すくなひこな》命《みこと》」と教えられた。そこで大国主命は、少彦名命を自分のもとに預けてくれるよう神皇産霊尊に頼んだ。

カカシの神の教えを乞う

大国主命が小さな神の名前を聞いたところ、誰も知らなかった。そこで彼は、ヒキガエルのすすめで、知恵者であるカカシの神久延毗古のもとを訪ねたという。

古代、カカシは田の所有権の標識として用いられ、そこから田の神、水の神としてまつられた。さらに、昼夜田中にいるカカシはあらゆるものを見てきた物知りとされた。

ちなみに、大物主神《おおものぬしのかみ》（大国主命と同一の神）をまつる大神《おおみわ》神社のそばに久延彦《くえびこ》神社（31ページの地図参照）がある。

大国主命は、先祖の素戔嗚尊《すさのをのみこと》と同様、人間より大きな巨人神であった。そして、彼とともに活躍した少彦名命は、神皇産霊尊の手の指のあいだからこぼれ落ちた、わずか数センチメートルほどの小さな神であった。

このように、古代の日本には、力を象徴する大きな神と知恵をあらわす小さな神とが人びとを助ける話が多くみられる。

まれびとの来臨は何をもたらすか

日本神話は、少彦名命が、海のはての未知の世界から異様な姿をして出雲の地に来たとする。このような姿の神の出現の話は、前にあげた「まれびと（呪力をもった遠来の客）の来臨」の物語のひとつの型である。

体が小さく力も弱い「まれびと」

に手をさしのべて、彼らを野獣の害から守ってやった者は「まれびと」からさまざまな幸運を与えられる。

じっさい、大国主命は少彦名命から多くの有益な知識を得た。

少彦名命の漂着場所とその活躍

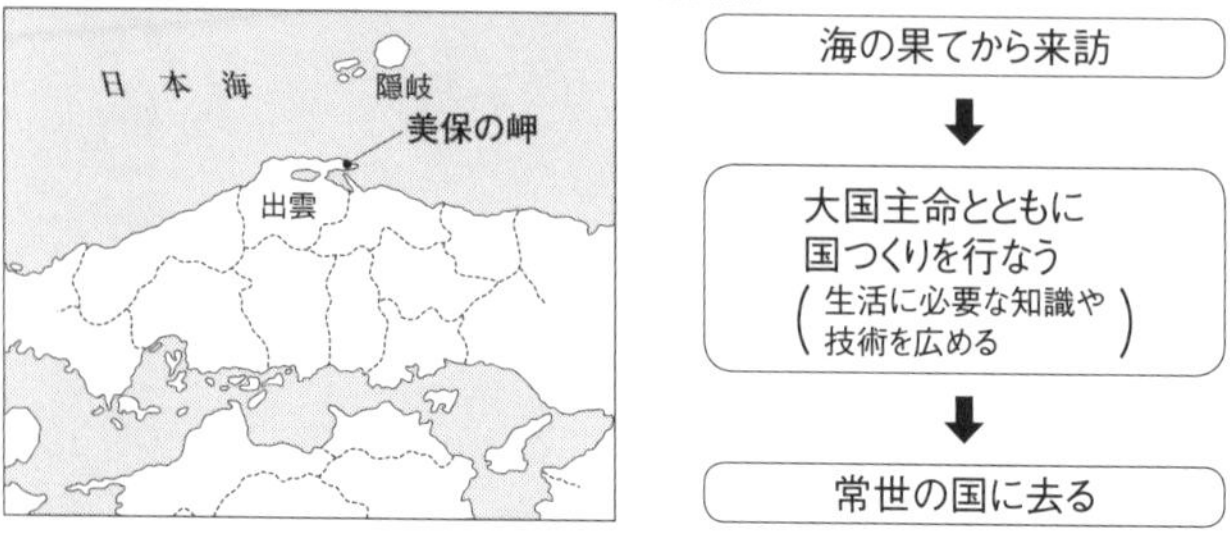
日本海
隠岐
美保の岬
出雲
海の果てから来訪
大国主命とともに国つくりを行なう（生活に必要な知識や技術を広める）
常世の国に去る

国作り事業の内容

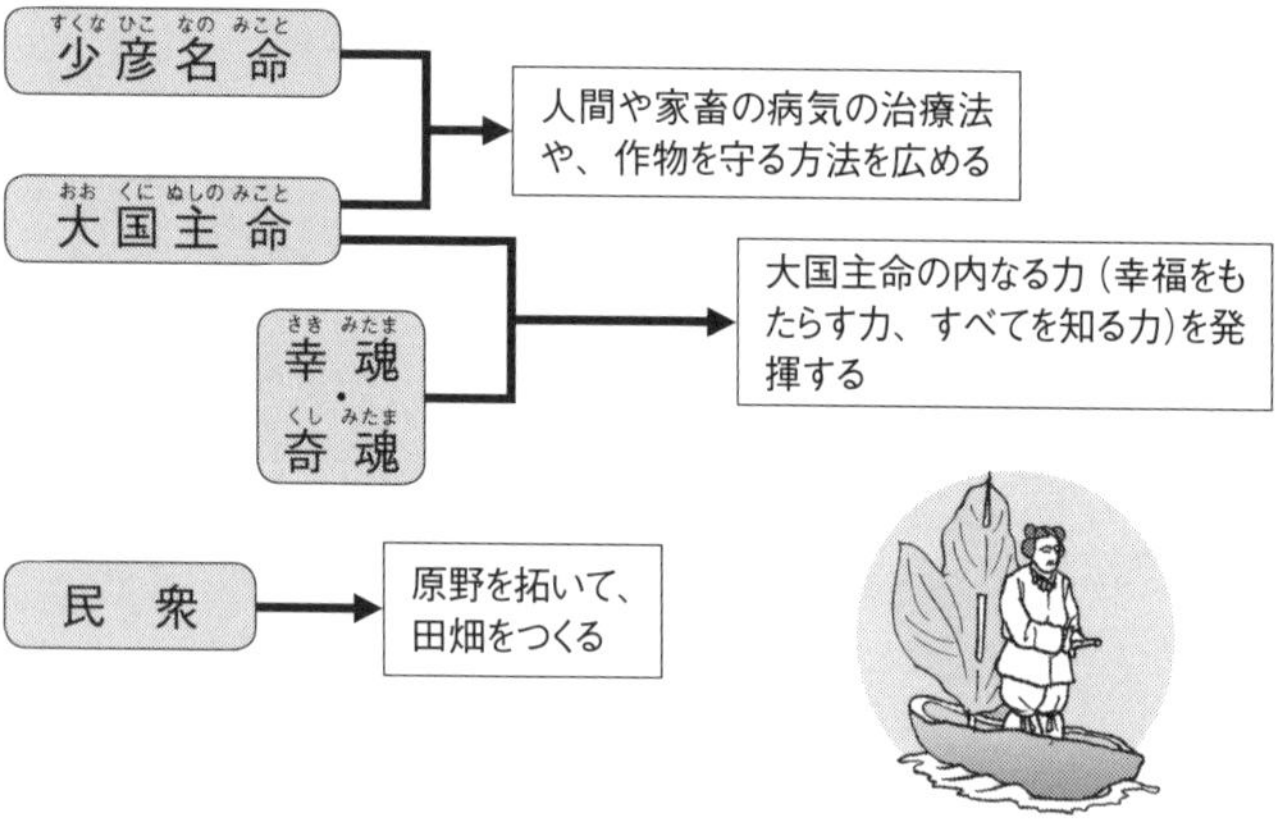
少彦名命《すくなひこなのみこと》
大国主命《おおくにぬしのみこと》
人間や家畜の病気の治療法や、作物を守る方法を広める
幸魂《さきみたま》・奇魂《くしみたま》
大国主命の内なる力（幸福をもたらす力、すべてを知る力）を発揮する
民衆
原野を拓いて、田畑をつくる

「一寸法師《いっすんぼうし》」の話も、これと同じ小さな姿の「まれびと」の物語である。たしかに、一寸法師を家族の一員として受け入れた五条《ごじょう》の大《お》臣《とど》の娘は、鬼に襲われたときに一寸法師に助けられている。

恵比寿神としてまつられた少彦名命

古代の日本には、海のはてから来た見なれないものを「恵比寿神」としてまつる習俗があった。これは前にもあげた、海のはてに常世《とこよ》の国という神々の世界があるとする信仰からくるものである。

海岸に漂着したものは、すべて常世の国からの贈り物とされた。それゆえ、恵比寿神をまつる神社にはサメの骨や流木を御神体《ごしんたい》としたところもある。

常世の国に去る少彦名命《すくなひこなのみこと》

◎大国主命の国づくり②

少彦名命《すくなひこなのみこと》は、大国主命《おおくにぬしのみこと》とともに国づくりにあたったが、あるとき粟《あわ》の茎《くき》に登っていたところ、曲がった茎がまっすぐに戻る力にはじかれて、常世《とこよ》の国に去っていってしまった。

二神による「国づくり」の中身とは

少彦名命は、大国主命とともに「人間や家畜の病気の治療法を広めたり、作物を守る方法を教えたり」（『日本書紀』第六の一書）して国を治めたという。

この記事からみて、大国主命と少彦名命が行なった「国づくり」が、生活に必要な高度な知識や技術の普及であったことがわかる。

この「国づくり」は、国土をつくることや、田畑をひらくことではない。前に述べたように、国土をつくったのは伊弉諾尊と伊弉冉尊の夫婦の神であった。原野を豊かな農地に変えるのは、人間の仕事である。

このような大国主命の「国づくり」の話は「人間は、神のはたらきに頼って怠《なま》けて過ごしてはならない。生活を豊かにするための労働が尊《とうと》い」と教えるものであろう。

座敷童と小さな神との関係

日本の各地に、知恵のある子どもの神をまつる習俗がある。そのなかでも、東北地方の民話にみられる座敷童《ざしきわらし》はよく知られている。

以前に述べたように、縄文時代には、素戔嗚尊《すさのをのみこと》や大国主命に連なる自然の猛威をあらわす巨大な神がまつられた。

そして人びとは、巨大な神が怒ったときにそれをしずめる知恵をもつ小さな神をも、一緒にまつったのである。

大国主命の国づくりの物語は、縄文時代以来の信仰のうえにつくられたものだといえよう。

助けに現れた大物主神《おおものぬしのかみ》

◎大国主命の国づくり③

少彦名命《すくなひこなのみこと》に去られてしまった大国主命《おおくにぬしのみこと》は、「私ひとりの力では、国づくりの大事業を成しとげられまい」と嘆《なげ》いていた。すると、海を輝きわたらせて来る神がいた。その神は「おまえを手助けしてやろう」と言った。

三輪山の神とは大国主命自身？

大国主命のもとに来た神は「われをまつれば、国づくりは成しとげられよう」と告げた。そこで、大国主命がその神の名を聞くと「われは、おまえの幸魂《さきみたま》、奇魂《くしみたま》である」という答えがあった。

この神は、三輪山《みわやま》の頂《いただき》におられる神だとされる。日本神話のこの部分には、三輪山の神の名は記されていないが『日本書紀』などによって、三輪山の神の名前が大物《おおもの》主神《ぬしのかみ》であったことがわかる。

この「大物主神」の名前は大国主命の別名でもあるから、大国主命が自分自身を神としてまつったという奇妙なことになるが、古代の朝廷では、首長霊《しゅちょうれい》信仰によって、このような祭りが日常的に行なわれていた。

弥生人の世界観と首長霊信仰

弥生時代の日本人は、農耕生活のなかから、ひとりの人間が多くの霊魂に守られて生きているとする世界観（祖霊信仰）をつくりあげた。その信仰にもとづいて祖先の祭りを行なえば、いく人もの祖先の霊魂がつねに自分のそばにいて守ってくれるとされた。

このような、祭りの対象となる祖霊のなかには、水の神（水をつかさどる精霊）や風の神、土の神などと親しい祖霊もいると考えられた。そのため、祖霊の守りをうけた人間は、水、風、土などの助けをうけて安心して農業を営めるとみられた。

つまり、弥生時代以後の日本人

首長霊信仰

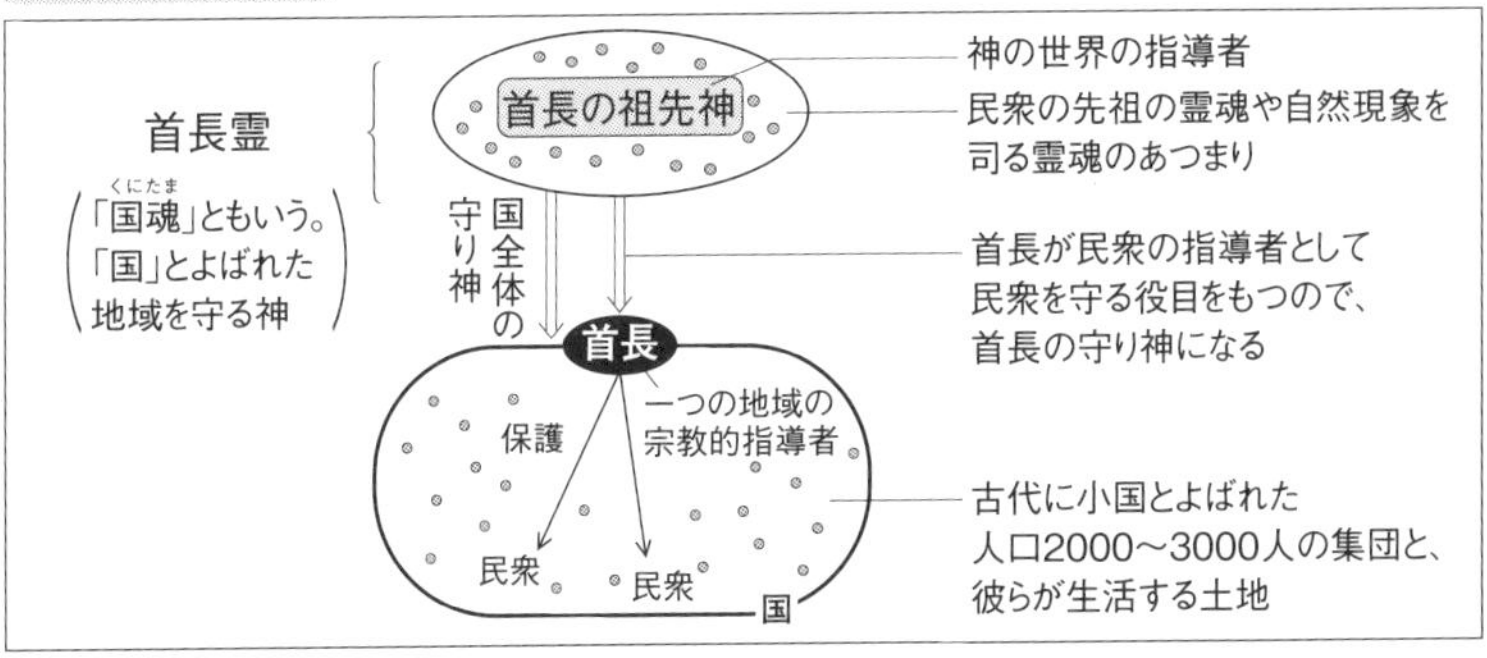
首長霊
「国魂《くにたま》」ともいう。「国」とよばれた地域を守る神
首長の祖先神
神の世界の指導者
民衆の先祖の霊魂や自然現象を司る霊魂のあつまり
国全体の守り神
首長が民衆の指導者として民衆を守る役目をもつので、首長の守り神になる
首長
一つの地域の宗教的指導者
保護
民衆
民衆
国
古代に小国とよばれた人口2000〜3000人の集団と、彼らが生活する土地

は、自分が多くの祖霊や自然とともに生きているとする世界観をもっていたのである。

このような祖霊信仰にもとづく祖先のまつりは、神をまつる行為であるとともに、自分と一体となった霊魂を力づけることであった。

大和朝廷成立後の王家は、王家の祖先の霊を、大和朝廷の支配下のすべての人間の守り神である首長霊とした。そして、自家の祖先の霊を三輪山でまつった。

そうなると、三輪山の祭りはかなり複雑な性格のものになる。つまり、大王《おおきみ》がまつるつぎの三つの性格を合わせたもの、第一に自分自身と一体化した神々であり、第二に王家の守り神であり、第三に王家の支配下のすべての人の守り神であるのだ。

国づくりを進めた「幸魂《さきみたま》・奇魂《くしみたま》」とは何か

何度も述べたように、六世紀に三輪山の大物主神に代わって、天照大神（男性神）が王家の守り神になった。そこで、日本神話では大物主神は天皇の守り神ではなく、大国主命の守り神であるとともに、大国主命自身でもある首長霊信仰的な神とされた。

先に述べた幸魂は「幸福をもたらす魂」、奇魂は「万事を知ることのできる魂」を意味する。大国主命は、自らの内にあるこのような力で国づくりをすすめたという。

大国主命の指導下、日本はにぎわい、穏やかな暮らしが営まれた。だが、高天原《たかまがはら》の神からすれば、その状況は好ましくなかった。

国つ神のもとで繁栄する地上世界

◎天の神々の来訪①

高天原《たかまがはら》の天照大神《あまてらすおおみかみ》が「日本はわが子の天忍穂耳尊《あめのおしほみみのみこと》が治める国」だと言いはじめた。そして、この言葉に従おうとして、天忍穂耳尊が天《あめ》の浮橋《うきはし》から下を見下ろした。すると、地上はたいそう騒がしく荒れていた。

平等よりも秩序を求めた天つ神

天つ神たちは、天皇を頂点とする整った身分秩序のある世界を望ましいとしていた。だが、国つ神たちは地上で、神々も人間も動物も分《わ》け隔《へだ》てのない平等な社会をつくっていた。天つ神は、この無秩序な状況が気に入らなかったのだ。

日本神話のこの主張は、地方豪族が好き勝手な支配を行なう状態＝国つ神の世界としたうえで、天照大神をまつる天皇家の指導下で国家をつくることが、人びとに幸福をもたらすと説くものである。

大国主命信仰の全国的広まり

日本神話がつくられた七世紀には、縄文人の信仰の流れをひく大国主命が全国でまつられていた。

この段階では、六世紀以降に新たに整えられた天照大神信仰は庶民になじみの薄い。それゆえ皇室は、天つ神が国つ神の上位にあることを示すために「国譲りの物語」をつくる必要があった。

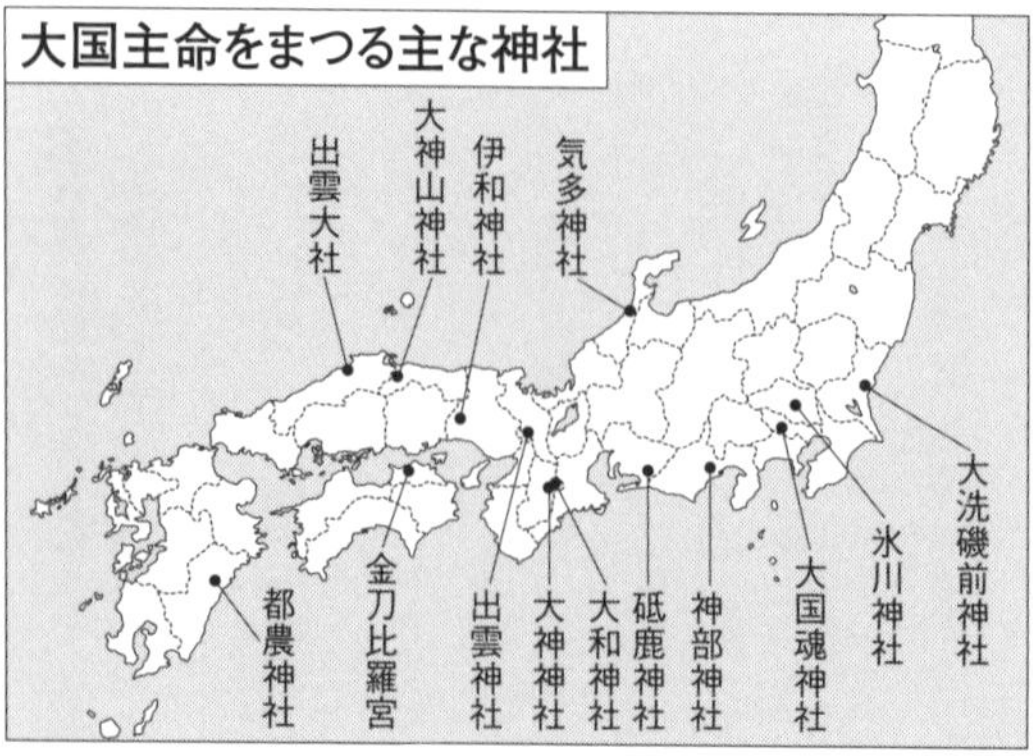

天つ神、「国譲り」をせまる

◎天の神々の来訪②

高皇産霊尊《たかみむすひのみこと》と天照大神は、天《あめ》の安《やす》の河の河原《かわら》に神々をあつめて「地上に満ちている荒れ狂う（荒ぶる）国つ神どもをどのようにして従えればよいか」とたずねた。そして、このときの話し合いによって、天穂日命《あめのほひのみこと》が大国主命《おおくにぬしのみこと》のもとに送られることになった。

“荒ぶる神”にされた大国主命

天照大神が使者を送って大国主命を従える国譲りの神話は、大がかりな物語である。221ページの図に示したように、高天原から四度もしくは五度にわたる使者が送られ、長い期間を経たのちに国譲りが成ったとされる。

『日本書紀』は、国譲りの直前までを神《かみ》代上《よじょう》とし、国譲り以後を神代下《げ》とする。このことからみても、国譲りが日本神話全体の流れのなかで重要な位置をしめていたありさまがわかる。

日本神話は、皮をむかれた稲羽《いなば》之《の》素兎《しろうさぎ》を助けるやさしい心をもつ大国主命は、人びとの生活を向上させるために「国づくり」を行なったと記す。

ところが、そのすぐあとにおかれた「国譲り」の物語で、大国主命などの国つ神は「荒ぶる」神と非難された。

このことは、日本神話の国譲りの話が、天照大神に従わないことを悪だとする主張のうえにつくられたことを示している。ゆえに、高天原の神々に断りなしに出雲の支配者になった大国主命は荒ぶる悪神とされた。

この記述は、皇室の統治をうけない豪族はすべて悪者であり、討《とう》伐《ばつ》の対象となるとされる奈良時代的な世界観によって記されたものである。

全国の神々が集合させられた背景とは

国譲りの物語には、多くの神々が登場する。

鹿島神宮と香取神社

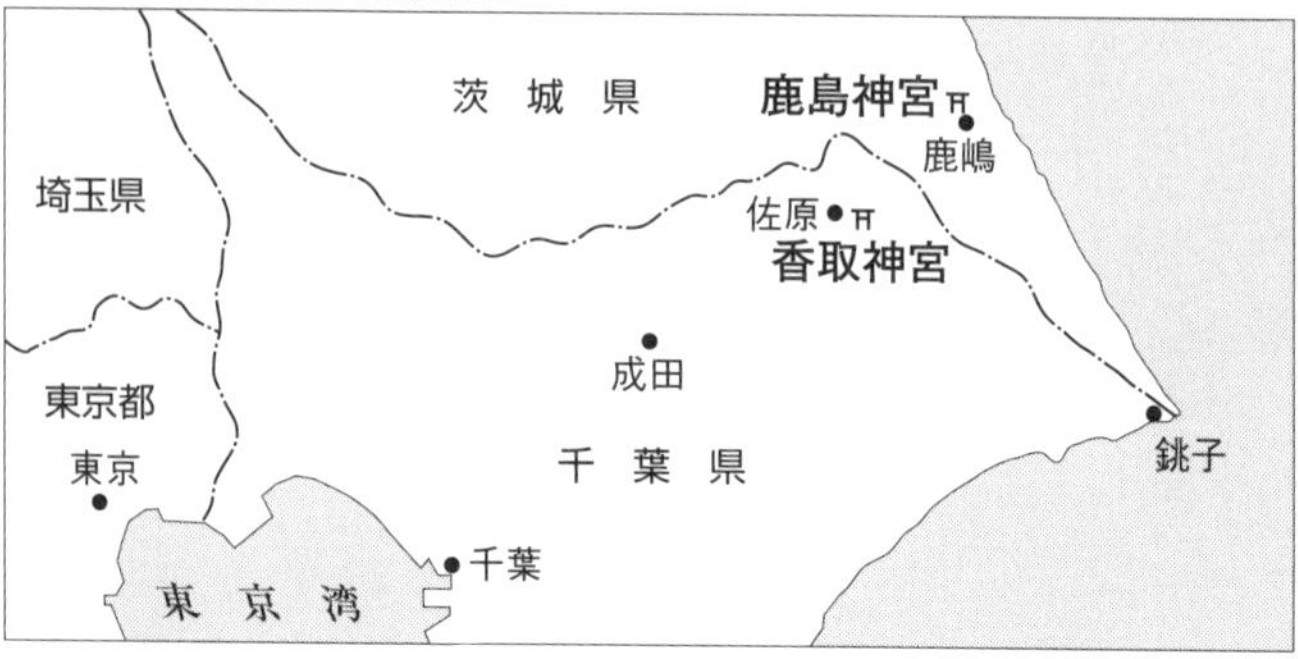

大国主命を従えた武甕槌神《たけみかつちのかみ》と経《ふ》津主神《つぬしのかみ》がまつられている。国譲りには東国からも神が集められた

大国主命、事代主命《ことしろぬしのみこと》、天穂日《あめのほひの》命《みこと》などは出雲の神であるが、大国主命を従えた武甕槌神《たけみかつちのかみ》と経津主《ふつぬしの》神《かみ》（この神は『日本書紀』の国譲りの話だけにみえる）は、茨城県の鹿島《かしま》神宮と香取《かとり》神宮でまつられた東国の神である。

そして、大国主命の子神、建御《たけみ》名方神《なかたのかみ》は、信濃国《しなののくに》の諏訪《すわ》の神である。このように、国譲りの場には広い範囲から神々があつまってきたことになる。

しかも、それらの神々には朝廷の本拠地である大和に祭祀《さいし》の拠点があるものも多い。大国主命は三輪山で大物主神《おおものぬしのかみ》としてまつられており、事代主命《ことしろぬしのみこと》は大和の葛木《かつらぎ》の鴨《かも》の神でもある。

武甕槌命（神）と経津主命（神）は、藤原氏の氏神《うじがみ》である春日《かすが》大社でもまつられている。

日本神話の作者は、このような多様な神をあつめることによって、国譲りを「神代史上の重大事」として印象づけようとしたことがわかる。

世界に分布する二大神族対立の物語

ふたつの神族が争い、その一方が他方を従えるかたちの神話は、西アジアからヨーロッパにいたる範囲に広く分布する。

そして、それらは基本的に、権力者を象徴する神族が、生産者である神族に打ち勝つかたちをとっている。

日本神話の天つ神と国つ神とを対立させる構図は、ペルシアから中国、朝鮮経由で伝わった。そのような西方の神話をまねるかたちで整備されたのであろう。じつは、この国譲りの神話は、出雲大社の起源を説く役割も担《にな》っている。そのため、次項で述べるように、出雲大社の神職である出雲氏の祖《おや》神《がみ》天穂日命《あめのほひのみこと》が、興味深い動きをみせている。

国譲りのいきさつ

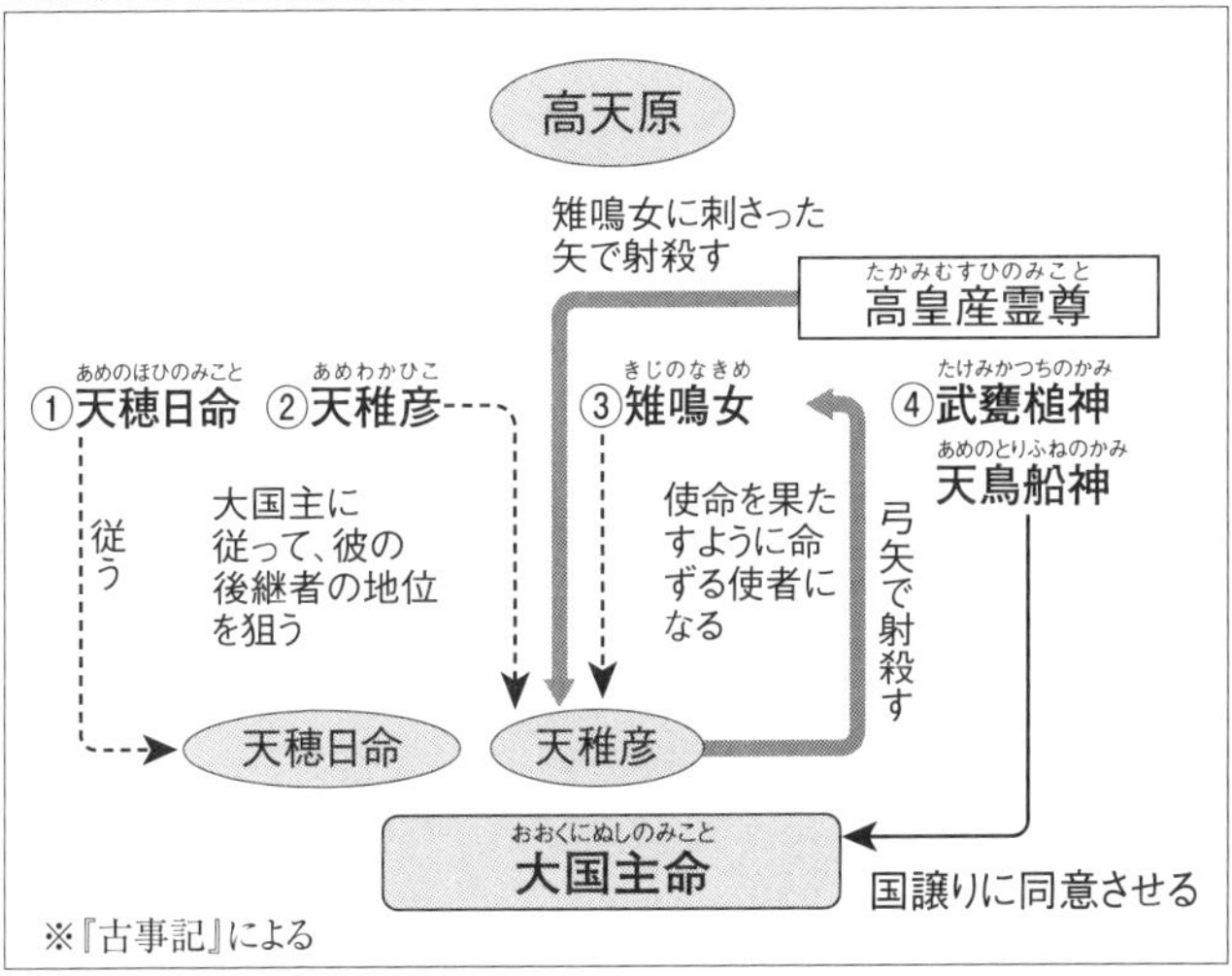

※『古事記』による

天穂日命の異伝

出典		内容
『古事記』		大国主命にこびへつらって、3年間復命しなかった
『日本書紀』	本文	大国主命にこびへつらって、3年間復命しなかった（さらに天穂日命の子の大背《おおそ》飯三熊之大人《びのみくまのうし》を送ったが、かれも復命しなかった）
『日本書紀』	第二の一書	高皇産霊尊が大国主命に「天穂日命にお前のまつりをさせよう」と言った
『出雲国造神賀詞《いずものくにのみやつこかんよごと》』		天穂日命の子の天夷鳥命《あめのひなとりのみこと》と経津主命《ふつぬしのみこと》が、乱暴な神であった大国主命をまつることによっておだやかな神に変えた

国譲りに登場する神

大国主命……出雲の神（大和・三輪山でまつられる）
事代主命《ことしろぬしのみこと》……出雲の神（大和・葛木の鴨の神）
天穂日命……出雲の神
武甕槌神……東国の神（鹿島神社・春日大社でまつられる）
経津主神……東国の神（香取神社・春日大社でまつられる）
建御名方神《たけみなかたのかみ》……信濃国・諏訪の神

大国主命側につく使者たち

◎天の神々の来訪③

天穂日命《あめのほひのみこと》は、地上に降りるとすぐ大国主命《おおくにぬしのみこと》に媚《こ》びへつらってしまい、三年を経るまで高天原《たかまがはら》に報告ひとつよこさなかった。

出雲大社をまつる出雲氏の古い伝承

前ページの図に示したように『古事記』や『日本書紀』は、天穂日命が大国主命の側について高天原に背《そむ》いたとする。ところが、天穂日命は何の罰もうけなかった。

しかも『日本書紀』の第二の一書のように、国譲り後に、天穂日命が大国主命の祭りを行なうようになったとするものまである。

さらに、出雲氏の側の伝承である『出雲国造神賀詞《いずものくにのみやつこかんよごと》』には、天穂日命の子の天夷鳥命《あめのひなとりのみこと》が、経《ふ》津主命《つぬしのみこと》（経津主神）とともに大国主命に媚《こ》び鎮《しず》めたとある。このかたちが、出雲大社の祭りにあたった出雲氏のもつ古い伝承を伝えるものではあるまいか。

物部氏による出雲征服

古代の出雲のあちこちで、布都《ふつ》努志《ぬし》（経津主）、和加布都努志《わかふつぬし》（若経津主）の名をもつ神がまつられていた。この神は、物部《もののべ》氏がまつる石上《いそのかみ》神宮の神、布都御魂《ふつのみたま》（布都主）と同じ系統の神ではないかと考えられる。

大和朝廷は四世紀なかばに出雲を従えるが、そのさい、中央の有力豪族であった物部氏が朝廷の出雲支配に重要な役割を果たした。

そのため、天穂日命と物部系の布都御魂が大国主命をしずめたという話ができたのであろう。しかし神話が整えられた七世紀に、大国主命が天つ神に従う話が日本神話の重要な位置におかれるようになった。その時期は物部氏が後退しており、七世紀末から有力になった藤原氏がまつる神が国譲りをさせる新しい話がつくられた。

天つ神に敗れた国つ神

◎天の神々の来訪④

天穂日命や天稚彦《あめわかひこ》（221ページの図参照）が任務を果たせなかったので、天照大神《あまてらすおおみかみ》たちは、今回はけた外れに強い神を地上に送ろうと考えて、武甕槌神《たけみかつちのかみ》を大国主命のもとにつかわした。

出雲を平定した主役の交代

『古事記』では、武甕槌神に、天と地上とを行き来する天鳥船神《あめのとりふねのかみ》を添えて地上に行かせたという。

これに対して『日本書紀』では、武甕槌神と経津主神とが送られたとする。

このあとに、武甕槌神と大国主命の子神の建御名方神《たけみなかたのかみ》との力くらべの話が記されているが、武神とされる経津主神《ふつぬしのかみ》が活躍する場面はない。

前項に述べたように、もとは物部氏がまつる経津主神が出雲平定にかかわったとする話があった。ついで、七世紀に藤原氏がその話に代わって、自家とかかわりの深い武甕槌神、経津主神の二柱の武神が大国主命を従えた話をつくろうとした。

そのときに、物部系の布都主と香取《かとり》神宮（藤原系）の経津主との混乱をさけるために（物部氏と藤原氏は同名の別々の神をまつってぃた）、武甕槌神だけが出雲の神と戦うかたちの物語がつくられたのである。

大国主命の二柱の子神の動き

天《あま》つ神の子孫に地上の支配権を差しだせという武甕槌神の要求をうけた大国主命は、自分のふたりの子神に相談して返事をしようと考えた。

このとき、兄の事代主命《ことしろぬしのみこと》は国譲りに同意したが、弟の建御名方神は高天原の使者に反抗したため、武甕槌神に打ち負かされた。その後、彼は諏訪《すわ》に逃げて諏訪の神になった。

大国主命の二柱の子神の数にあわせるために、高天原の使者も二柱とされたのである。しかし、数合わせにされた経津主神が戦う場面はない。

朝廷の人びとは「国譲り」の神話は、皇室が地上を統治する由来を説くものとして重んじた。そして、それにつづく「日向《ひゅうが》三代の物語」とよばれるその後の部分の神話のつくりは、それまでのものとかなり異なるかたちをとる。

この点については次章でくわしく述べよう。

日本神話 9

天孫降臨の意味合いと天皇誕生への道すじ

瓊々杵尊《ににぎのみこと》と子孫の海幸・山幸の物語——

国譲りのあと、天忍穂耳尊《あめのおしほみみのみこと》の子神である瓊々杵尊《ににぎのみこと》（天津彦《あまつひこ》彦火《ひこほの》瓊々杵尊）は、王朝をひらいて日本の支配者になるために日向国《ひゅうがのくに》の高千穂《たかちほ》の峰《みね》に天降《あまくだ》った。

このとき、瓊々杵尊は「五伴緒《いつとものを》」とよばれる神々をお供にして地上に向かった。彼らは、天の道の分かれ目にいた国つ神である猨田彦神《さるたひこのかみ》を従え、猨田彦神に道案内をさせて地上に到着した。

地上に降り立った瓊々杵尊は、大山祇神《おおやまつみのかみ》の娘の木花開耶姫《このはなさくやひめ》を妻に迎えて三柱の子神をもうけた。このなかの火照命《ほでりのみこと》は、海幸彦《うみさちひこ》の別名をもち、漁によって生活していた。その弟の火遠理尊《ほおりのみこと》は、山幸彦《やまさちひこ》の別名で狩りを行なっていた。

弟の火遠理尊が、釣り針をなくしてそれを捜《さが》しに海中に行ったことをきっかけに、海神である大綿津見神《おおわたつみのかみ》が火遠理尊の手助けをするようになった。

海神の助けを受けてこの兄弟争いの勝者となった火遠理尊は、皇室の祖先になった。彼は、海神の娘の豊玉姫《とよたまひめ》を妻にして、鸕鷀草葺不合尊《うがやふきあえずのみこと》をもうけた。

この鸕鷀草葺不合尊の子どもが、初代の大王《おおきみ》（天皇）である神武《じんむ》天皇になった磐余彦《いわれびこ》である。

天照大神、天孫を地上に降らせる

◎瓊々杵尊の降臨

天照大神《あまてらすおおみかみ》は天忍穂耳尊を地上に行かせようとしたが、天忍穂耳尊は瓊々杵尊を降ろすのがよいと言った。この子神の母は高皇産《たかみむす》霊尊《ひのみこと》の娘である。高皇産霊尊は「真床追衾《まとこおうふすま》」とよばれる寝具で瓊々杵尊をくるみ、彼を地上に降《くだ》らせた。このとき、瓊々杵尊は雲のあいだの道を通って日向国《ひゅうがのくに》の高千穂《たかちほ》の峰《みね》にたどりついた。

天孫の神名に込められた意味

（天津彦彦火）瓊々杵尊の「火瓊々《ほのにに》杵《ぎ》」の神名は、稲穂が豊かに（にぎにぎしく）茂るありさまをあらわすものである。このことから、瓊々杵尊は稲の豊作をもたらす穀霊の性格をもつ神であることがわかる。

穀霊が地上に降る話はアジアの各地にみられる（229ページの図参照）が、これは次項であつかう北方の諸民族の始祖伝承と深くかかわるものだ。

豪族たちの思惑が組み入れられた

『日本書紀』の第一の一書では、上の表に示した天児屋命《あめのこやねのみこと》などの「五伴緒」とよばれる五柱の神々が瓊々杵尊に従って地上に降ったと記している。ここに出てくる神神は、いずれも中臣《なかとみ》氏に従って宮廷の祭祀をとり行なう豪族の祖神《おやがみ》である。

中臣氏は六世紀以降有力になるが、中臣氏と中臣氏に従って宮廷の祭官となった豪族たちは、この動きに合わせて、自分たちの祖神を天孫降臨《てんそんこうりん》の物語に組み入れたのであろう。

しかし、その物語の古いかたちは、瓊々杵尊だけが寝具に包まれて山上に降ろされるものであったとされる。

朝鮮の「檀君《だんくん》神話」との類似点

神の子孫が、天から高い山の頂

上に降ってきて王朝をひらいたとする物語は、内陸アジアから朝鮮半島にいたる広い範囲に分布している。

　そのなかの、朝鮮の王朝の起こりについて説く「檀君《だんくん》神話」は、つぎのようなかたちをとるものである。

「天の神が、その子に三つの天符《てんぷ》の印（神の子であるしるし）を授け、太白山《たいはくさん》の頂《いただき》にある神壇樹《しんだんじゅ》のもとに降らせて、朝鮮を開かせた」

　前項にあげた『日本書紀』の第一の一書などには、瓊々杵尊が高《たか》天原《まがはら》から三種の神器をもってきたと記されている。

　この三種の神器は、檀君神話の三つの天符の印に似た性質のものであるとされる。

　朝鮮半島からの渡来人によって、内陸アジア的な天の神の子が降臨する話が日本にもちこまれたのであろう。

天皇の即位と「真床追衾《まとこおうぶすま》」の儀

　天孫降臨の神話は、瓊々杵尊《ににぎのみこと》が単独で真床追衾《まとこおうぶすま》にくるまれて降《くだ》ったとするもの（『日本書紀』の本文など）と、五伴緒《いつとものを》を従えて来たとするもの（『古事記』、『日本書紀』の第一の一書など）とがある。

　このうちの前者が、中臣《なかとみ》氏の手の加わっていない、五世紀以前の古いかたちの神話を伝えるものである。

　天皇の即位のときにひらかれる大嘗祭《だいじょうさい》のなかに、天皇がいったん寝具（衾《ふすま》）にくるまって姿を隠し、寝具のなかで秘儀を行なったのちに出てくる部分がある。これは、「真床追衾の儀」とよばれている。

　この儀式は、人間であった天皇がいったん死に、天皇家の守り神の力を体の中に取り入れた神となって再生することをあらわすものとされる。

　この真床追衾は、大和朝廷の発祥以来受け継がれたものであるらしい。

　それゆえ、きわめて古い時期に真床追衾の儀を終えた直後の大王《おおきみ》と同じく、王家の始祖が寝具にくるまれて地上に降ってきたとする話がつくられたとみられる。

北と南の要素が融合した日本の始祖神話

神の子が山の上に降ってくると

始祖伝説の分布

『神話から歴史へ』（井上光貞著、大林太良作図、中央公論社刊）に加筆

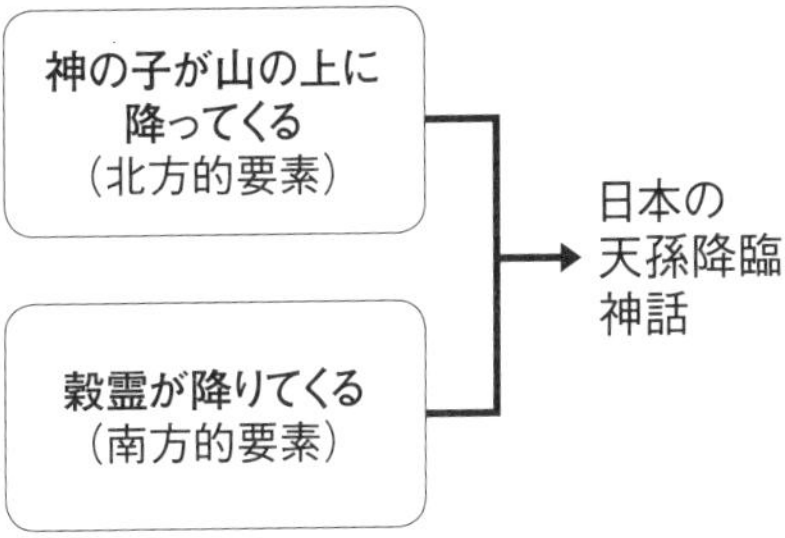

五伴緒（いつとものを）

神名	子孫とされる豪族とその職掌《しょくしょう》
天《あめの》児《こ》屋《やねの》命《みこと》	中臣《なかとみ》氏の祖神（宮廷の祭祀の統轄）
太《ふと》玉《たまの》命《みこと》	忌《いん》部《べ》氏の祖神（中臣氏の補佐）
天《あめの》鈿《うず》女《めの》命《みこと》	猨《さる》女《め》氏の祖神（祭祀の場の芸能）
石《いし》凝《ごり》姥《どめの》命《みこと》	鏡作《かがみつくり》氏の祖神（祭祀用の銅鏡づくり）
玉《たまの》屋《やの》命《みこと》	玉作《たまつくり》氏の祖神（祭祀用の玉類づくり）

※『日本書紀』第一の一書より

する話は、北方から伝えられたものとみて間違いない。

しかし、日本の天孫降臨の神話には、遊牧生活をむねとする内陸アジアにはない、穀霊が人びとのもとに降りてくるとする要素も含んでいる。

そして、穀霊の訪れの話は南方に多いことや、新羅《しらぎ》（朝鮮半島の小国）に、新羅王家の始祖が穀霊の性格をもつ太陽の子だという伝説がある点に注目したい。

こういった点からみて、朝鮮半島で生まれた王朝の始祖が山に降りてきたとする「北方的要素」と、穀霊が王朝の始祖になったという「南方的要素」とをあわせもつ王朝の始祖伝説が、日本に入ってきて瓊々杵尊の物語になったとみられる。

木《この》花《はな》開《さく》耶《や》姫《ひめ》との出会い

◎瓊々杵尊の結婚

瓊々杵尊《ににぎのみこと》は海辺で美しい娘に出会った。瓊々杵尊が名をたずねると、娘は「大山祇神《おおやまつみのかみ》の娘の木花開耶姫《このはなさくやひめ》」と答えた。さらに彼女は、自分には磐長姫《いわながひめ》という姉がいると語った。

天降る神と山の神との交流

木花開耶姫と出会った瓊々杵尊が、父の大山祇神に妻乞いの使者を送ったところ、大山祇神は多くの贈り物とともに、磐長姫と木花開耶姫を瓊々杵尊のもとに送ったという。

瓊々杵尊は山の神の娘にひかれたわけだが、前に述べたように（184ページ参照）、高天原《たかまがはら》を追放されて地上に降《くだ》った素戔嗚尊《すさのをのみこと》も、大山祇神の子である脚摩乳《あしなつち》、手摩乳《てなつち》と出会っている。

このように、日本神話には、天から来た神が、まず山の神の系類とかかわったとする話が多くみられる。

現在、日本のあちこちに、山のふもとにつくられた神社が多くみられるが、そのような神社は山に住む精霊をまつるものとしてつくられた。

古代人は、神々はふだんは山に住み、山から降りて人びとのもとに来ると考えていた。天から降った神と山の神との交流の話は、そのような古代人の世界観からつくられたものであろう。

神の子孫は、いつから不死でなくなったか

ふたりの娘を送られた瓊々杵尊は、しかし、醜《みにく》い磐長姫を帰して美しい木花開耶姫だけを受け入れたという。

このことを知った大山祇神は「磐長姫を受け入れれば、大王の命は石の命のように長くつづくものになったのに、木花開耶姫だけを妻にしたために天孫の寿命は花

のようにはかないものになってしまった」と言った。

　このような話は、南方に広く分布する「バナナ型神話」のひとつとされている。

　それは、人類が石を選べば不死になったのに、バナナをとったために死なねばならなくなったと説くものである。

　日本神話では、神は死なないものであるとされたが、神の子孫である大王の寿命には限りがある。

　そこで、神の子孫がいつから不死でなくなったかを説明するために、南方のバナナ型神話をふまえた瓊々杵尊の求婚の話がつくられたのだ。

　瓊々杵尊は神話のなかの存在とされるが、限りある寿命をもつという点で、瓊々杵尊を最初の人間とみることができる。

瓊々杵尊にはじまる日向三代

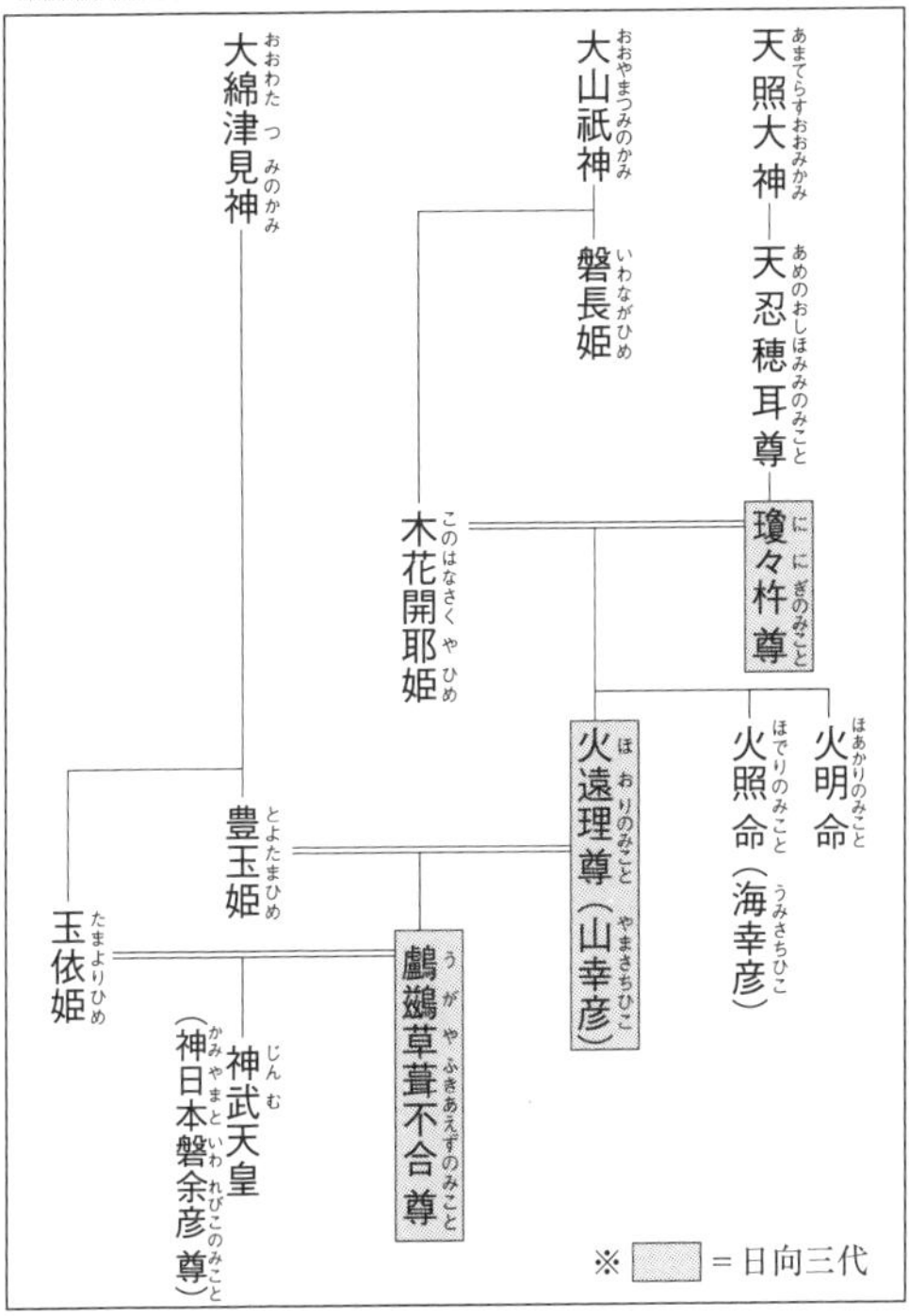

バナナ型神話の分布

『神話から歴史へ』(井上光貞著、大林太良作図、中央公論社刊)に加筆

兄・海幸の釣り針をなくした弟・山幸

◎山幸彦の活躍①

瓊々杵尊《ににぎのみこと》は木花開耶姫《このはなさくやひめ》とのあいだに三柱の子神をもうけた。そのうちの山幸彦《やまさちひこ》の別名をもつ火遠理尊《ほおりのみこと》は、兄の海幸彦《うみさちひこ》（火照命《ほでりのみこと》）から借りた釣り針をなくした。そのため、彼は海神のもとに釣り針を捜しに行き、海神の娘豊玉姫《とよたまひめ》と恋仲になった。

出産の穢れを清める習俗

木花開耶姫が瓊々杵尊に妊娠したことを告げたところ、彼は彼女の子が国つ神の子ではないかと疑った。そこで、姫は出口のない産屋をつくり、出産間近に産屋《うぶや》に火をつけて火のなかで三人の子どもを生むことによって、身の潔白《けっぱく》を証明したのだ。

この「火中出産」の話は、東南アジアに広くみられる火によって出産の穢《けが》れを清める習俗とかかわるものであろう。

出産後に産屋を焼くという習俗が南方から日本に伝えられていた。そして、それに穢れた不義の子はお産の穢れとともに滅びるとする発想が加えられ、火中出産の物語ができた。

出産時に火災が起きれば、母子ともに危険になる。しかし、日本神話では天孫の子は火を退《しりぞ》ける呪力をもつとされた。

そのため、このとき生まれた「火が遠ざかること」をあらわす火遠理尊は「火が燃えさかること」をあらわす火照命よりすぐれた王子となった。

南太平洋に広がる「失われた釣り針」の物語

借りた釣り針を捜しに海中の世界に行く話は、南太平洋に広く分布する。そのような伝説はまとめて「失われた釣り針」の物語とよばれる。

そうした話のひとつとして、セレベスの「カヴァルサン伝説」をあげてみよう。

カヴァルサンは友人に釣り針を

海幸・山幸の別名

出典＼神名			海幸彦	山幸彦
『古事記』			火照命《ほでりのみこと》	火遠理尊《ほおりのみこと》
『日本書紀』	本文		火闌降命《ほすせりのみこと》	彦火々出見尊《ひこほほでみのみこと》
『日本書紀』	一書	一	火闌降命	彦火々出見尊
『日本書紀』	一書	二	火闌降命	彦火々出見尊
『日本書紀』	一書	三	火闌降命	彦火々出見尊
『日本書紀』	一書	四	火闌降命	火折尊《ほのおりのみこと》

借り、魚に針をとられる。そして、友人に同じ釣り針を返せと責めたてられて、釣り針を捜しに海にもぐり、海底の村をみつける。

ここでカヴァルサンは、一軒の家でのどに針を刺して苦しんでいる娘に出会い、彼女の針を抜いてやる。

このあと彼は娘の両親に多くの贈り物をもらい、魚に乗せてもらって無事に岸まで送り届けてもらったという。

山の神についで海の神をも支配する

海幸・山幸神話が南方の「失われた釣り針」の物語にならって整えられたことはまちがいない。

しかし「失われた釣り針」の物語には、海の神は出てこない。魚の精霊や、海の底で人間の姿で生活している魚が、釣り針をなくした者を助けるかたちがとられているのだ。

日本神話の作者は、民間に広がっていた「失われた釣り針」の話をもとに、皇室の祖先と海の神とを結びつける物語をつくったのであろう。

瓊々杵尊は、大山祇神《おおやまつみのかみ》の娘木花開耶姫を妻にすることによって、山の神の親族として山の世界の支配権を握った。そのため、彼の後継ぎの代に海の神を支配下におかせる必要があったのである。

さらに、日本神話は釣り針を捜す話につづけて、海神の助けを受けた火遠理尊が、海神とつながりのない火照命との争いに勝つ話を記している。

海神の助けで兄神を従える

◎山幸彦の活躍②

山幸彦《やまさちひこ》は、海神から塩盈珠《しおみつたま》と塩乾珠《しおふるたま》をもらって地上に帰った。このあと兄弟争いが起きたが、山幸彦は塩盈珠を用いて高潮をおこし、海幸彦《うみさちひこ》をおぼれさせた。そして兄が降参すると、山幸彦は塩乾珠を出して潮をひかせ、兄を救った。

海幸・山幸神話と江南の白娘子《しらじょうし》伝説

この兄弟争いの結果、弟の火遠理尊《ほおりのみこと》（山幸彦）が天孫の嫡系をついだ。そして、海幸彦の子孫は隼人《はやと》（宮廷の警備をつとめた南九州出身の人びと）として宮廷に仕えることになったという。

この物語は、東南アジアや中国、朝鮮に広くみられる海と陸の対立の話のひとつとされる。なかでも、「白娘子《しらじょうし》伝説」などの江南《こうなん》の洪水伝説と、海幸・山幸神話との類似を取り上げておきたい。

白娘子伝説とは、少年が、蛇が化けた美少女（水の神の化身とされる）と結婚する物語である。

少年は妻の正体が蛇と知らずに彼女と深い仲になるが、ある日、相手が蛇であることを知って妻と別れようとする。

妻の怒りで嵐になり大水が出るが、夫はそれからうまく逃れた。そのため、妻は涙をのんで水中に去っていくのである。

日本神話は、白娘子伝説のような江南の水の精である蛇神が洪水を起こす話を、神から珠をもらった皇室の祖先が水を操《あやつ》るかたちに変えて取り入れたのだ。

塩盈珠《しおみつたま》と塩乾珠《しおふるたま》の起源とは

洪水伝説を日本にもちこんだのは、朝廷の水軍の指揮官である阿曇《あづみ》氏ではないかといわれる。

阿曇氏の伝承のなかに、阿曇氏の祖神《おやがみ》、磯良《いそら》が潮盈《しおみつ》・潮乾《しおふる》の二個の珠をもって、思いのままに干潮や満潮を起こしたとするものがあるからである。

さらに、大綿津見神《おおわたつみのかみ》が釣り針を捜しにきた山幸彦をもてなす場面も、大嘗祭《だいじょうさい》において阿曇氏が、天皇家の守り神のお供え物を並べる行事をもとに記されたのではないかとされる。

海幸彦・山幸彦の話の意味

瓊々杵尊《ににぎのみこと》（山上に降臨）　—結婚—　木花開《このはなさく》耶姫《やひめ》（山の神の娘）

→ 山の支配権を象徴

海神 —援助→ 山幸彦

（兄）海幸彦（火照命《ほでりのみこと》）（敗北）　←対決→　（弟）山幸彦（火遠理尊《ほおりのみこと》）（勝利）　—結婚—　（娘）豊玉姫《とよたまひめ》（海神の娘）

→ 海の支配権を象徴

↓

天孫の嫡系を継ぐ

（山の支配権から海の支配権への移行を象徴する）

海幸彦・山幸彦の話の類型

- 山幸彦は兄から借りた釣り針を失くす
- ↓ 釣り針を探すなかで海神の娘と結ばれる

→ 南太平洋に分布する「失われた釣り針伝説」との類似

- ↓ 山幸彦は、海幸彦と対決して勝つ

→ アジアに分布する海と陸の対決の話との類似

- ↓ 山幸彦は、妻の正体がワニ（サメ）と知ってしまう

→ 江南の洪水伝説「白娘子伝説」との類似

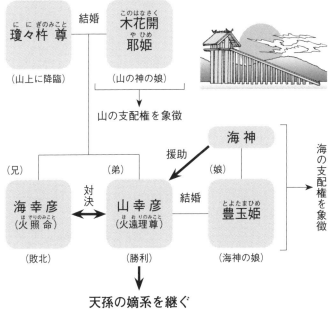

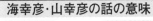

正体を知られ、去っていった花嫁

◎山幸彦の活躍③

山幸彦が海幸彦を従えたあとしばらくして、豊玉姫《とよたまひめ》が地上に来た。このとき姫は、海神の王宮で妊娠した火遠理尊《ほおりのみこと》の子供を地上で生みたいと言った。ところが、山幸彦《やまさちひこ》はある日、豊玉姫が八尋《やひろ》（一六メートル）の大鰐《おおわに》であることに気づいてしまった。そのため、豊玉姫は正体をみられたことに怒り、子供を残して去っていった。

閉ざされた海神の王宮へのみち

前項で紹介した白娘子《しらじようし》伝説の花嫁は蛇であったが、山幸彦（火《ほ》遠理尊《おりのみこと》）の妻になった海神の娘豊玉姫は鰐（サメ）の姿をしていた。

このとき、正体をみられた豊玉姫が去るさい、海坂《うなさか》（海へのみち）をふさいだため、人間は自由に海の世界と行き来することができなくなったという。

瓊々杵尊《ににぎのみこと》は、磐長姫《いわながひめ》を受け入れなかったことによって、大山祇《おおやまつみ》の神《かみ》を落胆させて短命になった。ついで、彼の子の山幸彦（火遠理尊）は大綿津見神《おおわたつみのかみ》の娘の怒りをかい、海へのみちをふさがれた。

天孫は、もともとは、高天原《たかまがはら》の天つ神と同じく、山の神や海の神の世界と対等に交流できた。しかし、神代《かみよ》の最後に来る日向《ひゅうが》三代のあいだに、山や海との往来は絶たれ、皇族はみずからが統治する都市や農村を中心とする人間の生活圏のなかでしか生きられない存在になったと日本神話は説く。

前に述べたように、古代の奥山《おくやま》は朝廷の支配のおよばない神々の世界である。海上は奥山よりさらに危険な場所であり、漁撈《ぎょろう》や海外との往来は命がけの行為であった。

異界の妻との結婚は偉人を生む

山幸彦と豊玉姫との結婚の物語に似た「他界妻《たかいづま》」の話は、ヨーロッパからアジアにかけての広い範囲にみられる。

男性が相手の正体を知らずに異

天孫の支配地域の変化

日向三代

- 瓊《に》々《に》杵《ぎの》尊《みこと》 …… 山の神と結婚するが、磐長姫を受け入れず、短命になる
- ↓
- 火《ほ》遠《お》理《りの》尊《みこと》 …… 海神の娘と結婚し、支配地域は山から海へ。豊玉姫が去り、海との往来が絶たれる
- ↓
- 鵜草葺不合命《うがやふきあえずのみこと》 …… その子どもの神武天皇は人間の生活圏のみで生きる

界の女性を妻とするが、妻は正体をみられたことを恥じて去り、妻が残した子供が偉人になるものである。

こういった話は、ペルシアあたりで起こり、それから西洋や東アジアに広まったのであろう。

そして、白娘子の話に似た物語が江南に多く残っていることから、他界妻の物語は前項に記した洪水の話と結びついて、一世紀に江南から北九州に移住してきた航海民たちの手で日本に伝えられたとみられる。

竜蛇信仰と結びつく鰐《わに》の信仰

他界妻となった女性の正体が蛇だったという話は、江南からベトナムにかけての地域に広がる竜蛇《りゅうじゃ》を、水の世界の支配者としてまつる習俗をもとにつくられたものである。

この地域の人びとは、竜を水の神としてまつるとともに、蛇も水の神のつかいとして恐れる。そして、巨大な蛇を「竜」とよぶこともある。このような、竜と蛇との区別があいまいなかたちの水神信仰は、便宜上《べんぎじょう》「竜蛇信仰」とよばれている。

海岸部に居住する縄文人は、漁撈を妨《さまた》げる大型のサメを恐れ、巨大なサメを鰐《わに》と名づけて海の神としてまつる信仰が生まれた。

竜蛇信仰からつくられた蛇と結婚するかたちの他界妻の話が、日本に入ったときに鰐の信仰と結びついて、山幸彦が鰐を妻とする物語に変えられたのであろう。

※本書は２０１３年10月に同タイトルで刊行された単行本の新装版です。

武光　誠（たけみつ・まこと）

1950年、山口県生まれ。東京大学文学部国史学科卒業。同大学院博士課程修了。文学博士。2019年3月に明治学院大学教授を定年で退職。専攻は日本古代史、歴史哲学。比較文化的視点を用いた幅広い観点から日本の思想・文化の研究に取り組む一方、飽くなき探究心で広範な分野にわたる執筆活動を展開している。著書は『古代史入門事典』（東京堂出版）、『ヤマト政権と朝鮮半島 謎の古代外交史』（小社刊）など多数。

一冊でわかる神道と日本神話

二〇一三年一〇月二八日　初版発行
二〇二三年一一月二〇日　新装版初版印刷
二〇二三年一一月三〇日　新装版初版発行

著　者――武光　誠

企画・編集――株式会社夢の設計社
東京都新宿区早稲田鶴巻町五四三　郵便番号一六二―〇〇四一
電話（〇三）三二六七―七八五一（編集）

発行者――小野寺優
発行所――株式会社河出書房新社
東京都渋谷区千駄ヶ谷二―三二―二　郵便番号一五一―〇〇五一
電話（〇三）三四〇四―一二〇一（営業）
https://www.kawade.co.jp/

DTP――アルファヴィル

印刷・製本――中央精版印刷株式会社

Printed in Japan ISBN978-4-309-29361-5